战略支援部队信息工程大学
学术专著
SCHOLARLY MONOGRAPHS

SHUZI SHIDAI DE
WANGLUO GUOFANG JIANSHE

数字时代的
网络国防建设

刘　静　张家强　等◎著

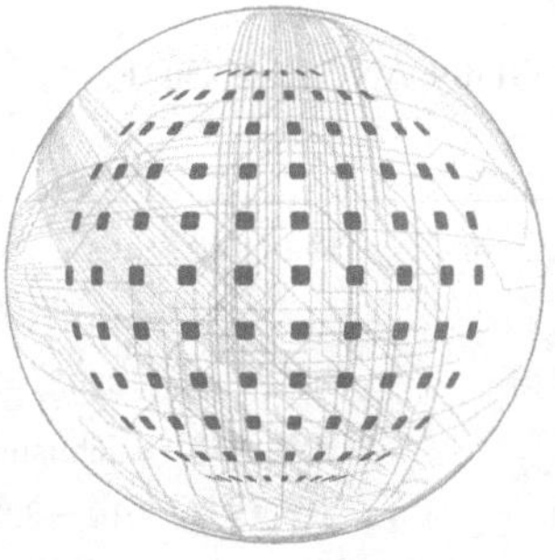

知识产权出版社
全国百佳图书出版单位
—北京—

图书在版编目（CIP）数据

数字时代的网络国防建设/刘静等著．—北京：知识产权出版社，2023.4（2023.7 重印）
ISBN 978-7-5130-8589-2

Ⅰ.①数…　Ⅱ.①刘…　Ⅲ.①国防建设—中国　Ⅳ.①E25

中国国家版本馆 CIP 数据核字（2023）第 000378 号

内容简介

随着信息技术的应用和发展，网络空间已经成为国家战略利益的制高点和国家防卫的新疆域。基于网络对国防的广泛、深刻影响，将网络空间纳入国防的研究视野，深入揭示数字时代网络国防建设的特点和规律，探索网络国防建设的方法和路径，显得日益迫切而重要。本书着眼于数字时代世界各国网络国防建设的共同属性，按照理论和实践相结合的原则，从普遍意义上回答了网络国防建设的一系列问题。本书兼具学术性、实践性、可读性，对我国网络国防建设的理论研究和实践具有较强的借鉴和指导意义。

本书可供从事网络安全等相关领域研究的学者与学生阅读，也可供从事网络国防建设实践工作的群体参考。

责任编辑：张雪梅　　**责任印制**：孙婷婷
封面设计：智兴设计室·索晓青

数字时代的网络国防建设
SHUZI SHIDAI DE WANGLUO GUOFANG JIANSHE
刘　静　张家强　等　著

出版发行：知识产权出版社有限责任公司　　**网　址**：http：//www.ipph.cn
电　话：010－82004826　　http：//www.laichushu.com
社　址：北京市海淀区气象路 50 号院　　**邮　编**：100081
责编电话：010－82000860 转 8171　　**责编邮箱**：laichushu@cnipr.com
发行电话：010－82000860 转 8101　　**发行传真**：010－82000893
印　刷：北京建宏印刷有限公司　　**经　销**：新华书店、各大网上书店及相关专业书店
开　本：720mm×1000mm　1/16　　**印　张**：12.5
版　次：2023 年 4 月第 1 版　　**印　次**：2023 年 7 月第 2 次印刷
字　数：217 千字　　**定　价**：79.00 元
ISBN 978-7-5130-8589-2

前　言

国无防不立。所谓国防，是指国家为防备和抵抗侵略，制止武装颠覆，保卫国家的主权、统一、领土完整和安全所进行的军事活动及与军事有关的政治、经济、外交、科技、文化、教育等方面的活动。一个国家、一个民族，最重要的无非两件大事：一个是发展问题，另一个是安全问题。国防是国家生存与发展的安全保障。无论国家的生存还是发展，都离不开国家的主权独立、领土完整、安全统一和稳定，都不能没有强大的国防。正如梁启超先生所言："若无国防，则国难屡起，民将不得安其业。"国防是人类社会发展与安全保障的产物，是关系到国家和民族生死存亡的根本大计。

国防的范畴是不断发展变化的。国防作为维护国家主权、安全和发展的防卫活动，属于历史范畴，是随着国家利益和安全的发展而变化的。从当前国防实践的发展态势来看，国防概念的发展性体现在两个方面：一方面体现为国防手段从武力手段向综合手段转变，国防不再是一个单纯的军事概念，而体现为囊括军事、经济、科技等多种手段的综合较量；另一方面体现为国防的领域和范围随着人类认识水平和活动空间的拓展而不断拓展，领海、领空等陆续被纳入国防范畴。因此，要用发展的观点审视国防的概念。

网络空间已经成为影响国家安全的全新生存空间。信息技术的发展催生了网络空间。仅有50多年历史的互联网络以其开放性、高速度、多媒体交互性等特点，正以超乎想象的速度在全球扩张，深入社会生活的各个层面，成为承载政治、军事、经济、文化的全新空间。网络空间在为人们的社会、经济生活带来便利的同时，也成为除陆、海、空、天之外的第五维空间新战场，正对国家安全产生革命性的影响，成为影响社会稳定、国家安全、经济发展和文化传播的无形力量。从网络空间的影响和作用效果来看，网络空间的力量对国家、民族和政党存在三大威胁：一是可以利用直达人心的便捷通道攻心夺志，实现信息渗透、文化入侵和思想"殖民"，直至颠覆国家政权；二是可以利用全球一体的物联网络实现远程控制，阻瘫交通、能源、金融、供水等民生基础设施；三是可以通过网络入侵或攻击军事网络阻瘫作战体系。从美国通过秘密开展“棱镜”等网络监控计划来维系其网络霸权地位，到美国利用互联网策动“颜色革命”，从“震网”病毒使伊朗核设施受到严重破坏，到以色列空军通过发动网络空间作战关闭叙利亚防空作战系统，最终完成对战略目标的成功突袭……无数事实都在向人们昭示：数字时代，网络悄无声息地穿越传统国界，将地球上相距万里的信息节点铰链为一体，可以轻而易举地进入一国“心脏”。这一变化打破了原有的国家防卫格局，给传统的边防、海防、空防观念带来巨大冲击。在这种情况下，从国防的防卫功能和发展属性出发，基于网络对国防的广泛、深刻影响，以开放性和前瞻性的眼光将网络空间纳入国防研究视野，深入揭示数字时代网络国防建设的特点和规律，研究、探索网络国防建设的方法和路径就显得日益迫切而重要，需要我们发扬科学精神，沿着科学研究的陡峭“山路”奋勇攀登。

本书着眼于数字时代世界各国网络国防建设的共同属性，按照理论和实践相结合的原则，从普遍意义上回答了数字时代网络国防建设的一系列问题。首先，从网络国防的基本概念入手，研究网络国防建设的构成要素、指导原则及理论基础，以国际视角梳理网络国防建设发展的历史进程。然后，着重从网络国防法制、网络国防基础设施、网络国防科技、网络国防产业、网络国防人才及网络国防文化等方面分析我国网络国防建设取得的成就与存在的不足，在分析世界主要国家网络国防建设经验的基础上提出加强我国网络国防建设的对策。本书共九章，第一章为网络国防建设概述，第二章为网络国防建设的理论基础，第三章为网络国防建设的历史演进，第四章为网络国防法制建设，第五章为网络国防基础设施建设，第六章为网络国防科技建设，第七章为网络国防产业建设，第八章为网络国防人才建设，第九章为网络国防文化建设。

本书由解放军战略支援部队信息工程大学的专家教授合作完成，具体承担撰写任务的情况为：第一章由刘静撰写；第二章由夏鹏撰写；第三章和第九章由张家强撰写；第四章由任甜甜撰写；第五章由左娟撰写；第六章和第七章由马腾飞撰写；第八章由刘欢撰写。刘静进行了本书的总体策划、提纲论证，刘静、张家强负责统稿并定稿。

在本书的撰写过程中，笔者参考了不少相关专家学者的研究成果，除文中脚注外，正文后还列出了参考文献，在此对相关作者表示谢意。解放军战略支援部队信息工程大学科研学术处、基础部及教研室的有关领导、专家对本书提出了宝贵的修改建议，进一步提升了本书的质量，在此一并表示感谢。

网络国防是一个新事物，网络国防建设是一个新课题，因此研究难度较大，且可供参考的文献有限，再加上时间仓促和课题组成员研究能力的限制，本书难免存在不足之处，与“想明白、说清楚、论透彻、表述准”的要求还有很大差距，敬请各位专家和广大读者提出宝贵意见，以便我们在后续研究中修改和完善。

目　　录

第一章　网络国防建设概述

随着信息技术的快速发展，互联网不断向经济、政治、军事和文化等领域渗透，成为影响国家安全、社会稳定的重要因素。一些国家、非国家行为体乃至个人利用网络技术对他国发动网络攻击，对他国的政府、金融系统、电信通信、能源交通等战略目标进行摧毁性打击，严重危害了他国的网络安全与国家安全，严重扰乱了网络空间秩序。国无防不立，民无兵不安。要维护网络空间安全，必须加强网络国防建设。研究新时代网络国防建设的机理及对策，必须厘清网络国防与网络国防建设等基本概念。

一、国防的内涵与特点

国防是国家的防卫活动，是国家生存与发展的安全屏障，是国家的基本特征和最重要的职能之一。国防与国家的兴衰存亡息息相关。《中华人民共和国国防法》（以下简称《国防法》）明确规定，国防是一个国家为防备和抵抗侵略，制止武装颠覆和分裂，保卫国家主权、统一、领土完整、安全和发展利益所进行的军事活动，以及与军事有关的政治、经济、外交、科技、教育等方面的活动。

作为国家的防卫活动，国防主要有以下特点：

第一，国防目的的鲜明性。国防的目的是保卫国家的主权、安全和发展利益。国家主权是一个国家独立自主处理本国一切事务的最高统治权力。主权是现代国家的基础权力，国家主权原则是现代国际法的一项重要原则。随着科技的进步、社会的发展，主权的内涵不断丰富。每一次科技革命都极大地拓展了人类的活动空间，对国家主权的内涵与外延也产生了深刻影响。农业时代，人类主要在陆地上活动，国防的重点是捍卫领陆主权；工业时代，人类的活动范围拓展至海洋、天空，国防的重点也拓展到捍卫领水、领海和领空主权；数字时代，网络空间与物理空间深度融合，成为人类活动和国家治理的新疆域，国防的范围则进一步拓展到捍卫网络空间主权。与物理空间一样，主权国家也是网络空间最重要、最根本、最关键的行为体。世界各国都将国家主权延伸适用于网络空间，都把网络空间主权纳入国防的范围。

国家安全是一个国家处于没有危险状况的客观状态，即既没有外部的威胁和侵害，又没有内部的混乱和疾患的客观状态。[1] 一个国家面临的安全形势是不断发展变化的。若国家安全威胁的种类、性质、方向、强度等发生了变化，国防安全需求也会有所变化，国防的方向和重点则应作出相应的调整。数字时代国家安全环境发生了很大的改变。随着人工智能、5G、物联网、量子科技等前沿科技的发展，世界各国竞相发展数字经济，推动数字化转型，人类进入万物互联时代，但同时也面临着前所未有的安全风险。一方面，所有连接互联网的人、物、系统等都面临数据、联结、计算、识别等方面的安全风险，网络安全防护的面被无限拓宽；另一方面，现实社会中各个领域的安全问题映射到网络空间，与网络安全问题叠加，有可能产生更大的破坏效应，带来新的安全隐患。网络空间的安全问题具有跨国性、不确定性、突发性、难溯源等特点，不仅关乎个人和社会组织的切身利益，而且关乎国家安全。[2] 随着网络空间安全威胁形势变得严峻、复杂，国防安全需求发生了变化，国家的防卫布局和方向也会随之调整，维护网络空间安全成为国防的重要任务。

第二，国防主体的全民性。国防是伴随着国家的产生、发展而出现的历史现象，也会随着国家的消亡而消亡。国防是国家固有的职能，国防的主体是主权国家。作为主权国家构成要素的政府、公民及国家管辖下的各种政治行为体都肩负着国防的责任，都要保卫国家的安全。从某种程度上说，国家安全是国家在所有领域、所有方面、所有层级的安全的总和。只有各领域、各方面、各层级都安全，国家安全才有保障。这需要全体国民的参与。数字时代全民国防的特点更加突出。随着网络空间日渐成为社会治理新平台、信息传播新渠道、生产生活新空间、经济发展新引擎、文化繁荣新载体、交流合作新纽带和国家主权新疆域[3]，人们的生产生活、工作休闲等各项活动都离不开网络空间。网络空间成为整个社会生态系统的中枢神经。一旦网络空间的安全受到威胁，整个社会生态系统都将面临安全风险。因此，网络空间的安全与每个人息息相关，需要全体国民共同守卫。每个人都要认清自己的国防义务，找准自己在网络国防中的角色位置，不断提高投身

---

[1] 刘跃进. 国家安全学 [M]. 北京：中国政法大学出版社，2004：3-15.

[2] 唐岚. 从网络空间军事行动新态势看网络安全的重要性 [J]. 学术前沿，2021 (5)：94-95.

[3] 国家网络空间安全战略 [R/OL]. (2016-12-27) [2021-06-05]. http://www.cac.gov.cn/2016-12/27/c_1120195926.htm.

网络国防建设的自觉性、积极性和主动性。

第三，国防手段的综合性。国防手段是国家为达到国防目的而采取的手段和方法，主要包括军事手段及政治、经济、文化、科技、外交等各种手段。国防斗争实质上是敌对双方在政治、军事、经济、社会、心理等方面的综合较量。它虽然最终会诉诸武力的对抗，但在此之前更多地表现为外交斗争、经济斗争、意识形态领域的斗争等。国防斗争的力量以军事力量为主体，除此之外还包括政治、经济、科技、社会等各种力量。因此，国防手段是多种多样的，既包括军事手段，也包括非军事手段。其中，军事手段是主要手段，主要表现为军事威慑和军事打击。军事威慑以军事打击为后盾，又为军事打击创造条件。军事打击具有实战和威慑的双重功效，既有利于迅速、有效地粉碎敌方的侵略企图，也是对敌方的一种强大的心理威慑，有利于控制战局，为政治、外交斗争创造条件。数字时代网络空间的国防斗争不仅涉及各种信息系统，而且涉及所有联网的人、机、物；不仅包括网络空间军事进攻与防御，而且包括网络空间意识形态领域的渗透与文化入侵、网络经济领域的窃密、网络政治谣言的传播等，防卫对象范围广，防卫难度大，更需要调动各方面力量，综合运用各种斗争手段，采取各种斗争形式维护国家安全。

第四，国防范围的全域性。国防既包括军事领域和政治领域的国防，又包括经济领域和文化及社会领域的国防，其范围具有全域性。人类社会进入数字时代后，一些国家加速建设网络空间作战力量，研发网络空间作战武器，频繁进行网络军事演习，给国家军事安全带来了新威胁；不法分子通过网络进行意识形态渗透，图谋颠覆国家政权，给国家政治安全带来了新考验；一些网络事件的激化放大了社会矛盾，给国家社会安全带来了新挑战；网络文化的交锋给维护国家文化安全、提高国家文化竞争力带来了新命题；网络技术迭代发展加剧了国家科技安全领域的博弈。这些都属于国防的范畴。2021 年 1 月 1 日正式施行的《中华人民共和国国防法》将网络空间安全领域纳入国防领域活动体系，这是我国对防卫政策的重大拓展，体现了习近平强军思想和总体国家安全观的要求，是国防军队建设与时俱进的生动体现。

第五，国防目标的双重性。国防目标的双重性，是指国防不仅要做好以战争形式解决国家间矛盾的准备，更要重视运用威慑手段制止战争的爆发。和平时期的国防力量是一种潜在的实力，是国家综合国力的重要组成部分，是衡量国家防卫能力的重要指标；当国家安全受到威胁时，国防力量则要将潜在的实力转化为现实的威慑力量；当威慑失效时，就转化为实力的对抗。国防目标的双重性要求国防力量的建设和运用不仅要为打赢战争做好准备，更要为制止战争爆发创造必要条件。

可见，国防的概念是动态发展的。随着科技的进步与发展、人们对未知世界的认知深度与广度的拓展，国防的内涵与外延也在不断发生变化。

二、网络空间的构成与特点

网络空间是人类创造的虚拟空间，是信息技术迭代发展的产物。它不仅突破了物理空间的时空限制，也在不断加大对现实世界的改造和融合。全球日益深度融入网络空间，促使不同学科、不同领域、不同行业的人们从技术、制度、政治、军事、文化等不同角度研究网络空间，这在一定程度上增加了人们对网络空间达成共识的难度。

（一）网络空间的概念

网络空间源自英文 cyberspace，又译为“赛博空间”，最早由美国科幻小说家威廉·吉布森在 20 世纪 80 年代提出。他认为网络空间是一个由计算机控制台所控制的、有关计算机网络的虚拟的数字化的空间。

网络空间的概念目前还没有明确的界定。在美国比较权威的传统词典和传统科学词典中，cyberspace 是在线通信的计算机网络与电子媒介的总称。《牛津大词典》和《网络大词典》中的 cyber 词条是指计算机或者计算机网络，因此，cyberspace 应指计算机空间或者计算机网络空间。在美国军方报告中，cyberspace 是指一个数字信息可以经由计算机网络传递的环境。2003 年，美国的《保护网络空间的国家安全战略》将网络空间定义为由无数相互关联的计算机、服务器、路由器、交换机和光缆组成的国家的“中枢神经系统”。2011 年，《美国国家军事战略报告》将网络空间称作全球联通领域，认为网络空间是将传统空间连接在一起的媒介，传统空间通过网络空间聚合在一起，促进了陆、海、空、天等领域的一体化进程。

社会科学工作者更多地从数字世界对物理空间的映射的角度理解网络空间。他们在技术的基础上增加了行为体、行动及制度和规范等人类在物理空间中的范式，使网络空间成为内涵丰富的新空间。他们认为，网络空间是一个基于互联网技术的新空间，是技术、行为体和活动共同组成的空间。[1] 美国学者霍华德·莱恩

---

[1] 周宏仁. 网络空间的崛起与战略稳定 [J]. 国际展望，2019 (3)：22-26.

戈德认为，网络空间是一个通过计算机技术，使文字、人际关系、数据、财富和权力都能在其中呈现的概念空间。

笔者认为，网络空间是由各种信息基础硬件设施、软件协议数据及用户环境等构成的空间。网络空间有三个基本的构成要素：一是物理层，主要包括路由器、服务器、交换机、卫星传输系统、有线/无线用户网络、移动通信网络等硬件设备；二是逻辑层，主要包括各种存储在硬件设备中的软件、数据和协议及根域名解析服务系统；三是社会层，主要包括参与网络活动的个人、机构及用户环境等。在网络空间中，人们交流思想、分享信息、提供或接受服务、组织社会生产活动、进行国家治理等。

（二）网络空间的演进

网络空间随着互联网技术的发展而形成，经历了由简单到复杂、由低级到高级的发展过程。从最初的通信网络和信息网络，到计算机网络、网络与电磁空间的相互渗透，再到目前的物理域、信息域、认知域和社会域的多域融合，网络空间已成为人类社会不可或缺的生存与发展空间。从技术发展的角度来看，网络空间的演进经历了三个阶段。

第一个阶段是通信网络阶段。互联网是由美军的阿帕网发展演变而来的，最初目的是建立一个在计算机之间进行数据通信的渠道，以解决核战争条件下原有通信网络被完全摧毁时美军的通信和指挥问题。互联网发明的初衷就是实现计算机之间和计算机网络之间的数据传输。当时的阿帕网只是计算机主机之间的联网。后来阿帕网一分为二，转为民用的部分逐渐发展成为计算机网络之间互联的一个新的网络，即现在的互联网。

第二个阶段是信息网络阶段。互联网经过不断发展和演变，成为一个具有强大计算能力和信息处理功能的计算机系统。网络不仅容纳了人类社会的信息流，而且吸纳了人流、物流、资金流等，它们以数字化的形式流动并存储在网络中，使互联网成为人类最大的信息资源库。网络不仅能传播数据和信息，而且可以支持各行各业的业务运行与管理，支持各种生产、生活活动，成为新时代生产工具和先进生产力的象征，也带来了深刻的生产关系和社会组织形态的变革。

第三个阶段是计算网络阶段。当前，信息化发展进入新时代。随着大数据、人工智能、物联网、云计算等新一代信息技术的发展，全球一体化的计算架构体系和基于云计算、雾计算、边缘计算、终端的全球网络结构正在不断被重构。一方面，全球范围内人、机、物互联互通，构造了一个全球化的超巨大的社会系统；另一方面，全球物联网的任何一个终端，即人、机、物，都具有信息感知、智能计算、自动识别和联网的功能，成为全球计算架构体系的“分子”，而“计算”和“智能”就是从“分子”开始的。在这个架构体系下，计算、数据、智能将无所不在。[1] 未来，各种物理系统都将被引入计算机系统，并接入全球计算机网络，具备不同程度的智能化，形成一个智能物理空间。

（三）网络空间的特点

与物理空间相比，作为一个由信息技术构建的空间，网络空间具有虚拟性、开放性、全球性、脆弱性等特点。

首先，网络空间具有虚拟性。网络空间是人类现实社会在虚拟世界的投射，具有虚拟性。网络空间的存在形态是无形的，人们获取的声音、文字、图片、图像等信息和知识，其存在的形式最终都是数字符号。在网络空间中，现实世界中的身份、性别、国别等自然面貌及地理空间等信息都被模糊化、符号化和平等化，各种行为体可以不受时间、空间的限制，以虚拟身份自由出入虚拟场所，进行购物、就医、学习、交流和实验等各种活动。

其次，网络空间具有开放性。互联网采用的分布式网络体系、包切换技术及 TCP/IP 协议使不同类型、不同操作系统的计算机都能通过网络交流信息和共享资源。1991 年，约翰·博纳斯·李发明的超文本标识语言使互联网上的任何一个文件在任何操作系统、任何浏览器上都具有可读性。基于这些技术构建的网络空间是面向全球开放的，任何人只要遵循规定的网络协议，就可以不受时空、国别限制接入互联网。

再次，网络空间具有全球性。互联网覆盖全球。网络空间打破了国家间的地理疆界，把世界连成了一个村落。截至 2021 年 1 月，全球手机用户数量为 52.2 亿人，约占世界总人口的 68.8%；互联网用户数量为 46.6 亿人，约占世界总人口的 61.4%；而社交媒体用户数量为 42 亿人，约占世界总人口的 55.4%。2020 年，平均每天有超过 130 万个新用户加入社交媒体，相当于每秒钟约有 15 个新用户。

---

[1] 周宏仁. 网络空间的崛起与战略稳定 [J]. 国际展望，2019 (3)：22 - 26.

全球范围内，在16～64岁的网民中，有近77%的人每月都会在网上购物。[1]

最后，网络空间具有脆弱性。网络空间的脆弱性主要表现在网络容易受到攻击。网络化程度越高，网络节点越多，受到网络攻击的可能性就越大。例如，网络空间存在类似人体的大脑、心脏和咽喉的要害部位。其中，网络空间的“大脑”是各组成部分的控制中心，如电力网的二次系统、电信网的支撑网络（信令网、同步网、管理网）、互联网的域名解析系统和路由器。网络空间的“心脏”是各组成部分的核心聚散点，如电力网的枢纽变电站、电信网的核心层、互联网自治域的边界路由器。网络空间的“咽喉”是各组成部分的主干信息通道，如电力网的架空通信光缆、电信网的出入境光缆、通信卫星的关口站。[2] 如果它们中的任何一个部分遭到破坏，势必会造成某个整体的崩溃。

三、网络国防的内涵与主要内容

网络国防的形成与发展离不开网络空间。随着计算机网络应用的发展，人类的生产生活方式发生了前所未有的改变，国家的政治、经济、文化、科教等活动逐渐扩展到网络空间。网络空间成为国家经济社会发展各项活动的载体，成为国家战略利益的制高点和国家防卫的新疆域。因此，网络国防应运而生。

（一）网络国防的基本特征

网络国防是国防的有机组成部分，是指为防御和抵抗威胁国家安全的网络攻击，维护国家网络空间安全，确保国家网络空间主权不受侵犯，有效捍卫网络边境、保卫网络空间发展利益而进行的军事、政治、经济、文化等各种活动的总和。不同于陆、海、空、天的防卫活动，网络国防具有独特的特点。

第一，网络国防战略是攻防兼备的。网络空间国防斗争的实质是网络攻防之间的较量。网络空间攻防双方的力量是不平衡的，进攻方占据明显优势。进攻方可以利用信息系统本身存在的安全瑕疵或漏洞实施网络攻击，在未经授权的情况下访问、破坏系统，或者对信息系统软硬件及其组件预置后门，通过特殊方式绕过安全监控而获取防御方的程序和系统访问权，“一招制胜”。为应对这“一招”，

---

[1] 全球网民数量达46.6亿，中国人每天上网5小时22分［EB/OL］.（2021-01-27）［2021-07-05］. http://finance.sina.com.cn/tech/2021-01-27/doc-ikftpnny2357787.shtml.

[2] 远方. 网络空间的战争脆弱性［J］. 中国信息安全，2014（5）：115.

防御方需要动用大量的人力、物力、财力，综合运用技术、管理等各种手段构筑包括所有与互联网相连接的信息系统、基础设施等在内的防御体系。并且，随着技术的进步，网络攻击手段和工具越来越多、越来越复杂，自动化程度越来越高，扩散速度越来越快，构筑固若金汤的网络防御体系的难度进一步加大。由于加密、代理等技术的发展，防御方难以成功定位攻击者，更不可能及时、有效打击攻击者。这就要求防御方必须拥有与攻击方旗鼓相当的网络攻防技术和武器，具备威慑对方的能力，这样才能有效慑止对手，维护国家利益。威慑是维护网络空间稳定与平衡的战略选择。网络空间的国防更加注重以慑止战。[1] 因此，网络国防战略不能只强调防守，还要注重进攻，应当攻守兼备。

第二，网络国防活动是柔性的。网络空间是一个虚实结合的空间，其防卫活动既要应对借助网络对实体空间国防设施实施的打击、瘫痪和摧毁，又要应对来自虚拟空间的文化角力与思想殖民；既要应对能量武器、病毒、木马等软硬杀伤手段，还要平息来自各种社交网络的舆论斗争。不管是哪种防卫活动，都与实体空间借助看得见、摸得着的武器装备等实行刚性防卫的手段不同，是通过看不见、摸不着的数字符号组成的程序毁物于无形、攻心于无声，是不流血的行动。即使是必要的网络威慑，也重在寻求和利用网络空间本身的设计缺陷和漏洞摧毁某个信息系统，而损害的系统一般可以再恢复。这是一种软杀伤、弥漫性伤害。[2] 在海湾战争中，美军使用信息炸弹，即一种通过电磁信息运行逻辑摧毁系统的炸弹，摧毁了伊拉克的计算机防空与指挥网络系统，使伊拉克网络瘫痪，在战争中不能发挥任何作用。

第三，网络国防手段是高智能的。网络空间是随着信息技术的发展而逐渐形成的新型空间。随着云计算、大数据、物联网、人工智能等新一代信息技术的发展，网络空间日益成为“通联万物、更新万象”的由高智能控制的空间。当前，关系国计民生的国家基础设施和重要行业，如电力、交通、银行、制造和通信等，都受到网络的高度控制。随着智能交通、智能电网、智能医疗、智慧城市建设的推进，网络对实体世界的控制能力将越来越强。任何危害国家网络安全的行为都是借助现代高科技手段实施的。美军研发的采用人工智能处理芯片的自主网络攻击系统可以自主适应网络环境并自行生成特定恶意代码，实现对指定网络的攻击、

---

[1] 闫晓丽，周千荷. 美国网络威慑能力建设情况分析及借鉴 [J]. 网络空间安全，2020 (5)：80－84.

[2] 王桂芳. 中国网络安全战略应关注的五对重要关系 [J]. 贵州省党校学报，2019 (5)：52－58.

信息窃取等操作。一些国家曾利用“钓鱼”攻击、恶意程序植入、分布式拒绝服务攻击等传统方式对他国实施网络攻击。因此，在一个由信息技术主导的空间里，国家要做好防卫，需要借助高智能防卫手段。

第四，网络国防范围是覆盖全域的。在网络空间形成之前，国家的安全威胁主要来自陆、海、空、天的实体空间，物理域是国防的重点。在网络空间形成之后，随着网络空间与物理空间的不断融合，来自信息域、认知域和社会域的安全威胁日益增多，而物理域的安全威胁也有了新的表现形式和特点。在物理域，有能量攻击，也有“震网”损伤；在信息域，病毒能够在全网扩散；在认知域，可以攻心于无声；在社会域，独立的个体引起的网络革命可以颠覆一个国家的政权。[1] 网络空间的各个域又分为不同的层次，各层次、各域之间相互作用、相互依赖，其中任何一个部分遭到破坏都可能产生强大的“蝴蝶效应”，影响到其他层次、其他域、其他地区乃至整个社会生态系统。在信息域，如果软件层被破坏或被利用就会影响数据层；如果信息域内的发电机组控制指令遭到破坏，就会造成物理域中的发电机组被烧毁；如果网络空间全球定位系统（GPS）授时遭到破坏，就会导致同处于这一空间的电力网、电信网、互联网和众多信息化系统的同步失调；互联网自治域边界路由器在非法控制下频繁发出更改路由报，则会引起整个互联网边界路由器的瘫痪；物理域的电力网、电信网、互联网和信息化系统遭到破坏，在一定程度上会对社会生态圈产生影响，其中信息化系统因与社会活动密切相关，会产生更大的破坏效应；时空基准系统、电力网、互联网等一旦被“引爆”，则会导致一国或一个地区网络空间的大面积瘫痪或崩溃。[2] 网络空间需要网络国防的全域防卫。

第五，网络国防力量是军民一体的。在实体空间，国家领土、领海、领空面临的主要威胁更多地来自主权国家的武装力量，国家防卫主要依靠军队，军队为维护国家主权、领土完整和统一提供战略支撑。而网络空间的入侵者与攻击者最初是黑客、犯罪分子，后来慢慢发展为包括经济竞争者、恐怖分子、主权国家等在内的各种行为体，且网络空间具有易攻难守的特点，单靠国家武装力量难以有效完成维护国家安全的任务，需要动员一切可以动员的力量，建立一支军政联合、

---

[1] 秦安．论网络国防与国家大安全观［EB/OL］．（2014－07－22）［2021－08－05］．http://theory.people.com.cn/n/2014/0722/c386965－25316642.html.

[2] 远方．网络空间的战争脆弱性［J］．中国信息安全，2014（5）：115.

军民一体的复合力量来守卫网络空间的安全。

第六，网络国防边境是无形的。网络空间全球开放、互联互通、路由多、节点多等特点决定了网络国防的边境线与实体空间不同，是看不见也摸不着的，存于无形之中；既没有明确、固定的界限，也没有界碑等明确的标识物。凡是联结互联网的人、机、物都可能成为边防线的有机构成部分。在这个由比特组成的数字边境上，人人都可能成为边防员。网络国防边境线呈现出“其大无外”的特点。网络国防边境线也是不断变化的，随着技术的发展，在实时网络对抗中此消彼长。一般来讲，一个国家的网络国防边境线是根据本国的网络建设程度、网络利用能力和网络控制范围划分的，即网络疆域＝已建网络疆域＋控制网络疆域－被控网络疆域。❶

（二）网络国防的主要内容

网络国防的内容十分丰富，主要包括网络国防理论、网络国防战略、网络国防法制、网络国防基础设施、网络国防科技、网络国防人才、网络国防外交等。它们相互联系、相互依赖、相互作用，共同构成了网络国防。

网络国防理论是关于网络国防建设和防卫发展规律的知识体系，它既是网络国防实践经验的概括和总结，又是正确认识和指导网络国防实践的理论依据。网络国防理论不仅是网络国防建设的重要组成部分，而且对网络国防建设和防卫的实践具有先导作用。

网络国防战略是综合运用政治、军事、经济、科技、文化等各种力量和手段，筹划和谋求国家网络空间安全的方略。网络国防战略的目标是为国家网络空间安全提供可靠的保障，为国家的生存与发展创造良好的条件。

网络国防法制是国家最高权力机关制定或授权国家行政机关和国防机关制定国防法规的活动，主要由宪法、国家安全法、刑法、民法、商法、计算机安全法和国际法等组成。网络空间是一个无政府领域，任何国家都无法单独对它进行有效管理。因此，必须不断完善法治体系，从而对其进行规范，以减少互联网对公众和社会的损害。

网络国防基础设施是网络国防的物理层，主要包括通信线路、物理设备、计

❶ 秦安. 论网络国防与国家大安全观［EB/OL］.（2014－07－22）［2021－08－05］. http://theory.people.com.cn/n/2014/0722/c386965－25316642.html.

算机系统、电力系统等要素，根据使用目的不同，可以分为民用设施和军用设施。实际上，使用最多的是民用基础设施，并且很多军事信息需要通过民用设施传输。据统计，美国绝大多数部队的内部信息要经由民用设施传输，至少有 15 万台以上的军用计算机是通过民用网络连接的。因此，在网络控制权争夺日趋激烈的当今时代，保护网络基础设施不受损坏是极其重要的工作。必须保护网络国防基础设施的物质形态，防止人为破坏和自然灾害损坏，避免互联网中断运行，同时保障维持基础设施运转的信息资源的安全。

网络国防科技是国家科技领域的重要组成部分，也是国防实力和潜力不可或缺的要素。其中，网络国防关键技术主要包括各种操作系统、网络身份检测、远程接入、数据传输、网域名称系统、计算机病毒防护技术等。美国在网络国防关键技术方面优势非常明显，并且以保护知识产权为由，严格控制技术出口，以防止尖端网络国防技术被他国掌握。美国以先进网络国防技术为支撑，一直占据着互联网的霸主地位，在网络国防建设中具有领先优势。

网络国防人才是能够正确认识网络国防系统中某个领域或某一方面的问题，并且能在网络国防建设实践中用自己的创造性成果为网络国防事业发展作出贡献的人。网络国防人才主要由网络国防管理和建设者、网络国防使用者、网络国防监控者、网络国防开发者和分属网络国防不同部门的技术人员等组成。网络空间武装力量是网络国防人才的重要组成部分，是维护国家网络空间安全、稳定和发展的战略支撑。网络国防人才培养源于各种形式的教育与培训。分布在不同领域、具有不同资质和教育理念的教育与培训机构在培养网络国防人才方面起着不可忽视的作用。

网络国防外交是国家为保障自身安全，就网络国防及与其有关的问题进行的国际关系方面的活动。网络国防外交是国家外交的组成部分，必须遵循和贯彻国家的对外方针和政策。网络国防外交是网络国防政策在对外关系上的体现，必须满足网络国防战略提出的在对外关系上的要求。

（三）网络国防的主要任务

网络国防作为国家的防卫实践活动，其主要任务是捍卫网络空间主权，保护国家网络空间安全，推进网络国防和网络空间武装力量建设，建设网络空间国际秩序。

第一，捍卫网络空间主权。网络空间主权是国家主权在网络空间的自然延伸和表现，是一国基于国家主权对本国的网络设施、网络主体、网络行为及相关网络数据和信息等所享有的最高权和对外独立权，主要包括独立权、平等权、管辖权和防卫权。主权国家有权自主选择网络发展道路、治理模式和公共政策，不受任何外来干涉；有权平等参与网络空间国际治理，共同制定国际规则；有权对本国境内的网络设施、网络主体、网络行为及相关网络数据和信息等进行管理；有权开展本国的网络安全能力建设，维护本国在网络空间的正当权益不受外来侵犯。此外，主权国家有权基于公认的国际法原则，对境外与本国有真实、充分联系的特定网络行为，以及与之相关的网络设施、网络主体等行使必要且合理的属人管辖权、保护性管辖权和普遍性管辖权。[1] 捍卫网络空间主权，就要采取包括军事手段在内的一切国防手段，坚决反对网络霸权，反对利用网络干涉别国内政、颠覆别国政权、破坏网络主权的一切行为。

第二，保护国家网络空间安全。随着网络空间与实体空间的联系日益紧密，实体空间的政治、经济、文化、社会、科技、军事等安全问题在网络空间反映出来，使网络空间成为一个传统安全与非传统安全相互交织、相互作用的耦合安全结构。网络空间既有政治安全、经济安全、科技安全、文化安全等非传统安全问题，也有军事安全、国土安全等传统安全问题。在网络的作用下，这些问题的破坏效应被无限放大，破坏范围被无限拓宽，破坏时间大大缩短，任何一个领域的安全出现问题都会引发其他领域乃至国家总体安全问题。维护国家网络空间安全，不能只维护其中某一个领域的安全而不顾其他，必须基于总体国家安全观，统筹兼顾各领域的安全，构建一个坚固强大的网络防御体系，坚决抵制通过网络渗透危害国家的政治安全，通过网络窃密、网络监听盗取国家的重要经济情报，通过网络散布有害信息侵蚀国家的文化安全，通过强化网络威慑、加强网络军备竞赛威胁国家的总体安全等各种危害网络空间安全的行为。[2]

第三，推进网络国防和网络空间武装力量建设。这是网络国防的基本职能。推进网络国防和网络空间武装力量建设，要加强网络国防的顶层设计、战略筹划和管理，建立健全网络国防制度；紧盯世界前沿，发展网络国防科技与产业，推进网络国防关键信息基础设施建设，加快网络国防人才培养；聚焦网络空间作战

---

[1] 网络主权：理论与实践（2.0版）[EB/OL]．(2020-11-25) [2021-09-05]．http://www.cac.gov.cn/2020-11/25/c_1607869924931855.htm.

[2] 国家网络空间安全战略 [R/OL]．(2016-12-17) [2021-09-05]．http://www.cac.gov.cn/2016-12/27/c_1120195926.htm.

能力培育与提升，深化网络空间作战理论研究，推进网络空间武器装备建设，发展网络空间作战力量，着力构建网络空间联合作战体系，提高打赢网络战的能力；军民一体建设网络国防，构建一体化的网络国防战略体系。

第四，建设网络空间国际秩序。世界网络强国加速推进网络空间军事化进程，对网络空间国际秩序、维护世界和平提出了挑战。西方一些国家为给其网络空间的军事行动创造更大的活动空间和提供法理依据，不断抛出所谓“网络空间国际法适用”的立场，一方面无视网络空间的独特性而照搬国际法，另一方面又挑选有利于其行动的法律条文反复宣介，把持话语权，试图以此重塑网络空间的“交战”规则，定义网络空间秩序[1]，从而对其他国家造成潜在的和现实的安全威胁。构建公正合理的网络空间国际秩序、维护国际网络空间的和平、促进国际网络空间的发展成为网络国防的重要任务。构建公正合理的网络空间国际秩序，要用和平方式解决网络空间国际争端；遵循和平共处五项原则开展网络空间军事外交，加强网络空间国际军事交流与合作，建立网络空间军事安全机制和军事互信机制；深化网络空间国际安全合作，加强网络空间国际战略协作和磋商；遵循公正、合理、全面、均衡的原则，实现网络空间军备控制，维护全球网络空间战略稳定。[2]

四、网络国防建设的构成要素

网络国防建设作为一种社会实践活动，是网络国防建设的组织者在一定的时间和空间范围内对网络国防资源进行管理、配置和运用等的活动。它是一个由主体、客体和时空等要素构成的庞大、复杂的系统，其中主体是核心，客体是基础，时空是条件，它们相互联系、相互影响、相互制约，使网络国防建设成为一种规律性的活动。

（一）网络国防建设主体

网络国防建设作为一种特殊的社会实践活动，其主体是拥有宪法所赋予的网络国防权限并实施网络国防建设行为的组织者。网络国防建设是国家行为，必须在国家的统一领导下，由国家最高统帅及其领导机构负责实施。

---

[1] 王滢波，鲁传颖. 网络空间全球秩序生成与中国贡献［EB/OL］.（2021－12－29）［2022－01－01］. https://kns. cnki. net/kcms/detail/31. 2089. F. 20211229. 1335. 002. html.

[2] 秦安. 论网络国防与国家大安全观［EB/OL］.（2014－07－22）［2021－10－13］. http://theory. people. com. cn/n/2014/0722/c386965－25316642. html.

网络国防建设主体具有鲜明的国家性、权威性和主导性特征。一是国家性。网络国防建设作为重要的国家行为必须具有国家性。网络国防建设的最高决策者通常是国家最高领导人，因此网络国防建设主体的行为集中代表了国家统治集团的最高意志。作为网络国防建设主体重要组成部分的网络国防组织体制是国家机器的重要组成部分，因而必须以国家“对内防颠覆、对外反侵略”这一根本职能为使命。二是权威性。网络国防建设作为国家的防务行为，是国家意志和利益的集中体现，因此必须由具有权威性的、掌握国家政权的最高统治集团组织实施。即便是地区性的网络国防建设活动，也需要由国家作出决定，并授权权力部门或地方政府等国家公权力组织实施。三是主导性。网络国防建设主体既是网络国防建设活动的发起者、组织者，又是国家军事制度的制定者，因而也是网络国防建设发展的顶层筹划者和宏观调控者。这就决定了网络国防建设主体不仅可以根据国家安全和发展利益的需要，对网络国防建设与发展实施战略指导，而且可以根据国家经济社会发展和国防现代化建设需要确定当前和今后一个时期网络国防建设的战略计划，还可以依据军事斗争准备和战争形态变化需要确定网络国防建设的发展模式和目标任务，并对网络国防建设实施集中统一领导和指挥。

网络国防建设主体一般由网络国防决策体系、网络国防执行体系、网络国防协调体系和网络国防咨询体系构成。网络国防决策体系由直接领导、决定、处理国家安全和国防建设全局性重大问题的国家最高权力机构和最高军事统帅机构构成，主要负责制定网络国防政策和网络空间军事战略，协调和解决与网络空间安全有关的政治、经济、军事、科技、外交的战略部署等方面的重大问题。网络国防执行体系是在政府系统和军队系统中建立的网络国防建设活动管理系统，主要负责组织管理网络国防建设活动，执行网络国防建设相关政策、制度、法律、法规、计划、规划和命令，使履行网络国防建设职能的行政机关及其工作人员积极有效地完成既定的国防建设任务。网络国防执行体系一般包括三个层次：一是国家层面的执行系统，即网络国防领导与管理机构，是国家最高网络国防决策机构的执行、保障部门，通常隶属中央政府或最高军事机构；二是政府和军队的执行系统；三是行业领域内的执行系统。网络国防协调体系是指为实现网络国防最高决策机构的意图，组织、协调国家各部门、各行业及各地区与执行网络国防建设任务相关的系统之间的关系，主要负责协调网络国防建设领域等军地相关部门之间的关系。网络国防咨询体系是为国家最高网络国防决策机构和最高军事机构提供网络国防决策咨询建议的智囊机构的统称，通常由专门的国防研究和论证机构组成。

（二）网络国防建设客体

网络国防建设客体即网络国防建设的全部资源或作用对象，是主体行为的承受者，也是网络国防建设系统的重要组成部分。在网络国防建设各构成要素中，客体对其他要素起基础性的制约作用，是网络国防建设活动中最具可变性的部分，决定着网络国防建设的主要内容和基本形式。

网络国防建设客体要素具有客观性、系统性、有限性等特点。一是客观性。这是网络国防建设客体的根本属性。网络国防建设客体独立于网络国防建设主体的意识之外，不以其主观意志为转移。网络国防建设客体有自身的特性和活动规律。无论网络国防建设主体是否承认，网络国防建设客体都以其本来的面目客观存在，并按照其固有规律活动。二是系统性。网络国防建设客体的各个要素，如人力、物力、财力、信息等相互联系、相互作用，成为网络国防建设系统的有机组成部分。其上有国防建设系统，其下包含网络国防人力资源、网络国防物力资源、网络国防财力资源和网络国防信息资源等子系统。网络国防建设的主要职能就是科学合理地调节好网络国防建设客体与上位、下位系统之间的关系，从而使国防建设系统有序运行，获得最佳网络国防建设效益。正确认识网络国防建设客体的系统性，可以使人们从宏观层面认识和看待网络国防建设客体的整体性、系统性和各要素之间的关联性，最大限度地发挥网络国防建设客体的功能和作用。三是有限性。网络国防建设资源总量是有限的，网络国防建设的组织者不可能超越这个限度，随意扩大、调整和配置这些资源。国家用于网络国防建设的资源总量往往受社会生产力发展水平的制约。网络国防人力资源和网络国防科技产业等物力资源随着网络国防建设活动和战争的发展而变化，处于持续消耗状态，因而将导致优势资源日益紧缺甚至枯竭。

作为网络国防建设主体行为的承受者，网络国防建设的全部资源或作用对象主要由人力、物力、财力、信息等资源构成。网络国防人力资源指能从事网络国防劳动的社会劳动力，是国家人力资源的重要组成部分。网络国防人力资源既包括网络空间军事人力资源，即符合服兵役条件的劳动力，也包括网络国防生产人力资源，即符合网络国防生产条件的劳动力。网络国防人力资源是国家网络空间武装力量的基础，是军事潜力的要素，直接影响网络国防建设和战争的进程和结局。网络国防物力资源是可用于网络国防的物质资源及其来源的总称，是国防资源的重要组成部分，也是国家物力资源的一部分。网络国防物力资源的数量、质量、增长速度及结构取决于国家物力资源的数量、质量、增长速度及结构。网络国防财力资源是国家在一定时期内可用于网络国防的资金及其来源的统称，是国防资源的重要组成部分，是网络国防建设的重要因素。充足的网络国防财力资源是网络国防建设活动的财力保障，也是战争胜利的重要保证。网络国防信息资源指在网络国防建设活动的各个领域中使用的各种信息资源，包括信息、信息生产者、信息技术等信息活动要素，以及对信息进行加工处理后的有用信息的集合。网络国防信息资源是网络国防建设的核心要素，广泛开发和利用信息资源，既是网络国防建设的中心任务，也是网络国防建设取得成效的关键。

（三）网络国防建设时空

网络国防建设时空由时间和空间两种要素构成。时间要素指事物活动的起始时间和完成时间。时间的规定性既反映了网络空间军事斗争准备和战争形态在网络国防建设时间上的规定性，又在一定程度上反映了国家对维护网络空间安全和应对网络战争的政策的规定性，更反映了整个网络国防建设或网络国防建设某一领域的能力状况。空间要素一般包括范围、目的方向、位移和活动的环境等。网络国防建设的空间要素则包括网络国防建设活动的地域范围、目的、自然环境和社会环境等。时空要素影响网络国防建设的组织领导及其机构设置、网络国防建设发展规划的制定、网络国防建设的组织模式和武装力量规模与结构。考察并分析这些要素，有助于加深对网络国防建设本质的理解，并为推进网络国防建设与发展奠定理论与实践基础。

网络国防建设的时间与空间是网络国防建设活动的条件。时间在网络国防建设活动中具有不可替代性。善于捕捉战机、抓住机遇，有利于掌握网络国防建设的主动权和占领网络国防战略制高点。空间在网络国防建设中也具有重要地位。任何建设活动都必须在一定的空间内进行，有效利用空间是提高网络国防建设效益的必要条件。

网络国防建设时间与空间具有规定性、动态性、统一性等特点。规定性主要指任何网络国防建设活动都是在特定的时间和空间中进行的，都有特定的时间和空间要求，离开一定的时间和空间的网络国防建设是不存在的。动态性主要指网络国防建设活动是动态发展的，总会随着网络国防斗争准备和战争形态的变化而变化。网络国防建设作为一个系统，一直处于不断发展变化的状态。要善于用运动、发展的眼光看待国防建设系统的历史、现状和未来，把握网络国防建设系统发展的方向和趋势，合理地改善网络国防建设系统的结构与功能。网络国防建设目标也是随着国家网络空间安全和发展利益需要不断变化的。要充分考虑网络国防建设时空要素的变化，制定并及时调整目标与任务，以确保网络国防建设目标和方向的正确性。统一性主要指网络国防建设活动在时间和空间上具有不可分割性。一旦网络国防建设活动的时间确定，相应的网络国防建设活动对象的空间范围也就确定了。

五、网络国防建设的指导原则

网络国防建设的指导原则是符合网络国防建设客观规律的、指导网络国防建设的基本准则，是网络国防建设客观规律在主观指导上的正确反映和自觉运用，是网络国防建设主观指导与客观实际相统一的产物。

（一）国家主导

国家主导，指国家在网络国防建设活动中处于主体地位，引领网络国防建设发展方向，并发挥主导作用。国防建设是国家行为，是国家职能在国防领域的重要体现。国防实力既是国家综合实力的重要组成部分，又是国家经济社会发展的重要保障。因此，国防建设必须由国家主导。网络国防作为国防的有机组成部分，其建设活动也必须由国家主导。

网络国防建设是国家行为。网络国防是在国家利益不断向网络空间拓展、国家主权不断向网络空间延伸、网络空间战略博弈加剧、网络空间安全形势日益复杂的形势下出现的。没有网络安全就没有国家安全。要维护国家安全，就必须建设坚固强大的网络国防。世界主要国家都从国家战略全局的高度统筹谋划和组织网络国防建设。领导和组织开展网络国防建设是中央和地方国家机关的重要职能之一，其建设主体是整个国家，包括国防机关及国家授权的社会组织和公民。

网络国防建设需要凝聚全社会的力量。网络国防建设是国家建设的重要组成部分，与国家政治、经济、外交、科技、教育、文化、卫生等各项建设密切关联，具有全局性、整体性、综合性等特点，是一项规模宏大的社会系统工程。只有牢固树立网络国防建设是国家行为的观念，凝聚全社会的力量，动员和组织各行各业和全体人民群众投身到网络国防建设中，才能有效推动网络国防建设科学发展。必须把网络国防建设纳入国防建设和国家总体建设中，统筹推进网络国防建设与国家政治、经济、科技、文化、教育、外交等建设，把网络国防建设事业建立在雄厚的人民力量基础之上，从社会大系统的高度寻求新质战斗力的增长点。

要充分发挥政府在网络国防建设中的领导管理作用。网络国防建设是一个由多层次、多领域、多要素构成的庞大系统，其建设效益取决于该系统内部各个要素之间协调配合、有序运行的程度，取决于网络国防建设主体的科学领导和管理。政府作为国家行政机关，是国家建设的组织者和管理者，是国家资源的调控者，在国家经济社会发展中发挥主导作用。政府的职责和职权决定了政府在领导管理网络国防建设中处于主体地位、发挥主导作用。

（二）需求牵引

任何一项社会实践活动的发展都要以一定的需求为牵引。网络国防建设也需要以需求为牵引，这个需求就是国家网络空间安全。国家网络空间安全需求牵引网络国防建设是网络国防建设的基本指导规律。没有国家网络空间安全需求的牵引，网络国防建设就无的放矢，出现盲目性和片面性。

需求牵引是推进网络国防建设发展的客观要求。网络国防建设坚持需求牵引，是由网络国防建设的本质规律决定的。网络国防的根本职能是维护国家网络空间主权、安全与发展，为国家的生存与发展提供安全保障，因此网络国防建设必须适应维护国家网络空间主权、安全与发展的需要，并以此为基本出发点和归宿。需求是牵引网络国防建设最直接的动力，没有需求，发展建设就失去了前提。能够有效满足国家网络空间安全需求，是衡量网络国防建设效益的基本标准，也是评估和检验网络国防建设水平的重要依据，这必然要求网络国防建设以需求为牵引。网络国防建设坚持需求牵引，是适应安全形势变化的需要。数字时代的网络空间安全形势复杂多变，网络空间与实体空间的安全威胁相互交织，物理域、信息域、认知域和社会域之间的安全威胁彼此传导，辐射范围广，破坏效应强，安全风险大。在网络国防建设过程中，及时把握网络空间安全形势变化，调整网络国防建设布局与重点，可有效应对网络空间安全威胁。世界网络强国纷纷出台网络空间军事战略，建立网络作战领导指挥体制，组建网络作战部队，研发网络作战武器，网络空间军备竞赛愈演愈烈，网络国防建设面临严峻挑战，迫切需要以需求为牵引，加强统一筹划和管理，提高网络国防建设水平。网络国防建设坚持需求牵引，是提高网络国防建设效益的必要条件。需求对网络国防建设有牵引和导向作用，直接关系着网络国防建设的方向和重点。提高网络国防建设效益，要通过需求牵引，以确保网络国防建设资源有正确的投向和投量，防止出现资源流失和浪费，从源头上加强对网络国防建设的整体控制，实现网络国防建设全面、协调、可持续发展。网络国防建设效益如何，归根结底还要看它是否符合需求。如果背离需求，就会造成资源浪费，且投入越多浪费越大。

准确定位国家网络空间安全需求是实现需求牵引的前提条件。确定国家网络空间安全需求的内容，是实现以需求牵引网络国防建设的前提和基础。网络国防是维护国家网络空间主权、安全与发展的根本保障。维护网络空间安全，捍卫网络空间主权，构建网络和谐社会，建设公正合理的网络空间国际秩序，是网络国防建设的目的和任务，也是确定国家网络空间安全需求的根本出发点和落脚点。国家网络空间安全需求是不断发展变化的，网络国防建设要适应国家网络安全需求的变化。要根据国家网络空间安全形势变化，合理确定国家网络空间安全需求目标。要着眼于国家长远建设需求，科学确定安全需求目标，保证国家网络空间安全目标的实现。与此同时，随着国际战略环境和网络空间安全形势的变化及实践的反馈，要不断调整目标，使其保持合理状态。

（三）突出重点

事物发展都有阶段性的建设重点和主要方向。没有建设重点就谈不上建设的质量和效益。网络国防系统包含很多子系统，可以分为不同的层次。在网络国防建设体系中，发挥决定性作用的主要是网络国防人才、网络国防制度、网络国防科技与产业、网络国防基础设施等，其核心是武装力量建设。围绕这一核心，要实现一体化网络国防建设，就要全面提高网络国防建设的综合质量和效益。世界各国的发展程度、经济和科技水平、国防政策、国防战略等情况各不相同，其网络国防建设的构成要素及在维护国家网络空间主权、安全和发展利益中所发挥的作用也不相同。因此，在不同历史时期、不同发展阶段，各国网络国防的建设重点也不相同。网络国防建设必须从本国实际情况出发，着眼于国家面临的现实和潜在威胁，对网络国防建设各构成要素的重要性和紧迫性进行评估，确定网络国防建设重点。

维护国家网络空间安全是确定网络国防建设重点的基本依据。网络空间安全是保障国家生存与发展的基本条件，是国家利益的集中体现。维护国家网络空间安全是网络国防建设的基点和重点。国家网络空间安全利益决定着网络国防建设的方向和重点。国家网络空间安全利益不是一成不变的，而是不断发展演变的。网络国防建设重点应随国家网络空间安全利益的变化而变化。要密切关注国家安全形势变化，着眼于维护国家利益的需要，根据国家网络空间安全需求的变化及时调整网络国防建设的方向和重点。

（四）军民融合

随着信息技术的发展，人类的生产生活、经济社会的发展越来越离不开网络空间。网络空间的安全涉及领域广、涵盖层次多，呈现出国内与国际联动、传导速度快等特点，不仅需要国家武装力量，更需要发动民间力量，建立军民一体的网络空间防卫力量体系，共同维护网络空间安全。

网络国防建设的军民融合发展，就是根据网络空间的本质特征和军民双方的内在联系，统筹军地两大系统，合理配置和有效利用各种资源，促进资源在军地之间的双向流动和转移，在网络空间实现军民两大体系由分立、结合到互通共融。[1] 通过全面推进经济、科技、教育、人才等各领域的军民融合，构成国家一体化战略体系，提高网络国防建设的起点，取得更好的网络国防建设效益。从技术角度看，网络国防技术具有军民通用的显著特性，民用网络安全技术水平在某些重要领域已经超过军工部门，尤其在军民通用芯片的研制与生产、安全操作系统、基础性软件等方面，民用领域有许多技术成果可供军队借鉴和运用。民用设施为军队所用可以在一定程度上减少军队建设成本。此外，可运用网络国防需求的前沿优势，充分发挥网络国防技术对科技进步的牵引作用，通过国防科技发展带动网络信息产业、经济的发展，促进网络信息产业快速增长。从人才角度看，目前军队网络人才匮乏，官兵网络信息素养参差不齐，整体水平有待提高，而社会上拥有庞大的网络人才群体，有效整合军队与地方的网络人才资源，可以最大限度地实现网络国防建设效益。从战斗力生成的角度看，通过军民融合统筹国家和军队的战略资源，把网络空间军事能力建设和运用纳入网络空间国家安全综合防御体系，可推动国防建设和网络空间军事能力的协调、可持续发展，发挥军民联合作战的整体威力，提升网络空间作战能力。

---

[1] 张黎. 对推进中国特色网络空间军民融合战略的思考［J］. 中国信息安全，2016（3）：30－32.

第二章　网络国防建设的理论基础

学术研究总是建立在特定理论的基础之上。学术研究的理论基础是指对特定学术主题起基础性作用并具有稳定性、根本性、普遍性特点的理论原理。网络国防是一个新兴交叉领域，在实践中建设网络国防是一个复杂的系统工程。对网络国防建设问题进行系统、深入研究，离不开科学理论的支撑，需要借鉴和利用政治学、军事学、管理学等与其紧密相关的基本理论，从这些基本理论中找到分析和研究网络国防建设问题的新的思考角度和思考方法，在前人研究的理论基础上进行总结创新。这无论是对于从理论上深刻揭示网络国防建设的特点和规律，还是对于从实践层面探索切实可行的思路对策，都具有重要意义。

一、国防运动论

运动是标志世界的一般变化和一般过程的哲学范畴的概念，具有广泛性和普遍性，包括宇宙中的一切变化和过程。唯物辩证法认为，运动是物质的根本属性和存在方式。从宏观天体到微观粒子，从无机界到有机界，从自然界到人类社会，都是运动的。包括网络国防建设在内的整个国防领域也不例外，运动也是网络国防建设的根本属性和存在方式。在哲学视野下对一般运动理论进行概括和总结的基础上，将马克思主义运动观和国防运动论创造性运用于网络国防领域，深入研究网络国防建设运动的内在规律、基本方式和根本动力等理论问题，不仅对网络国防建设实践具有一定的理论指导意义，而且对系统构建网络国防建设理论体系具有一定的理论探索价值。

（一）国防运动规律论与网络国防建设

国防系统处于运动变化之中，而国防系统的运动变化不是杂乱无章的，是遵循特定规律的。马克思主义哲学认为，规律反映的是事物的联系，但是并不意味着客观事物的任何联系都具有规律意义。只有存在于事物内部及事物之间的本质的、必然的和稳定的联系，才具有规律意义。国防运动规律是指国防系统在运动发展变化过程中所体现的内在的、本质的、必然的稳定联系。网络国防作为一个不断运动发展的系统，其建设活动应遵循国防运动的基本规律。

首先，国防运动规律具有客观性。这意味着国防运动规律是国防运动所固有的，它不以人们的主观意志为转移。不管人们是否意识到它，也不管人们的主观愿望如何，它都客观存在并发挥着作用。因此，在国防运动规律面前，人们只能认识它、利用它，不能制造规律，更不能违背规律。网络国防建设是国防和军队建设的重要组成部分，从某种意义而言，国防运动规律客观存在并支配着网络国防建设。因此，国防运动的客观规律内在地构成研究和揭示网络国防建设问题的理论基础。着眼于国防运动规律的客观特征，深入研究国防运动的客观规律，并将其创造性地运用于网络国防建设实践中，揭示网络国防建设运动、变化和发展的特点和规律，对于推动网络国防建设规律理论研究具有重要作用。

承认国防运动规律的客观性，并不意味着人们在这些客观规律面前是无所作为、束手无策的。国防运动规律既具有客观性，又具有条件性，它不依赖于人的主观意志而存在，只要具备一定的客观条件，它就必然发挥作用。作为国防建设的重要内容和领域，网络国防建设的运动也符合国防运动规律。人们固然不能创造和消灭国防运动及网络国防建设运动中的客观规律，但能够认识网络国防建设乃至整个国防系统运动变化的客观规律及这些规律发挥作用的客观条件，并通过实践活动，创造客观条件，利用客观规律改造世界，达到预期的目的。与其他社会活动相比，网络国防建设更强烈地表现出人们为了追求一定的价值目标而充分发挥自身的主观能动作用。在网络国防建设活动中，客观存在的各种条件只是有效达成网络国防建设目的的前提和基础，只有发挥主观能动性，才能实现网络国防建设目的。因此，遵循国防运动的客观规律，研究和把握网络国防建设的规律，既要从客观实际出发，又不能做客观实际的奴隶。要在尊重客观规律的基础上，充分发挥主观能动性，认识、把握和利用客观规律，用符合客观规律的计划、方针和政策指导网络国防建设实践，进而达到合规律性与合目的性的统一。

其次，国防运动规律具有丰富性。这意味着国防运动规律有着丰富的内容。国防运动规律就涵盖的内容来说，可分为内部运动规律和环境影响作用规律；就抽象程度来说，可分为国防运动的一般规律和特殊规律；就地位和作用来说，可分为国防运动的根本规律和非根本规律。国防运动规律的丰富性特征拓展了网络国防建设规律的研究范围，为我们以更加广阔的视野研究网络国防建设的特点和规律、拓展网络国防研究的领域、丰富和完善网络国防理论体系提供了理论支撑。

在网络国防建设理论研究中，既可以基于网络国防运动系统内部各因素之间的本质的、必然的、稳定的联系研究网络国防建设的内部运动规律，也可以基于经济、科技、文化、军事等因素与网络国防建设的相互影响和相互制约研究外部环境对网络国防建设的影响和作用规律；既可以基于各种国防建设活动中一般的、普遍的联系研究网络国防建设活动的普遍规律，又可以基于某种网络国防建设活动中个别的、特殊的联系研究网络国防建设活动的特殊规律。

最后，国防运动规律具有趋势性。这意味着国防运动规律揭示了国防系统运动、变化和发展的总体趋势。其实质就是新事物的产生和旧事物的灭亡。判断一个事物是新事物还是旧事物，不能仅仅以产生或出现的时间先后区分。新事物一般是新出现的事物，但新出现的事物不一定是新事物，旧事物也可能在新的条件下以新的形式再次出现。所谓新事物，是指符合客观规律、合乎历史前进方向、具有强大生命力和远大前途的事物。所谓旧事物，是指在历史发展过程中逐渐丧失其存在的必然性、日趋灭亡的事物。新旧事物的根本区别在于，它们是否同客观规律和发展的必然趋势相符合。国防建设的运动和发展是两个既有区别又相互联系的范畴。一方面，国防建设运动作为一般变化和过程，包含了国防建设的发展；另一方面，国防建设的发展是一种特殊的国防建设运动。国防运动规律的趋势性特征同样适用于网络国防运动。网络国防建设既要遵循网络国防建设运动的本质特征，又要顺应网络国防运动的一般趋势和方向。国防运动规律的趋势性特征为我们运用历史思维，将网络国防运动的过去、现在和未来结合起来，长线条地考察网络国防建设运动，在深入揭示网络国防运动内在规律的基础上前瞻性地把握网络国防建设的发展趋势提供了理论支撑。

（二）国防运动矛盾说与网络国防建设

矛盾贯穿于唯物辩证法三大规律，也是理解五大基本范畴的关键所在，它揭示了普遍联系的根本内容和永恒发展的内在动力，可谓唯物辩证法的实质和核心。在人类的认识史中，一直存在关于宇宙发展法则的两种见解，一种是形而上学的见解，另一种是唯物辩证法的见解，形成了互相对立的两种宇宙观。唯物辩证法和形而上学的对立，表面上看是联系、发展、全面与孤立、静止、片面的对立，从根本上说则是是否承认矛盾特别是内部矛盾是事物发展的动力源泉的对立。因此，列宁曾强调："辩证法就是研究对象的本质自身中的矛盾。"矛盾具有普遍性。任何事物内部都包含既对立又统一的两个方面，事物自身包含的矛盾存在于一切事物中，并且贯穿于事物发展过程的始终，即处处有矛盾、时时有矛盾。网络国防作为一种涉及不同领域、多个部门和层次的复杂大系统，其内部各要素之间及网络国防建设与其他事物之间也存在既对立又统一的关系，马克思主义哲学揭示的矛盾规律同样适用于网络国防建设，对网络国防建设的理论和实践活动也具有普遍指导意义。

首先，国防运动矛盾具有动力性。世界是物质的，物质是运动的，矛盾是事物运动变化的动力。唯物辩证法认为，联系的根本内容是相互对立的矛盾双方之间的联系，发展的源泉和动力是事物内部矛盾双方的斗争和统一。正是因为事物内部存在矛盾的斗争和统一，事物才有自己的运动和发展。也就是说，唯物辩证法不仅认为事物的内部存在矛盾，而且认为事物的内部矛盾是推动事物发展的源泉和根本动力。国防运动矛盾具有的动力性特征为我们深入研究网络国防运动变化的内在动力，并进一步把握网络国防运动变化的特点和规律奠定了理论基础。

其次，国防运动矛盾具有辩证性。矛盾是事物内部或事物之间对立双方既互相依存又互相对立的关系。矛盾对立双方存在的这种既对立又统一的基本关系就是矛盾的两种基本属性，即同一性和斗争性。矛盾的同一性是指矛盾双方互相依存、互相联结及互相转化的性质。矛盾的斗争性是指矛盾双方互相排斥、互相对立的性质。矛盾的同一性和斗争性是相互连接、相辅相成的。矛盾的同一性为事物发展保持相对稳定创造有利的条件，使矛盾双方联结起来，相互吸引有利于自身的因素而发展，使矛盾在统一体中规定着向自己的对立面转化的趋势。矛盾的斗争性推动矛盾双方由量变到质变，使旧统一体解体，新统一体产生。正是矛盾双方的统一和斗争推动事物持续运动、变化和发展。网络国防的本质是网络攻防之间的对抗，而进攻与防御是对立统一的。在网络国防建设中，必须坚持对立统一的观点，从统一中看到对立，从对立中看到统一。也就是说，必须坚持“两点论”，防止片面性，切忌顾此失彼。

最后，国防运动矛盾具有层次性。矛盾是事物发展的动力和源泉。从对事物发展的影响和作用来看，内因是事物变化发展的根本动因，外因是事物发展的必要条件。这是马克思主义唯物辩证法关于事物发展动因的基本观点。内因是指事物内部的对立统一关系，即事物内部的矛盾性。外因是指事物之间的对立统一关系，即事物外部的矛盾性。事物内部对立双方既统一又斗争，推动了事物的运动、变化和发展，成为事物发展的根本动因。而事物之间的相互影响和相互作用既统一又斗争，则是事物存在和发展的必要条件。外因通过内因起作用。矛盾是事物发展的动力，内因和外因作为同时存在的内部和外部的联系，都对事物发展发挥作用。网络国防作为一个系统，其建设发展受到系统内部与外部各种因素的影响，在建设中必须坚持“重点论”，善于把握主要矛盾和矛盾的主要方面，突出重点，抓住关键。

（三）国防运动时空观与网络国防建设

时间与空间和物质一样，是不以人们的意志为转移的客观存在。马克思主义认为，时间和空间是运动着的物质的存在形式。“世界上除了运动着的物质什么也没有，而运动着的物质只有在时间和空间之内才能运动。”[1] 任何国防建设活动都是在特定的时间和空间中进行的，都有其特定的时间和空间要求。网络国防作为维护国家网络空间安全和应对网络战争及网络攻击等突发事件的一种实践运动，必然是在一定的时间、空间范围内进行的，并以一定的运动方式表现出来，离开了一定的时间和空间的网络国防建设是不存在的。

国防运动的时间和空间具有统一性。从国防运动的时空特性来看，国防建设运动始终处于不断发展变化的过程中，国防建设活动在时间和空间上是统一的。马克思主义告诉我们，空间、时间不仅与运动着的物质密不可分，而且二者之间也是不可分离的。换句话说，国防活动的时间确定后，其活动的空间也就确定了。在国防领域，很难设想一种建设活动只有空间没有时间，或只有时间没有空间。国防建设时空要素的统一性主要表现在：一旦国防建设活动的时间确定，相对应的国防建设活动对象的空间范围也就确定了。因此，不难理解不同历史时期的网络国防建设活动对应着不同的国家，即使是同一个国家，在不同时期的网络国防建设活动所处的空间范围也各不相同。也就是说，同一时间的网络国防建设活动对应着同一空间范围内的网络国防建设活动。国防运动时间的连续性特点也适用于网络国防运动，对于网络国防建设活动也具有一定的指导意义。在网络国防建设实践和认识活动中，必须充分考虑时空条件，必须正确认识时间和空间与网络国防建设领域矛盾运动的辩证关系。这就要求我们要以积极的姿态把握网络技术发展可能带来的网络国防领域的变革，对未来网络国防斗争的模式进行假设和构想，这对于网络国防建设而言具有重要的指导意义。只有坚持发展的观点，对未

[1] 中共中央马克思恩格斯列宁斯大林著作编译局．列宁选集（第 2 卷）［M］．北京：人民出版社，1995：177．

来网络空间作战形态及网络国防建设的现实态势和发展趋势进行科学评估和判断，才能实现理论与实际的具体的历史的统一，才能真正把握网络国防建设运动的内在规律。如果忽视或无视时间和空间对网络国防建设活动的客观制约性，将出现主客观脱节的问题。

国防运动的时间和空间具有不确定性。德国军事理论家和军事历史学家克劳塞维茨曾指出："战争是充满不确定性的领域。战争中的行动所依据的情况有四分之三好像隐藏在云雾里一样，是或多或少不确实的。"[1] 不同的时空范围内的同一国家和同一时空范围内的不同国家，所面临的安全形势是不同的，拥有的网络国防建设资源也是不同的。这必然会影响网络国防建设的主体即国家对网络国防政策和发展战略的制定，从而决定着网络国防建设的组织体制、规划计划和规模结构。

国防运动的时间和空间具有关联性。作为运动着的物质存在的两种基本形式，时间和空间之间存在内在的有机联系。19 世纪末 20 世纪初，爱因斯坦狭义相对论的建立打破了经典物理学的绝对时空观，论证了时空随物体运动速度的变化而变化、时空不可分的观点。马克思曾指出："时间是人类发展的空间。"国防活动是人类社会基本的实践活动形式之一，不仅离不开特定的时空，必须在特定的时空范围内展开，而且在流逝的时间中存在自身发展的很大的"空间"。不仅国防时间关联着国防空间，而且国防空间关联着国防时间。国防运动中时间和空间存在内在关联的特点为我们基于马克思主义时空观和国防时空论深入研究网络国防建设实践中时空转换的特点和规律，进而在网络建设实践中优化时空关系提供了理论基础。掌握了网络空间国防实践活动的时空关联，就把握了运用时空论提高网络国防建设时空效益的主动权。这就要求我们一方面要运用时空转换原理从整体上辩证把握网络国防运动，在指导和推动网络国防建设的实践活动中更好地发挥时间和空间相互转换的优势，推动网络国防建设效益的提升；另一方面，运用时空互补原理，深化对网络国防建设时空关系的认识，通过网络国防建设活动中的时间优势和空间优势的相互反馈提升网络国防建设的质量和效益。

二、国际关系理论

国际关系理论是关于国际关系体系运行与演变规律的科学。它着眼于国际关

---

[1] 王海清．我军军事交通运输资源配置优化研究［D］．西安：第四军医大学，2012.

系整体，主要研究国际关系体系中各成员、各部分之间的相互关系及其与整个体系之间的相互关系，其中，以国家间的政治关系为主，研究推动和制约国际关系体系演变的各种因素，包括各个国际行为体内部的有关情况和国际关系体系的外部环境，在此基础上综合考察，揭示国际关系体系运行和演变的规律。国际关系理论中关于国家、主权、安全、国家建设等方面的理论为我们研究网络空间国防建设提供了重要支撑。

（一）国家主权理论

国家主权原则是现代国际法原则体系中最基本的原则，是构成现代国际法的基石。自 20 世纪 90 年代以来，关于国家主权问题的争论成为当代国际关系理论新思潮的一种突出现象。主权国家是国际法的主体，也是国际关系中最基本、最重要的行为主体。所谓国家主权，是指国家独立自主处理内外事务、管理自己国家的最高权力。[1] 它是国家区别于其他社会集团的特殊属性，拥有排他性及不可转让、不可分割和不可侵犯的神圣地位。主权包括领土完整、政治独立、经济自主和与别国的主权平等。主权在国内为最高的对内主权，在国际上为独立的对外主权，二者统一且不可分割。国家主权是民族国家的基本特征，国家享有主权是国际法的基本原则。主权观念为国际关系和国际法奠定了理论基础，主权原则成为当今国际关系的根本准则。

主权国家的疆域随着科学技术的发展而不断拓展。一旦技术可以扩展活动空间，国家间便可能以其为利器，本着“先占先用”的原则，展开“领土”和“主权”之战。从历史上看，自 1648 年《威斯特伐利亚和约》确定国家主权至上性地位以来，国家主权的内涵和外延都发生了历史性的跃迁。一方面，国家主权是历史性的理论体系，有其自身发展完善的逻辑规律；另一方面，时代的发展需要一种与其相适应的国家主权实践方式维护各国利益。两种动力推动了国家主权内涵的不断发展。100 年以前，由于氢气球的发明，人类第一次离开了地面。1899 年，在巴黎召开了第一次国际航空会议；1900 年，法国的法学家首次提出要制定国际空间法，并提出了领空的问题；随着飞机的发明、无线电技术的发展，各国逐渐意识到“领空”作为“第三领土”的重要性，并把 20 世纪称为经典空间技术的世

---

[1] 李定国．对经济全球化导致国家主权变化的认识［J］．湖北师范学院学报（哲学社会科学版），2003（3）：40－43．

纪。历史上，技术不但催生了“领土”，也使国界不断发生变化。17、18 世纪先后出现了以枪和火炮的射击距离为领海边界的现象。后来也有国家以飞行器的最大飞行高度这一技术参数作为划定领空边界的依据。

国家主权理论为维护网络主权提供了理论支撑。网络主权又称网络空间主权，是传统国家主权在信息网络空间的一种自然延伸，一国拥有网络主权就意味着本国在自己的网络空间内可以排他、独立地行使管辖权。网络主权与领土、领海和领空主权同是国家主权的组成部分，网络空间受侵犯，就是国家主权受侵犯，其严重性丝毫不亚于领土、领海或领空受到侵犯。网络空间是一个新的国家生存和发展的空间，与领土、领海、领空有着同等的经济、政治和军事意义。以计算机为核心的信息网络已经逐渐渗透到国民经济的各个领域和国家安全的各个方面，成为现代国防的神经中枢。一旦信息网络遭到攻击甚至被摧毁，与之相连接的事关国计民生的重要领域就会受到严重冲击和影响，国家机器就会因此而处于瘫痪状态，国家安全将受到严重威胁。因此，网络主权保卫战日益成为国际斗争的一个重要方面。正是因为网络主权与国家主权的相关性，基于网络主权与国家主权的内在紧密联系，运用国际关系学中国家主权的相关理论和方法研究网络主权的建构，对于以维护网络主权为目的的网络国防建设而言具有重要的指导价值，也构成了网络国防建设的理论基础。

（二）国家安全理论

国家安全理论是研究和探讨国家安全及其相关对象的客观状态、本质、规律的理论体系。世界上自从有了国家，就有了国家安全观念和国家安全谋划。国家安全是对国家的生存与发展没有或很少受到威胁的状态的一种界定。换言之，国家安全就是对国家生存和发展利益的保障。国家安全理论是通过从总体上研究国家安全、国家安全环境、危害国家安全的因素和国家安全保障体系等内容，揭示国家安全及其相关方面的本质和规律的理论体系。[1] 它的基本任务是全方位、系统性地研究和探讨国家安全及其相关对象的客观状态、本质、规律，探寻合理的国家安全观和国家安全战略，服务和指导国家安全活动。

网络空间安全是国家安全在网络空间的新拓展。网络空间安全问题是随着互联网的产生而出现，随着网络空间的逐步形成而凸显的。网络空间正对人类社会

---

[1] 蔡雄杰. 国际互联网对国家军事安全的影响及其对策分析 [D]. 福州：福建师范大学，2008.

生活的方方面面产生深刻影响。从当前网络空间秩序的基本情况看，互联网起源于美国，由美国率先建立的“网络信息高速公路”悄无声息地穿越国界，将整个地球联结成小小的“村落”。在这种情况下，美国在网络空间所拥有的资源和技术优势对世界其他国家和地区的网络空间安全造成了严重威胁。与其说各国的信息高速公路与国际互联网接轨，不如说进入了“美国网”，用美国的信息“车辆”（网络软件与硬件），在美国的信息高速公路上“奔跑”，“停泊”在美国的信息站上，看到的“路标”也是美国地名（美国人设计的域名），当然也要遵守美国人制定的“网络交通规则”，而进入这样的信息高速公路，还需要向美国申请“驾驶执照”。在网络技术高度发展并广泛应用的今天，网络空间安全已经成为国家安全的重要组成部分，是国家安全在网络时代的最有力表现。没有网络空间安全就没有国家安全。

国家安全理论为网络国防建设提供了理论基础。网络国防活动不仅着眼于维护网络主权，而且要维护网络安全。维护网络安全同维护网络主权一样，也是网络国防建设的重要目的。国家安全理论是军事政策和国防建设的出发点和依据，也是网络空间国防建设的基本依据。因此，着眼于国家安全向网络空间延伸、拓展的新趋势，将国际关系理论中的国家安全理论运用到网络国防建设实践，按照国家安全理论综合运用军事、政治、经济、外交和心理等方面的力量保障国家安全的理念和思路，深入研究如何构建国家网络空间安全体系，推动全球网络空间治理，共建网络空间命运共同体，是摆在人们面前的重大现实问题。

三、现代系统科学

系统科学是 20 世纪中期以来科学领域令人瞩目的新发展之一。系统科学以系统为研究对象，自问世以来就受到了人们的高度重视，不断被引入不同的科学领域，并在自然科学和社会科学领域得到充分运用和发展。系统科学揭示的系统活动原理同样适用于网络国防系统，对网络国防建设的理论和实践活动也具有一般的方法论指导意义。网络国防建设实践与认识活动也应引入系统科学的基本原理和方法，并将其作为理论基础。

（一）一般系统理论与网络国防建设

一般系统理论主要是由美籍奥地利生物学家贝塔朗菲于 20 世纪 40 年代创立的。一般系统论的研究对象既不是客观世界中某一种系统结构，也不是系统的某一种运动形式，而是从横向综合的角度研究系统最一般的规定性，从而揭示客观世界和人类知识中共同的规律。系统具有以下特点：

首先，系统具有整体性。系统整体性是指系统具有各要素所没有的性质和行为。贝塔朗菲曾指出，在数学上以微分方程组表述一个系统时，整体性是指系统任一要素的变化是系统所有要素的函数，而每一要素的变化会引起其他所有要素及整个系统的变化。系统整体性原理用一句话概括，就是“整体不等于部分的总和”，系统整体与部分在功能上出现“非加和”性质（在量的关系上有加和性）。整体性表现为系统整体与部分、部分与部分、系统与环境相联系的统一性与有机性；部分之间共同的作用形成系统的性质；部分只有在整体中才具有意义；每个部分的变化都会引起部分之间及系统的变化。系统的整体性原理认为，系统的正常运转需要各个组成要素协调统一，同时，整个系统的功能是 1＋1＞2 的功能优化模式，是单一要素在孤立状态下运转时所不具备的。

构建和完善网络国防建设体系，其目的就是最大限度地发挥体系的功能，使网络国防建设从无序走向有序，从分散走向系统，从被动走向主动，从尾追式走向跨越式，并通过优化资源配置和提高建设效率，提升网络国防建设的整体水平。就网络国防建设体系而言，其不仅具有开拓创新功能，而且具有组织管理功能和体系自建功能等。只有将这些功能有机整合，综合集成，才能体现网络国防建设体系蕴含的强大能量，进而有效推动网络国防建设的全面发展。因此，在研究网络国防建设体系的过程中，要体现系统整体与部分的辩证统一，在强调系统整体性的同时，在子系统的设计上也要充分利用系统的分解协调性，从而更好地发挥系统的整体性，使得系统运行效率达到最优。

其次，系统具有开放性。开放性原理是系统原理的要点之一。系统的开放通常指向环境的开放。系统的开放性原理是指系统具有不断地与外界环境进行物质、能量、信息交换的性质和功能，系统向环境开放是系统得以发展的前提，也是系统得以稳定存在的条件。[1] 在事物的发展变化中，内因是变化的根据，外因是变化的条件，外因通过内因而起作用。一个封闭的系统，系统与环境之间是没有任何联系的，内因与外因也是不可能发生任何联系的，即二者不存在相互作用。因此，完全封闭的系统是不存在的。

最后，系统具有层次性。由于系统与系统之间、系统与环境之间都存在着联

---

[1] 杨庆祥．江泽民科技强军思想系统论探析［D］．哈尔滨：黑龙江大学，2008.

系，所以系统与系统、系统与环境都可以组成更大的系统，即母系统，因而一个系统又可以分为若干子系统，大系统下面有分系统，分系统下面有子系统，子系统下面还有次子系统，等等。这表明系统中存在着层次。系统的层次或等级的多少取决于事物本身的复杂程度，事物越复杂、规模越大，系统的层次越多。

网络国防体系是一个大系统。从构成要素来看，网络国防系统可以分为网络武装力量系统、网络国防科技系统、网络国防工业系统、网络武器装备系统等子系统。其中，网络武装力量系统又可分为战斗部队系统、后勤保障系统、军事院校和军事科研系统等。进行网络国防建设实践活动，应对网络国防系统进行层次分析，把网络国防系统区分为不同层次的各级子系统，弄清各层次系统之间的相互关系，从而更好地研究网络国防建设问题。

（二）耗散结构理论与网络国防建设

耗散结构理论由比利时科学家普利高津提出，是研究耗散结构的性质、形成、稳定和演变规律的科学。所谓耗散结构，通俗地讲，是指一个远离平衡的即非平衡态的开放系统，通过不断地与外界发生物质和能量的交换，在外界条件变化达到某一特定的阈值时，量变可能引起质变，系统结构可能从原来的混沌无序状态转变为一种在时间上、空间上或功能上有序的状态，这种非平衡态下的新的有序结构就是耗散结构。[1] 耗散结构是关于非平衡系统的自组织理论，主要揭示了系统自组织现象产生、形成和发展所必需的环境与条件，讨论了自组织过程的基本原理。

首先，耗散结构必须是开放系统。根据热力学第二定律，一个孤立系统的熵只会随时间的增加而增大。当熵达到极大值时，系统就形成无序的平衡态，变成一种紊乱的死结构。而开放系统可以不断地从外界吸收负熵流，抵消系统内部的熵的增加。开放系统不仅是耗散结构形成的前提，也是耗散结构得以维持和存在的基础。因为只有使系统保持开放，不断地与外界交换物质、能量和信息，使系统的负熵不断增加，耗散结构才得以维持。一旦把系统封闭起来，失去了与外界进行交换的条件，这种结构也就随之瓦解。耗散结构理论提示我们，提高网络国防建设系统的有序度，必须使网络国防建设系统保持开放。开放是网络国防建设系统有序化的前提，是耗散结构得以形成、维持和发展的基础。所以，网络国防

[1] 任迎东，路建伟，康猛. 耗散结构理论及其在军事训练中的应用 [J]. 国防科技，2015，36（5）：110-112.

建设要打破网络国防系统的孤立状态，实现军民融合，加强网络空间国际合作。

其次，非平衡态是有序之源。开放系统是耗散结构形成的必要条件，但不是充分条件。一个系统的开放仅仅意味着它与环境有物质、能量和信息的交换，这种交换能否成为系统自组织的动力还要取决于系统的状态。普利高津指出，“一个开放系统并没有充分的条件保证出现这种结构（耗散结构）”。耗散结构只有在系统保持“远离平衡”的条件下才有可能出现。平衡是指在排除环境因素条件下，系统内部相互作用的各方达到势均力敌，使系统处于相对静止的状态；而非平衡则是指系统内部相互作用的各方不均衡，使系统处于变动的状态。系统处于平衡态时能够自动稳定。系统处于近平衡态（或称线性非平衡态）时，随着时间的推移，最终会回到原来的稳定状态。也就是说，近平衡态和平衡态一样，都能自动恢复到稳定状态。小的涨落和扰动很难改变系统的这种状态和趋势，因而系统不可能产生新的有序结构。当系统远离平衡态时，系统将随着时间的变化面临多种演化趋势，整个系统处于十分不稳定的状态。一旦外界对系统产生足够的影响，系统就有可能通过涨落或突变进入一个新的有序状态，形成新的有序稳定结构。[1]这里的“序”是对系统内部各要素之间的联系和系统演化过程性质的描述。如果系统的结构和运动确定而有规则，则称为有序；反之，则称为无序。这一原理为我们在网络国防建设中处理平衡与非平衡问题提供了科学的论证和正确的方法。例如，在网络国防建设中，要摆脱心理上的“求稳症”，要根据数字时代的政治、经济、科技、文化迅猛发展的大趋势，不断予以革新；要面向世界、面向未来，正确认识我国网络国防建设与网络强国之间的差距，在精神和心理上保持紧迫感和危机感。

再次，非线性作用是有序的动力。普利高津通过对非平衡系统的长期研究，发现当系统处于平衡态或近平衡态时，系统内部的相互作用是一种线性作用。这种作用机制能使系统对内、外各种扰动的“抗拒力”之和趋于均匀。线性作用因其均匀性是不可能引起系统内各要素的协同动作的，因此不会使系统形成新结构。而远离平衡态的复杂系统，其内部诸要素的作用是非线性的。在非线性作用下，系统表现出对各种扰动的高度敏感性，任何轻微的扰动都可能被放大，使系统各要素间产生协同作用和相干效应，迫使系统向着某个新的结构演化，从而达到新

[1] 魏兆磊，陈春良，徐隆洋，等．基于复杂系统理论和耗散结构理论的装备体系特征分析［J］．自动化应用，2016（5）：12-15.

的有序。网络国防系统是一个开放的复杂巨系统，其内部存在着错综复杂的非线性关系。这种非线性关系不仅决定了系统演化过程的复杂性、多变性，而且决定了系统发展途径的多向性。因此，通过非线性机制的调节，使网络国防系统得到完善、稳定和发展，是网络国防建设的一项十分重要的任务。

最后，涨落导致有序。所谓涨落，是指系统的某个变量或某种行为相对于平均值的偏离。涨落的最大特点是其出现的时间、地点及大小都是偶然的、随机的、杂乱无章的。普利高津指出，在平衡态和近平衡态，涨落是一种破坏稳定性的干扰，起消极作用。在远离平衡态的非线性区，涨落是一种积极因素，是系统由不稳定状态形成新的稳定有序状态的杠杆。普利高津认为，当系统处于远离平衡态的非线性区时，随机的小涨落可以通过非线性的相干作用和连锁效应被迅速放大，从而导致系统发生突变，形成一种新的稳定有序状态。❶ 这提示我们，在网络国防建设中，当网络国防系统处于质变的临界点时，要积极创造条件，扩大某种涨落，有意识地促使系统出现暂时的失稳状态，为打破旧的体制和结构、建立新的秩序创造条件。当网络国防系统处于关键的转折点、临界点时，要沉着冷静，把握时机，因势利导，及时控制参量的变化，使网络国防系统通过涨落向着我们希望的方向跃迁，朝着机制完善的方向发展。

（三）协同论与网络国防建设

协同论是德国斯图加特大学著名理论物理学教授赫尔曼·哈肯于 1977 年创立的，是一门新兴的综合性交叉科学，主要研究系统在一定外部条件下，通过内部各子系统间的协同效应，从混沌无序转化为有序，又从有序转化为混沌无序的机理和规律。它揭示了系统自组织产生与形成的内在动力机制。在协同论中，哈肯深入地阐明了一系列基本原理，其中最重要的原理有以下三个：

一是协同效应原理。协同或协作是指复杂系统中各要素、各子系统在运行过程中合作、协调、同步的行为。系统协同效应原理认为，系统的有序性是由各子系统的协同作用形成的，协同作用是任何复杂系统本身所固有的自组织能力，是形成系统有序结构的内部作用力。❷ 哈肯认为，系统新结构的产生虽然离不开外部

---

❶ 魏兆磊，陈春良，徐隆洋，等. 基于复杂系统理论和耗散结构理论的装备体系特征分析［J］. 自动化应用，2016（5）：12－15.

❷ 李丹，于小红. “新三论”在作战系统研究中的应用［J］. 四川兵工学报，2012（6）：34.

的影响，但主要原因是系统内部各子系统间的相互作用与协同。“协同导致有序”是对这一原理的高度概括。这一原理提示我们，在网络国防建设中，要牢固树立协同观念，增强协同意识，通过完善网络国防系统各部门协同机制提高网络国防系统的防御力。

二是支配原理。支配原理是指大量物理系统和非物理系统通过不稳定性可以自发形成空间、时间或时空结构。当系统接近不稳定点时，系统的动力学和突现结构通常是由少数几个集体变量即序参量决定的，系统其他变量的行为则由这些序参量规定。序参量是用来表示系统宏观有序程度的量，是对系统自组织机制的定量描述。序参量是系统内各子系统相互关联、相互作用的综合反映，是子系统之间通过密切合作和协同一致形成的一种整体模式或“合力”。根据这一原理，进行网络国防建设，要把握网络国防这个复杂系统，只需对一个或几个序参量加以了解、控制和调节。因此，在网络国防建设活动中，必须区分本质因素与非本质因素、暂时性因素与长远性因素、必然性因素与偶然性因素等，审时度势，从中找出起决定性作用的序参量，从而促进系统有序发展，实施有序的管理。美国国防费用预算系统（PPBS）正是抓住了国防费用这一重要因素，从而使国防建设产生了巨大效益。

三是自组织原理。根据自组织原理，在一定的外部能量流、物质流和信息流输入的条件下，系统会通过大量子系统相互联系、相互制约的协同作用，在自身涨落力的推动下达到新的稳定，形成新的时间、空间或功能的有序结构。[1] 系统演化的这种过程称为自组织。哈肯特别强调，这一过程是指系统在没有外部指令的条件下，其内部子系统之间能够按照某种规则自动形成一定的结构或功能。它具有内在性和自生性。要实现网络国防系统的自我完善、自我发展，自组织是一种重要途径。为促进网络国防系统的自组织，达到系统从无序向有序、从低级有序向高级有序转化的目的，在网络国防建设中必须注重两方面的工作：一方面，要充分利用外部条件，大量引进人才、设备、技术、经验，为自组织的形成创造必要的条件；另一方面，通过内部改革，理顺各种关系，调动各种积极因素，充分挖掘潜力，完善内部机制。这种内部改革实质上就是进行自组织和增强自组织能力的过程。

---

[1] 何波坪，黄文伟，胡庭楷. 信息化条件下联合作战协同对数据链系统的需求［J］. 国防科技，2011 (1)：52－53.

第三章 网络国防建设的历史演进

网络国防建设作为一种实践活动，其发展是一个历史的进程，经历了酝酿萌芽、初步形成等阶段，现在正处于加速发展时期。1946 年，世界上第一台计算机诞生，不仅为计算机网络的运用与深度发展奠定了基础，也成为网络国防建设萌芽的起点，此后，网络空间的国防建设悄然兴起。冷战结束后，网络空间对国家经济社会发展和人类社会生活的影响日益加深，网络空间的国防建设不断发展。人类社会进入数字时代后，世界主要国家在国际网络空间的战略博弈日渐激烈，网络安全形势日益严峻复杂，网络国防作为国家防卫的“新盾牌”成为世界各国国防建设普遍高度关注的重点，网络国防建设进入加速发展时期。系统梳理网络国防建设的发展进程，从中找出建设的规律，对于加强网络国防建设具有重要意义。

一、网络国防建设的酝酿萌芽时期

冷战时期，美苏两个超级大国在经济、政治、军事等各领域展开激烈的竞争与对抗。在信息科技领域，双方都力图掌握尖端科技，以求在对峙中占据优势。美国为确保在遭受苏联可能的军事打击尤其是核打击后军事通信、指挥、控制、情报系统依然能够正常运转，开始加快建设新的军事通信网络——阿帕网。阿帕网的组建、运行和发展是网络在国防领域的初步运用，也是网络国防建设的开端。

（一）计算机和信息技术促使国防向网络空间拓展

计算机的诞生标志着人类开启了一个全新的通信领域。随着信息技术和信息产业的发展，信息的流通性增强，计算机之间通过一种特殊的形式连接起来，形成了计算机网络，在军事领域促成了新一代军事通信网络的发展和运用，并逐渐催生了“网络国防”这一概念。随着计算机网络的发展，特别是其不断商业化、国际化，互联网进入全新的发展进程，其军事属性和军事功能影响着各国的国防和军队现代化，甚至左右着战争的胜败，以计算机和信息技术为基础的网络国防建设逐渐成为各国关注的重点。

1. 第一台电子计算机的诞生

国际上公认的第一台电子计算机的诞生有着深刻的军事因素。在第二次世界大战中，飞机和大炮作为攻克敌方的重量级武器，在军事目标摧毁上有着得天独厚的优势，如何更加精准地打击对方目标、高效完成打击任务成为各国军事研究的重点。当时，飞机和大炮必须通过精确计算射击轨迹、绘制“射击图表”，才能确定合适的炮口角度和发射路径，以便准确命中目标。在完全人工计算的情况下，得到一个数据要经过数千次四则运算，制作一份完整可用的“射击图表”则需要几十个人用机械式计算机算上数月。为了提高运算速度和制图效率，科学家们不断探索，把电子管运用到新型计算机的研制中。1946 年 2 月 14 日，美国物理学家莫克利和工程师埃克特发明了用于炮弹弹道轨迹计算的“电子数值积分和计算机”，简称 ENIAC。[1] 次日，美国人为这个庞然大物举行了揭幕典礼，标志着人类进入计算机时代。它的诞生为计算机网络的产生和发展奠定了坚实基础。

2. 计算机网络的出现与初步发展

计算机网络是一些相互连接而又彼此独立的计算机群的集合，是通信技术与计算机技术高度融合、密切互联的产物。[2] 它主要以实现远程通信为目的，将计算机通过有线或者无线通信信道相连接，使每台计算机之间可以平等地交换信息。随着计算机网络体系结构的标准化，其概念也不断更新，计算机网络主要通过若干主机、通信子网及它们之间建立的一系列协议提供更加丰富全面的信息服务。

到 20 世纪 60 年代中期，初步形成了一个面向终端的计算机网络，即以主计算机为中心，通过专用的线路实现与远程终端之间的数据传输，其实质是一个以单台计算机为中心的远程联机系统。最典型的是当时的飞机订票系统，由一台主计算机和全美范围内 2000 多个只包括显示器和键盘的终端组成。终端没有 CPU 和内存，数据处理和通信都通过主计算机完成。因为终端对主计算机的性能要求很高，所以这种数据集中处理模式大大限制了传输效率。这种远程通信系统不仅可以远程传输、处理信息，还实现了数据资源共享，已经具备计算机网络的雏形。在这一时期，计算机网络系统深刻地改变了人们的生产生活，逐渐成为人们所依赖的通信工具。

---

[1] 卞华珍，张茹，潘荷新. 计算机基础应用与实践［M］. 苏州：苏州大学出版社，2009：1.

[2] 王会燃，薛纪文. 大学计算机基础教程［M］. 北京：科学出版社，2010：211.

3. 互联网的形成与快速发展

20 世纪 60 年代中期之后，计算机网络迎来了一个新的发展时期。通信线路将多个主机互联起来，提供数据资源服务。主机之间通过接口报文处理机转接形成通信线路，构成通信子网，主机之间的资源共享又形成了资源子网。[1] 随着分组交换理论与技术实践的发展，产生了以网络为中心、主机在网络外围的分组交换网，用户通过分组交换网可以共享连接在网络上的硬件、软件资源。1968 年，美国国防部高级研究计划局启动阿帕网项目。这是世界上第一个运营的数据包交换网络，它的四个联网节点和一系列链接已经具备网络的基本形态和功能。1969 年 10 月 29 日阿帕网实现了分组交换网络的远程通信，标志着互联网的诞生。

20 世纪 70 年代中后期，计算机网络迅速发展，微型计算机广泛应用。为了适应办公自动化的需要，人们期待数据资源共享和信息传输便捷高效，新的网络体系结构及实现这些结构的软硬件产品在大型计算机公司的努力下投入应用。其后，计算机网络中国际通用的体系结构（TCP/IP 体系结构和 OSI 体系结构）应运而生，解决了硬件、软件都不相同的计算机之间互相连接的问题，标志着计算机网络进入国际标准化、开放化的时代。

20 世纪 80 年代初，军用阿帕网迅速发展，成为连接整个美国大陆的计算机网络，并向欧洲国家拓展。1983 年，美国将阿帕网分离运行，分为军用的 MILNET 和民用的 ARPANET 两个部分。1985 年，美国国家科学基金会建立了美国国家科学基金会网，向百余所大学和研究机构开放，并与 ARPANET 互联互通。1986 年，美国的互联网逐步形成三级层次架构，即主干网、地区网和校园网。1990 年，阿帕网终止了所有非军事网络的运营，专注于军事领域的网络攻防研究，美国国家科学基金会网则成为国际互联网初期的主干网，因其并不完全向公众开放，许多大企业自主兴建主干网络，拉开了互联网开放式发展的序幕。

这一时期，美国的网络建设发展速度非常快，网络与国防的联系更加密切，美国依托网络推进国防和军队建设取得了显著的成就，其他国家也逐渐认识到网络在国防和军事领域尤其是国家安全问题上的重要意义，各国在网络空间领域的博弈也拉开了序幕。

---

[1] 张问银．大学信息技术［M］．济南：山东人民出版社，2012：263.

（二）美苏冷战赋予网络空间军事化因素

20 世纪 40 年代中后期到 20 世纪 90 年代初，冷战阴云密布，美苏全面竞争和对抗，深刻影响了互联网的产生和发展，为网络空间军事化加入了更多对抗性因素。

1. 苏攻美守态势促进美国网络发展

冷战初期，苏联的综合国力稍弱于美国，美苏之间的对抗一直保持着美攻苏守的态势。从 20 世纪 60 年代开始，苏联推行扩张战略。美苏在各个领域特别是在核武器及外层空间技术方面展开激烈争夺。苏联的导弹技术和外层空间技术突飞猛进，先于美国取得了巨大成果，成为美苏加速竞争的催化剂。1957 年 8 月，苏联率先成功试射一颗射程约为 6000 千米的洲际弹道导弹，它可以摧毁美国的主要大城市和战略目标。2 个月后，苏联又成功发射了人类第一颗人造地球卫星，进一步增强了战略进攻能力，同时对美国构成了更大的威胁。美国的信心和优越感受到大规模的冲击，危机感开始在美国蔓延。美国参议员约翰·肯尼迪认为，苏联在导弹方面已经赶超美国，美国与苏联之间开始出现“导弹差距”。他号召美国尽快缩小差距，否则将无法有效慑止苏联。在参选总统期间，他不断提出这种警告和主张。美国国防部长尼尔·迈克尔也认为苏联的洲际导弹数量多于美国。加上 1962 年古巴导弹危机的影响，美国人普遍认为，苏联的军事实力尤其是在远程导弹方面已经超越美国，严重威胁美国的安全。美国军界意识到，如果军事通信系统遭到苏联的攻击，指挥控制系统失灵，就难以有效进行战略反击，因此必须建立先进的军事指挥控制系统。阿帕网项目被提上日程。

2. 阿帕网拉开网络空间军事化序幕

1968 年，美国国防部高级研究计划局启动了阿帕网项目，联合兰德公司、加州大学等研究机构和人员，合力研究新的军事通信网络系统。该项目的核心目标是寻求分布式、多节点存储和处理数据技术，确保在部分通信节点损毁时军事通信网络仍能发挥指挥控制作用。这一时期计算机技术和网络技术的初步发展为美国改善军事通信网络、解决战时指挥控制问题奠定了基础。

为提升传输效率和传输的准确性，研究者采用包交换技术传输数据，建立分布式的网络通信系统。1968 年，阿帕网开始建设，加州大学洛杉矶分校率先为阿帕网建立了一个网络测量中心。1969 年年底，阿帕网第一期工程投入使用时，已经建立了四个联网节点，即四台主机联网运行，分别对应四项功能。四台主机分别放置在加州大学洛杉矶分校、斯坦福研究院、加州大学圣巴巴拉分校和犹他州立大学，分别承担网络测量中心、网络信息中心、交换式教学和图形处理四项功能。1970 年，阿帕网初步建成，通过阿帕网不仅可以共享通信线路和网络宽带，也可以共享计算资源和数据资源。1971 年，阿帕网扩充到 15 个节点，许多非军用部门也将自己的网络接入阿帕网。1974 年，阿帕网覆盖了整个美国大陆，并且通过卫星通信与遥远的夏威夷州连接起来。之后，西欧的英国和北欧的挪威先后通过卫星连入阿帕网，两国成为欧洲率先入网的用户。1975 年 7 月，阿帕网的运行架构已经基本确定，美国国防部高级研究计划局把阿帕网的管理权交给美国国防部通信局，进一步促进了阿帕网的扩展和在军事领域的应用。[1]

1981 年，全球 88 个国家和地区接入阿帕网的节点数达到 94 个。在这一时期，尽管阿帕网也向大学和研究机构开放，但其主要任务仍是服务于军事需求。1985 年，美国建立了一个更庞大的美国国家科学基金会网，专门供美国的大学和研究机构共享教学和科研资源，阿帕网逐渐中止了非军事任务的运营活动。到 1990 年，所有非军事的网络资源和应用全部转移到美国国家科学基金会网，美国国家科学基金会网成为国际互联网的初期主干网，推动着互联网的商业化步伐和国际化进程。此后，阿帕网专注于为军事服务。

可见，阿帕网从启动建设之日起就打上了美苏军事对抗的烙印。尽管冷战期间美苏之间没有爆发热战，以阿帕网为基础的军事通信网络也没有发挥预期的作用，但是它服务于美国军事通信等军事应用的目的一直没有改变。

3. 美国网络发展占据绝对优势

阿帕网建立以后，逐渐从一个单纯的美国国防部军事项目发展为军民两用的项目，开始走入公众视野。20 世纪 70 年代初，越来越多的科研机构和计算机爱好者参与到阿帕网的建设中来，推动了互联网技术和制度的创新。1970 年，阿帕网主机对主机的通信协议——“网络控制协议”得到应用，网络用户开始据此开发应用程序。1973 年，鲍勃·卡恩提出建立因特网（Internet），并就阿帕网进行网络互联的研究，从而推动了 TCP/IP 协议的产生。TCP/IP 协议的运用推动了阿帕网的升级。1983 年 1 月 1 日，阿帕网全部完成转换，分为阿帕网（ARPANET）

[1] 汪晓风. 网络空间攻与防［M］. 上海：复旦大学出版社，2018：8.

和 MILNET 两部分，113 个节点中有 68 个进入 MILNET，后来并入美国国防数据网。[1] 因为 TCP/IP 协议具有开放、简单、易操作等特点，1984 年，美国国防部将其作为计算机网络的标准。1983 年，域名系统出现，使原来使用 IP 地址的网站有了人性化的地址名称，推动了网站的发展。1985 年，美国马萨诸塞州 Symbolics 电脑集团的网站面世，注册了第一个域名（http://Symbolics.com）。[2] 从此，美国开始掌控世界互联网域名的管理权。

这一时期，电子邮件、电子链接等开始提供服务，随之也出现了一些病毒、诈骗等网络安全问题。1986 年 10 月 16 日，美国总统里根签署《计算机欺诈和滥用法》，其中明确规定，任何人未经授权严禁侵入他人计算机。[3] 两年后，罗伯特·莫里斯因为发明、使用莫里斯蠕虫病毒成为历史上第一个因违反网络安全法而被定罪的人。

1987 年，由于采用 TCP/IP 协议能够连接更多主机，互联网的商业化开始萌芽，更多企业参与到互联网的发展中，美国诞生了很多著名的网络公司。1988 年，随着美国国家科学基金会网的发展，更多国家接入其中，到 1989 年接入该网的国家达到 20 余个，全球联网主机超过 10 万台，全球联网格局基本形成。美国在网络发展中的绝对优势为其在冷战结束后提出一系列网络空间相关战略奠定了基础。

（三）网络开始成为国防系统的重要角色

计算机与互联网技术的发展为网络国防建设奠定了基础，美苏冷战则进一步推动了互联网的发展，赋予互联网强烈的军事对抗色彩，使网络与战争、国防深刻联系在一起。这一时期，网络在国防系统中逐渐扮演重要角色，在国家防卫中发挥着越来越重大的作用。

1. 互联网的成熟发展推动网络与国防的结合

阿帕网项目的启动是网络在国防系统中发挥重大作用的开端。网络在美国国防领域的大规模应用为其利用网络增强军事防御能力和军事进攻能力提供了巨大帮助。冷战结束之际，美国已经成为网络空间领域的大赢家。“苏联信息技术之

---

[1] PALOQUE-BERGÈS C，SCHAFER V. ARPANET（1969—2019）[J]. Internet Histories，2019（1-2）：10.

[2] 方兴东，钟祥铭，彭筱军. 全球互联网 50 年：发展阶段与演进逻辑 [J]. 新闻记者，2019（7）：13.

[3] 《计算机欺诈和滥用法》（*Computer Fraud and Abuse Act*，简称 CFAA）是美国联邦规制计算机网络犯罪的重要法律，其被编入美国《联邦法典》第 18 编第 1030 条，详见 *Computer Fraud and Abuse Act*，18U. S. C. § 1030（2018）。

父”格卢什科夫早在1962年就提出建设一个全国性的计算机网络和自动化系统，以电话线路为依托，像神经系统一样连接起欧亚大陆的所有工厂、企业[1]，但是遭到苏联中央和地方官员的反对。面对复杂的利益纠葛，格卢什科夫艰难地推进计算机网络的发展，后来只建成了数百个孤立而不愿联网的地方性计算机中心。直到格卢什科夫去世，苏联的互联网建设也没有什么起色，最终在20世纪80年代中后期接入美国的互联网。美国把互联网作为对苏联“民主渗透”、策动“颜色革命”、颠覆红色政权的重要渠道，利用互联网推行了一系列和平演变措施。互联网成为推动东欧剧变、苏联解体的有力工具。

2. 网络空间正式成为国防的重要领域

互联网的发展催生了一个虚拟而又现实存在的网络空间。这一虚拟空间是美国在冷战时期加强国防的一种表现方式。阿帕网服务于美国的军事和国家安全需要，使美国在网络空间占据绝对优势。这一时期，美国依托新的军事通信网络系统提升了战略防御能力、战略进攻能力及军队指挥控制效率。网络空间与国家安全的联系越来越密切，各种新安全议题开始出现并不断延伸和拓展，尤其是在军事斗争和国防领域，各国围绕网络空间展开了一系列国际竞争和协调。

1990年，冷战即将结束时，阿帕网宣布完成了自身使命，退出了历史舞台。而网络空间仍是美军侧重发展的领域，并开始在战争中检验发展成果。海湾战争中，美军的网络作战优势给各国上了一课。伊拉克战争期间，美国通过网络技术手段摧毁对方的通信能力，大大加速了战争胜利的进程。这几场高技术局部战争凸显了网络技术在作战中的威力。世界各国深刻认识到网络在战争和国防中的威力，纷纷开始重视并加强网络国防建设，一方面推动本国互联网发展，提升网络软硬件水平和信息系统的安全性能，另一方面深入推进军队和国防信息化，为网络时代国防建设和打赢信息战、网络战做出积极准备。

二、网络国防建设的初步形成时期

冷战结束后，随着互联网的快速发展，网络空间与现实空间的联系日益密切。网络空间安全深刻影响着其他维度空间的安全，甚至左右全维空间的胜负。特别是一些信息科技发达的国家，对网络空间安全的依赖性更强，更害怕“网络瘫

[1] 方可成．为什么创造互联网的是美国人，而不是苏联人？[EB/OL]．(2016-10-27) [2020-10-22]．https://www.fx361.com/page/2016/1027/303439.shtml.

痪”，因为一旦网络空间安全受到威胁，将会影响到国家安全的各个领域，造成难以估量的损失。正是因为网络对于国计民生和国家安全的特殊性，它已经成为一国对战略对手实施“非对称”打击的重要领域，世界主要大国开始重视网络国防建设。

（一）网络国防上升至国家战略高度

美国率先将网络空间安全上升到战略高度，出台了各种战略政策，完善顶层设计和战略规划。2003 年，美国政府发布《确保网络空间安全的国家战略》，把网络空间安全提升到国家战略的高度。[1] 2004 年，美国参谋长联席会议公布《美国国家军事战略》，把网络空间作为重要作战领域，认为其具有与陆地、海洋、天空和太空同等的战略地位，要求美军维持该领域内的军事作战优势，不仅要加强网络防御，而且要提升网络进攻能力。[2] 之后，美国政府和军方发布了一系列战略和报告，力图塑造美国的网络空间安全，维持美国的网络霸权。2006 年，美国国防部出台《网络空间行动军事战略》，提出美军的行动目标之一就是谋求网络空间优势。2009 年，美国政府发布了《网络空间政策评估》报告，任命了一位直接向总统报告的政府网络安全协调员，进一步提高了网络安全管理在美国政府管理工作中的地位。2010 年，美国又公布了《网络空间国际战略报告》，这份报告第一次明确提出美国在网络空间的国际政策，将网络安全提高到与经济安全、政治安全和军事安全同等重要的位置，并扬言不惜动用武力护网，将最高等级的网络入侵看作一种“战争行为”，把网络主权视为国家主权的重要组成部分。

其他国家也纷纷出台网络空间安全战略。英国于 2009 年发布了第一份《网络空间战略》，其中列出了英国在维护网络安全方面的优势和面临的风险与挑战；2011 年，英国又发布新版《网络安全战略》，提出要以积极的态度应对网络威胁，更好地保护国家安全和公民权益。2009 年，澳大利亚发布《网络安全战略》，提出要维护一个安全、可恢复、可信赖的电子运营环境，支持国家安全，并将数字化经济的效益最大化。2011 年，德国发布《网络安全战略》，提出大力推动网络空间安全建设，维护和促进经济和社会繁荣。法国的《信息系统防御和安全战略》则强调要确保国家、国民及法国企业在网络空间的安全。新西兰的《网络安全战

[1] 陈治科，熊伟. 美国网络空间发展研究［J］. 装备学院学报，2013（1）：87.

[2] 汪晓风. 网络空间攻与防［M］. 上海：复旦大学出版社，2018：12.

略》明确要求提高网络安全感知能力，提升政府内部网络安全水平，建立战略合作关系，以促进关键基础设施和企业的网络安全。[1] 日本、俄罗斯、欧盟、中国也相继发布了网络空间安全战略，以维护国家、企业及个人的网络安全。

（二）网络空间作战力量建设进展迅速

20 世纪 90 年代初，美国兰德公司的两位研究员约翰·阿奎那和戴维·龙菲尔德在一份研究报告中首次发出了“网络战即将到来”的警告。此后，网络手段不仅加速了战争进程，提升了胜战概率，网络空间本身也逐渐成为新战场。各国更加重视网络国防特别是网络空间作战力量建设，力争在网络空间作战中掌握主动权。

1. 网络作战理论日渐成熟

随着网络技术在战争中作用的凸显，网络作战理论诞生，深刻地影响着网络时代的战争形态，其中最具代表性的是美军的“网络中心战”理论和俄军的“第六代战争”理论。1997 年 4 月，美国海军作战部长约翰逊上将首次提出“网络中心战”的概念。[2] 1998 年 1 月，美国海军军事学院院长塞布罗夫斯基发表了论文《网络中心战：起源与未来》。1999 年 6 月，美国军事理论家艾伯茨与他人合著的《网络中心战：发展和利用信息优势》一书出版，在美国军界产生了较大影响，也引起了美国国防部高层的重视。美国国防部开始组织专门力量研究网络中心战，向国会提交《网络中心战》报告，对网络中心战进行了系统的论述，把它作为美军信息化建设的指导理论[3]，并在阿富汗战争、伊拉克战争中不断检验这一作战理论。2003 年 11 月，美国国防部发布《军事转型战略途径》，把网络中心战作为新的战争方式，并以此指导军队建设；2006 年 10 月，美国又签发了《国防部首席信息官战略计划》，这标志着美国围绕网络中心战进行的建设进入全面发展阶段。[4] 针对美国的网络中心战，俄罗斯于 2002 年通过了《俄罗斯联邦信息安全学说》，将网络战提升到国家安全战略的高度，并将网络战称为“第六代战争”，指出未来将利用网络战充分发挥非对称作战优势。[5]

---

[1] 冯登国．网络空间安全——理解与思考［J］．网络安全技术与应用，2021（1）：1.
[2] 赵丕，樊高月．冷战后外国新军事思想研究［M］．北京：军事科学出版社，2011：141.
[3] 高燕．论网络中心战理论对我军军事斗争准备的启示［J］．网络安全技术与应用，2011（6）：69.
[4] 同[2].
[5] 马建光．俄罗斯：如何应对网络战［N］．解放军报，2011-04-19（5）.

2. 网络作战部队初具规模

随着网络作战理论的发展，世界主要国家逐渐认识到网络作战力量在网络空间作战中的重要作用，纷纷着手建立网络作战部队，维护网络空间安全，抢占网络空间作战优势，以达到先发制人的目的。

美国率先创建了网络作战部队。1995 年，美国国防部拥有了第一批黑客——由美国国防大学培养的 16 名第一代“网络战士”，他们在测试美国国防部计算机系统网络防御能力的演习中大获全胜。1998 年，美国国防部组建了第一支计算机防御作战部队，向美国分布在世界各地的区域作战司令官提供网络防御支持。[1]“9・11”恐怖袭击事件后，美国更加关注网络黑客的攻击。为防止美国发生网络恐怖主义事件，2002 年布什总统发布了第 16 号国家安全总统令，要求组建美军历史上也是世界上第一支网络黑客部队——网络战联合功能构成司令部（JFCCNW）。这是一支以美国中央情报局、美国国家安全局、美国联邦调查局及美国其他部门的专家为基础，同时吸收一批世界顶级电脑专家和黑客组成的网络黑客部队。[2] 2007 年，JFCCNW 正式进入美军作战序列，标志着网络作战部队开始作为一个独立兵种存在。[3] 美国国防部授权各军种组建网络战司令部。美国空军率先看到了网络战在现代战争中的重要性，在 2006 年颁布的《空军战略计划》中明确提出把网络空间作为一个新的作战域，组建网络战司令部，要求在两三年中形成战斗力。这一时期，美国空军、陆军、海军相继组建了网络司令部。美国海军组建的“海军计算机应急反应分队”很快形成战斗力，制订了发展网络攻击能力的计划。2009 年，美国网络司令部成立，这是美国推行网络空间军事化、建设网络作战力量、加强网络国防建设的重要标志。

北约很早就关注到网络安全问题，并组建了网络作战部队。2002 年召开的北约国家首脑布拉格峰会上，与会各国一致同意成立北约计算机反应能力协调中心，以应对北约成员国网络系统的安全问题。2007 年，爱沙尼亚遭遇网络攻击后，北约更加重视网络安全，大力发展网络作战能力。为增强各成员国的网络攻防能力，2008 年 4 月召开的北约首脑会议决定成立一支网络快速反应部队。同年，爱沙尼亚、德国、意大利、西班牙、斯洛伐克、立陶宛和拉脱维亚 7 国在爱沙尼亚首都

---

[1] 翟贤军，杨燕南，李大光．网络空间安全战略问题研究［M］．北京：人民出版社，2018：260.

[2] 夏军，杨国鑫．外国网络战部队建设概览［J］．情报杂志，2009（12）：272.

[3] 林杯华，谢明登．浅谈未来信息化战争条件下网络战的转变与发展［J］．中国管理信息化，2013（24）：43.

塔林签署协议，建立了北约第一个网络战防御中心。该中心不仅服务于这 7 个国家，而且致力于提升北约及北约各国的网络防护协同能力。

俄罗斯的网络作战力量不容小觑。20 世纪 90 年代初，俄罗斯首次召开联邦国家安全会议时就设立了信息安全委员会。进入 21 世纪，普京总统批准了《俄罗斯联邦信息安全学说》，俄军掀起了研究网络信息战的热潮，大量的文章、著述为俄罗斯发展网络作战力量提供了理论基础。2008 年俄格冲突中的网络交锋不仅对格鲁吉亚起到了心理上的恐吓和威慑作用，还对加速战争进程和打赢舆论战产生了推动作用，引发世界各国对网络战前所未有的重视。

世界上其他网络技术发展较快的国家也不断加强网络作战部队建设。韩国从 2000 年开始每年增加 5%的军费用于提升应对信息战的关键技术。2009 年 6 月，韩国军方宣布成立网络司令部并于次年正式启用。2001 年，英国秘密组建了一支由数百名计算机精英组成的黑客部队，该部队隶属英国陆军情报六局（军情六处）。

3. 网络作战武器初露锋芒

（1）计算机病毒的网络攻击作用逐渐凸显

1988 年 11 月 2 日，美国康奈尔大学计算机系研究生莫里斯制造出一种网络病毒，即“莫里斯蠕虫”病毒。这一病毒爆发后导致互联网上 6 万个节点中有大约 6000 个节点无法正常工作，造成直接经济损失上亿美元。❶ 伊拉克战争爆发前，美军提前将病毒悄悄植入伊朗军方从法国购买的用于防空系统的电脑打印机的芯片中，在战争爆发后激活病毒，病毒迅速扩散到伊朗军方的防空系统，致使其全部瘫痪，美军在战场上很快掌握了主动权并取得胜利。这让世界各国看到了计算机病毒作为战争工具的威力，计算机病毒攻击开始成为各国军事研究领域的重点。2010 年 8 月，伊朗布什尔核电站建成后，由于遭到“震网”病毒攻击，数千台离心机报废，致使伊朗核计划被迫搁置。❷

（2）电子脉冲武器逐渐投入实战

美国率先研发网络电子战武器，主要用于进入对手信息网络并瘫痪其防空系统。美国研发的“舒特”网络电子战武器可以搭载在战斗机或者无人机上，通过有源电子扫描阵列辐射源，生成包含专门波形和算法的远程数据流，从而轻而易

---

❶ ORMAN H. The Morr is worm：a fifteen - year perspective [J]. IEEE Security & Privacy，2003，99 (5)：35 - 43.

❷ 张红. 打网络战，美国为何敢高调 [N]. 人民日报（海外版），2016 - 10 - 20（4）.

举地打开敌方防空指挥管理网络，取得网络控制权。[1] 2007 年 9 月 6 日，以色列运用“舒特”突破叙利亚的导弹防御系统，轰炸了其边境的疑似核设施而全程未被发现。美国还加大了破坏电子电路的纳米机器人、嗜食硅集成电路的微生物等新型武器的研究开发力度。其他国家也开始效仿美国，开发网络电子战武器，以提升网络空间攻击能力和威慑力。

（3）建设网络空间靶场，提升网络战能力

2008 年美国开始着手建立美国“国家网络靶场”，靶场内有数千台主机，用于构建各种复杂的逻辑体系结构，模拟真实的网络空间攻防作战。该靶场主要用于检测网络对抗能力，训练网络作战力量，完善网络作战模式，发现自身网络防御体系结构的不足，提升网络攻防战术效果，打赢网络战争。美国的做法引起了其他国家的高度关注，英、德、俄、日、韩等国纷纷借鉴美国经验，建设类似项目，以提升网络攻防能力。

4. 网络作战人才培养力度加大

网络战虽然在虚拟空间展开，但必须依托现实世界中网络技术过硬的士兵进行实践操作，因此网络作战人才成为决定网络战胜败的关键。各国为抢占网络空间战略制高点，高度重视网络人才的引进、培养、选用和发展。从 1993 年开始，美国国防大学设立了信息资源管理学院，用于培养专门的信息作战人才。两年后，首批 16 名毕业生成为美国“第一代网络战士”。美国多措并举，培养、选拔网络人才：一是高度重视人在网络空间作战中的作用，全面扩招网络人才；二是权衡网络人才选拔标准，突出能力导向；三是不断完善网络人才培养体系，在军队院校中强化信息安全培训，同时资助信息安全专业的学生，开放毕业生到美国国防部工作的“绿色通道”；四是营造网络竞争对抗氛围，通过各类比赛和演习提升高校、企业和个人的网络安全能力水平，提高全社会对网络安全的关注度；五是网罗全国的网络奇才为美军效力，特别是加大了对少年网络奇才的关注和培养力度。

俄罗斯也不断加强网络作战人才培养。从 2006 年开始，俄罗斯为培养专门的网络空间攻防人才，开设了 126 个网络空间作战培训班，同时利用国家教育资源与地方院校合作培养高层次的网络空间作战人才，大力引进社会网络领域尖端人

[1] 翟贤军，杨燕南，李大光. 网络空间安全战略问题研究［M］. 北京：人民出版社，2018：269.

才，创建“科技连”，为网络作战部队输送专业人才。[1] 以色列则注重招募青年网络奇才入伍，曾在1998年将成功入侵美国国防部网络的青年招入部队。

（三）网络空间作战演习越发频繁

网络空间已成为现代战争中各国争先抢占的“新域疆土”。从20世纪末到21世纪初，信息化战争的发展深刻推动了网络空间军事化的进程，使网络实战的重要性越发凸显，网络攻防演习越发频繁且趋于常态化。

1. 网络战争开始登上历史舞台

20世纪90年代初，“网络战”的概念一经提出，立即引发政府、企业和公民的广泛关注，相关争论和研究成果不断增多。随后，网络战开始登上战争舞台。在海湾战争中，网络空间的对抗初露锋芒。美国在空袭伊拉克前破坏了其防空系统计算机网络，使伊拉克直接失去了防空能力，美国部队如入无人之境，很快取得了战争的胜利。之后在“沙漠盾牌”行动中，美军有效应对来自伊方的“犹太人”“大麻”等病毒的攻击，避免了战场上灾难性的后果。在科索沃战争中，南联盟的网络系统遭到攻击后全部瘫痪，而南联盟黑客则利用“蠕虫”病毒潜入北约网站，并在网站页面插上了南联盟国旗。[2]“9·11”事件爆发后，美国认识到加强国土安全防御的重要性，开始加强网络空间防御，制定网络战战略。在阿富汗战争中，美军充分发挥网络信息系统的优势，在发现目标后10分钟内就能发动袭击，所用时间只有科索沃战争时的六分之一。在伊拉克战争中，美国利用“特洛伊木马”战术控制了伊拉克战场的“信息神经”，伊军毫无还手之力，很快溃败。由于美国的干预，伊拉克域名（.IQ）的申请和注册被终止，相关后缀的网站全部从网络中消失。2004年，美国利用对根服务器的控制权切断了对利比亚域名（.LY）的解析，导致利比亚在互联网上消失了3天。[3]

2007年，以色列空军对叙利亚发动了网络空间战，通过渗透到叙利亚的防空、通信、情报、指挥控制网络，误导其防空作战系统，然后利用8架F-16I、F-15I非隐身飞机神不知鬼不觉地躲过俄罗斯制造的最新雷达的严密监视，成功地

[1] 郭璇，肖治庭. 现代网络战［M］. 北京：国防大学出版社，2016：151.

[2] 张海诗，萧惑之.“网络国防”建设刻不容缓［J］. 中关村，2012（8）：52.

[3] 陈长寿. 夯实国家安全的网络基石［N］. 中国国防报，2013-04-22（3）.

突袭了叙利亚境内400千米纵深的代尔祖尔地区一处正在建设的疑似核设施。❶2007年，爱沙尼亚的网络遭到最严重的分布式拒绝服务攻击，持续时间长达3个星期，多达8.5万台分布在世界上100多个国家的计算机被“劫持”用于实施攻击，爱沙尼亚国会、政府部门、银行及媒体的很多网站陷入严重瘫痪，一些在线服务甚至一度中断。之后，爱沙尼亚发布了第一份《网络安全战略》，建立了国家网络防御分工协作体系。

2008年，俄罗斯与格鲁吉亚爆发了网络战，格鲁吉亚遭到了“蜂群”式网络阻瘫攻击，格鲁吉亚国家关键信息基础设施和网络信息系统瘫痪，社会秩序及军队的作战指挥效能深受影响。其间，俄罗斯网民只要从网站上下载一个黑客软件，就能坐在家中对格鲁吉亚发动网络攻击。这是一场典型的“网络人民战争”。❷ 可见，网络战的威力非同寻常，警示世界各国要不断加强网络空间攻防能力建设。

2. 网络空间军事演习日渐增多

随着网络信息技术的创新发展，各国愈加重视网络空间防御，积极开展网络空间军事演习。冷战结束后，美国不断加大网络空间军事演习力度，提升网络空间安全的风险感知、能力自测和危机处理能力。2005年5月，美国中央情报局在弗吉尼亚州进行了代号为“沉默地平线”的计算机网络反恐演习，检测其网络安全防御能力。此后，美国相继组织了一系列网络空间军事演习，如“网络风暴”“防御壁垒”“奇异谱”“网络拂晓”“网络闪电”“网络深潜”等。❸ 2006年2月的“网络风暴1”演习是美国第一次由政府主导的全面网络演习，联邦、州和一些地方政府部门及私营部门参加了演习，演习参与范围广、涉及部门多、任务重，受到很多国家的关注。2008年3月的“网络风暴2”演习，参演的国家从美国一国扩展到五个国家，演习标准和质效也大大提高。北约合作网络防御卓越中心牵头于2010年开始进行的“锁盾”演习，设计了武装冲突引发网络攻击或者低于武装冲突门槛的网络威胁的背景，模拟新式指挥控制和决策程序，加大对虚拟基础设施的技术防御，提升网络危机事态的处理能力，为解除网络空间威胁提供了一系列可行的方案。

---

❶ 范爱锋，程启月．赛博空间面临的威胁与挑战［J］．火力与指挥控制，2013（4）：3.

❷ 昌安．关乎国家存亡的网络战［J］．中国边防警察，2011（12）：78－80.

❸ 王珞．网络空间战略合作背景下的网络国防建设［J］．中国信息安全，2014（8）：46－49.

三、网络国防建设的加速发展时期

自2011年以来，世界多个国家采取各种措施，完善网络国防顶层设计，推动军民融合不断深化，网络国防建设的领域不断拓展，网络国防教育深入开展，网络空间国际合作共建不断加强，从而推动网络国防建设进入加速发展的新时期，各国网络国防实力不断增强，维护网络空间主权、安全及发展的能力大大提高。

（一）网络国防顶层设计进一步完善

自2011年以来，一些国家和国际组织密集出台各类网络空间战略，把网络空间攻防能力作为重点关注、优先发展的国家战略能力，并采取措施提升网络空间攻防能力，极力谋求网络空间的话语权和主导权。

美国网络国防的顶层设计最完善。2010年5月美国国防部整合网络空间作战相关力量，正式组建了美军网络空间司令部。2011年，美国高调出台《网络空间国际战略》和《网络空间行动战略》，将传统空间的军事同盟延伸至网络空间，试图通过这种方式寻求网络空间军事行动的“合法性”。在国际社会信息化步伐不断加快的背景下，美国高层更加注重掌握制网权，不断增强网络攻防能力，加强网络国防建设。2017年12月美国出台的新版《国家安全战略》强调，美国要强化网络威慑能力，重点发展网络防御与恢复能力、网络攻击溯源能力及遭到网络攻击后迅速实施反击的能力，确保美国在数字时代的安全。2018年，美国出台的《国防战略》提出重点建设网络进攻力量，发展网络防御和抗毁能力，发挥军事行动的信息支撑作用，维护国土安全。2019年7月美国出台的《国家军事战略》要求联合部队及其指挥官应像在传统的海、陆、空作战领域那样，具备在网络空间作战领域灵活作战的能力。可见，美国为维护和巩固全球领导地位，不断提升网络空间主动权，将其作为新质作战领域，将构建网络空间力量作为国家战略优先方向，持续增强网络威慑与实战能力。❶

北约不断强化网络国防的顶层设计。北约2008年出台了《网络防御政策》，2012年将网络防御纳入防务规划，对北约的网络采取集中保护措施。2016年的华沙峰会上，北约提出将网络空间作为与陆、海、空平行的作战领域，强化北约的集体威慑和防御态势。次年，北约通过了《网络防御行动计划》和行动路线图，

---

❶　党亚娟. 从美国三大战略看其网络空间发展［J］. 国防科技工业，2019（12）：56.

进一步增强网络空间战略威慑能力。[1] 2019 年 4 月，北约举行了“锁盾-2019”网络安全演习，号称是全球规模最大、辐射范围最广、投入技术最先进的实战化演习。这场演习充分展现了北约对维护网络安全、发展网络作战能力的重视，也检验了其将网络攻防技术和手段融入作战指挥链的战术安排。

俄罗斯高度重视网络国防顶层设计，从战略层面谋划网络国防建设。2013 年，普京签署了关于建立俄罗斯国家计算机信息安全机制的总统令。2017 年，俄罗斯批准了《俄罗斯联邦数字经济规划》，通过立法手段提升网络关键基础设施的自主可控水平，为应对来自西方国家网络空间领域的相关制裁做出准备[2]；2018 年，俄罗斯通过了《数字经济国家计划》法律草案，其中提出，进行“断网”测试，即切断俄罗斯与国际互联网的连接，以检测俄罗斯的网络防御系统；要求俄罗斯创建独立的域名系统（DNS），以便俄罗斯的网络在与国际服务器切断连接时能继续运转[3]。2019 年 11 月，俄罗斯开始实施《主权互联网法案》，其中包括《俄罗斯联邦通信法》修正案和《俄罗斯联邦关于信息、信息技术和信息保护法》修正案，目的在于保护俄罗斯互联网在遭受外部攻击时实现可持续运营。[4]

我国也越来越重视网络国防顶层设计与谋划。2014 年，我国成立了网络空间战略情报研究中心，为国家信息安全和军队获取网络空间主动权提供战略情报，这标志着中国军队正式走进“网络空间战场”。[5] 同年，中央网络安全和信息化领导小组正式成立。这是国家全方位参与维护网络空间安全的机构，反映出我国已经把网络安全提升到国家战略高度。[6] 中央军委印发《关于进一步加强军队信息安全工作的意见》，明确提出要“扎实抓好信息安全防护力量建设”。2016 年 7 月，《国家信息化发展战略纲要》发布，开启了我国制定网络空间安全战略的序幕。同年 12 月发布的《国家网络空间安全战略》进一步阐明了网络空间发展和安全的中国立场和主张，明确了战略方针、主要目标和重要原则，提出了网络空间和平利用和共同治理的现实任务。这也是指导我国网络国防建设的纲领性文件。2017 年 3 月，我国发布《网络空间国际合作战略》，指出军队在维护国家网络空间主权、

---

[1] 王鑫元. 北约积极抢占网络安全高地［N］. 中国国防报，2019-04-17（4）.

[2] 张光政. 俄罗斯着力打造“主权互联网”［N］. 人民日报，2020-08-19（16）.

[3] 杨晓姣，霍家佳. “战斗民族”俄罗斯网络空间作战研究［J］. 网信军民融合，2019（6）：53.

[4] 佟晖. 俄罗斯信息网络安全概况及启示［J］. 警察技术，2004（5）：15-18.

[5] 龙在野. 中国网络国防建设稳步推进——网络强国建设之防卫［J］. 中国信息安全，2013（9）：45.

[6] 高美. 中央网信领导小组成立　网络安全上升到国家安全战略［EB/OL］.（2014-02-28）［2020-06-13］. http://theory.people.com.cn/n/2014/0228/c49150-24489530.html.

安全和发展利益中具有重要作用，应当加快网络空间力量建设。同年 6 月颁布实施的《中华人民共和国网络安全法》成为网络空间领域的基础性法律，填补了我国网络安全立法的空白，也标志着我国网络国防制度建设迈出了坚实的一步。

（二）网络国防建设军民融合进一步深化

冷战结束后，世界新科技革命蓬勃发展，网络空间与实体空间的联系日益紧密，网络国防建设需要依托军民两方面力量一体化推进。越来越多的国家在网络空间领域推动军民深度融合，寓军于民，集聚各方力量共同为网络空间安全发力。世界范围内的网络国防建设军民融合的程度不断加深，突出的表现是军民融合的领域增多。

在资源共享方面，各国注重加强网络安全威胁信息的共享。2015 年美国政府出台的《网络安全法案》鼓励私营部门与美国政府、军方实时共享网络安全威胁信息，增强美国网络安全态势感知能力，进一步提升网络安全水平。在网络空间军事建设领域，各国在网络军事演习中更加注重民间力量的深度参与，通过军攻民防、军助民防、民攻军防等形式，民间力量深度参与到网络军事演习之中。2016 年 3 月，美国国防部动用 1400 名黑客攻击自身网络，测试其国防网络的安全性能。在技术领域，各国都加强了网络空间军民双方在技术研发、使用等方面的合作。2013 年 6 月韩国修订了《军民技术合作产业推进法》，从法律层面完善了军民合作产业的相关规定，拓展军民技术融合的深度和广度。不到一年后，韩国对该法进行了修订，大大拓展了军民融合领域，将原来的军民两用产业、技术应用研究产业、标准化产业、情报交流产业四种产业合作类型扩展至八种，特别增加了武器系统、战力支援系统等重要类型。在人才培养领域，各国不断建立健全网络人才军民联合培养机制：一方面，军队直接招收网络优秀人才，将其纳入军队培养体系；另一方面，加强军队人员与高等院校、研究机构、大型互联网企业的互动，学习民用网络先进技术。

（三）网络国防建设的领域进一步拓展

在网络国防酝酿萌芽时期，世界各国都非常注重在军事领域加强网络国防建设。随着网络空间与现实空间融合程度不断提高，现实空间的政治、经济、外交、科技、文化等安全问题也给国家总体安全带来了风险。因此，网络空间的国防建设逐渐从军事领域拓展至文化、社会等各领域。

1. 更加注重网络空间军备建设

美国依托先进的网络战理论和网络国防基础设施，开展网络空间军事和民事活动，不断加强网络关键技术发展和网络战武器研发。美国国防部依托全球几十个国家的数百个网络设施构成的全球网络空间开展军事、情报和商务活动。美国空军网络空间武器系统“空军内联网控制”自 2016 年起已经具备完全作战能力，其中典型的病毒武器如“舒特”“野蜂”“震网”“火焰”已经在网络战中发挥出巨大威力。美国通过常态化、机制化的网络空间军事演习检验军备的作战能力。自 2011 年以来，美国依托网络空间作战训练基地开展了“网络风暴”“网络旗帜”“网络卫士”等一系列军事演习。2011 年的首届“网络旗帜”演习是美国网络司令部自成立以来举行的首次重大演习，主要参与者为美国网络空间部队，“五眼联盟”国家派代表参加了演习。自 2012 年开始的“网络卫士”系列演习重点关注网络安全事件的整体应对，目前已经扩展为美国全政府、全国范围内的演习，规模仅次于美国国土安全部主导的“网络风暴”演习。美国自 2016 年开始邀请其盟友和伙伴国参与这一系列演习。通过网络空间演习，美国以演促练、以练促改，不断提升网络空间攻防能力。

俄罗斯一方面积极研发网络攻击武器，如磁爆发生器、“逻辑炸弹”、病毒武器等，另一方面重点加强病毒探测、智能嗅探、网络加密等网络安全技术的研究，并取得重大进展。2014 年，在乌克兰危机中，俄罗斯综合运用网络手段，切断乌方通信系统，中断乌方指挥，抵制负面舆论消息，致瘫网站，制造恐慌，充分展现了俄罗斯先进的信息作战水平。“棱镜门”事件曝光之后，俄罗斯为了维护网络空间安全和争夺网络空间话语权，于 2017 年 2 月宣布组建信息作战部队，加快信息作战指挥机构、作战力量和后备力量建设，并于 2020 年开始制定“机器人部队组建任务”路线图，声称未来将利用自动控制的战斗机器人完成战场作战任务。

欧盟主要国家不断加强网络作战力量建设。2017 年，法国成立网络司令部，负责全部网络作战事宜。根据法国《2019—2025 军事规划法案》，法国将在 2025 年之前增加 1500 名网络作战人员，使网络作战力量规模达到 4000 人。德国武装部队正式成立网络信息司令部，全天候运行，捍卫德国信息基础设施、需要计算机支持的武器系统等。2020 年英国战略司令部司令帕特里克·桑德斯宣称，英国已研发出摧毁性网络武器，其能有效毁坏敌国电力网等设施设备。[1]

2. 更加重视网络空间意识形态安全

随着互联网对人们生产生活的影响不断深化，意识形态斗争逐渐向网络空间延伸，网络空间日益成为意识形态斗争的新平台。[2] 进入21世纪以来，美国进行了多轮次网络战理论更新和实战检验，在网络意识形态领域的进攻更加频繁，成效也日益明显，由互联网舆论引发的“颜色革命”就是真实写照。美国加紧对中国的网络意识形态发起进攻，“美国之音”于2011年10月停止一直运行的对华汉语广播，这不是放松了对我国的意识形态输出，而是“把政治意识形态对华输出的重点放在数字领域”，因为受众活跃的互联网才是美国真正想要占领的思想阵地。[3] 因此，俄罗斯、中国及其他发展中国家更加注重维护网络空间意识形态安全，不断加大主流媒体的网络声音，设置官方网络媒体账号引导社会舆论，维护社会安全稳定。例如，我国在微信、微博、抖音等新媒体平台设立了官方账号，不定时进行更新，内容真实、质量好、可信度高，受到了亿万网民的关注，充分发挥了引导社会舆论、维护网络意识形态领域安全的作用。

3. 更加关注关键信息基础设施安全

随着信息技术的深度发展，国家关键基础设施与网络的联系更加密切。提升关键信息基础设施的网络防御能力、危机管控与处置能力逐渐成为国家网络国防建设关注的重点。近年来，世界各地频繁发生攻击他国关键网络基础设施的事件。2013年，美国全国的水坝数据库遭到黑客入侵，险些酿成灾难。2019年3月，委内瑞拉突然遭遇大规模停电，造成巨大经济损失和民众恐慌。2020年12月，美国发生了“太阳风”网络攻击事件，9大政府部门和100余家企业的网络被入侵。[4] 因此，世界各国开始高度警惕关键基础设施遭受直接的物理攻击，注意防范相关信息系统遭到黑客和敌对国家的网络攻击。

美国积极维护关键基础设施的安全稳定。为应对频发的基础设施网络安全事件，美国颁布了一系列联邦法律和政策规定关键基础设施网络安全要求。2013年

---

❶ 周磊，欧微．透视外军网络战发展新趋势［N］．解放军报，2021-04-08（7）．

❷ 没有网络安全就没有国家安全［N］．解放军报，2018-04-23（1）．

❸ 李艳艳．美国网络意识形态输出战略没有变［J］．红旗文稿，2017（12）：8-10．

❹ PAUL M NAKASONE. A cyber force for persistent perations [EB/OL]. (2021-11-05) [2021-11-22]. http://ndupress.ndu.edu/Portals/68/Documents/jfq/jfq-92_10-14_Joint Force Quarterly.pdf, 2021-11-5.

2月，白宫发布了第13636号行政命令《改善关键基础设施网络安全》，要求政府部门与关键基础设施的所有者和运营商建立伙伴关系，以改善网络安全相关的信息共享。这一行政命令建立了促进联邦政府和私营组织之间的合作机制。奥巴马执政期间，明确强调网络基础设施是国家战略资源，要采取一系列战略举措加强网络空间攻防能力建设。[1] 2018年，美国总统特朗普签署了《网络安全与基础设施安全局法案》，旨在保护民用机构网络免受网络威胁，并在面临物理和网络威胁时加强国家关键基础设施的安全。美国2021财年《国防授权法案》确立了部门风险管理机构在保护16个关键基础设施机构方面的领导作用和责任。2021年12月2日，美国政府问责局发布《联邦政府迫切需要采取行动，更好地保护国家关键基础设施》报告，指出联邦政府机构亟须采取措施以更好地保护国家关键基础设施的网络安全。

俄罗斯在关键基础设施领域强化互联网通信准入管理和安全防范。2013年8月，俄罗斯联邦安全总局推出了《俄罗斯联邦关键信息基础设施安全》草案及相关修正案，明确提出要建立国家网络攻击监控系统，强化关键信息基础设施的保护，并且把提高关键信息基础设施防护能力和运行的稳定性、安全性作为维护国家信息安全的重要战略目标。俄罗斯联邦政府和其他关系国计民生的重要部门积极实施进口替代项目，优先使用国产加密系统、办公硬件和软件，规避使用外国网络设备、系统、软件等带来的数据泄露和被操控风险。俄罗斯通过立法要求本国使用的互联网服务器必须设置在本土，积极探索脱离国际互联网后的网络运行方式，力求在受到大规模网络攻击时能够迅速切断国际互联网，依托自身网络正常运行，并具备迅速反击的技术和能力。

4. *更加注重网络国防教育*

网络安全的维护需要每个国民的参与。世界各国都非常重视网络国防教育，以提升国民的网络国防意识，增强网络国防能力。2014年美国通过《网络安全加强法》，推动政府和私营部门共同提升网络空间从业人员的能力、素质和保密意识，进而提高社会和公众的网络空间安全意识。2015年美国出台的《网络安全信息共享法案》提出加强国家网络安全教育，并授权美国土安全部负责这项工作[2]；

---

[1] 何廷润，杨峥．美国网络电磁空间安全战略对我国的启示［N］．人民邮电报，2014-03-31（7）．

[2] 李波洋．美国网络空间安全意识教育的经验与借鉴［J］．北京电子科技学院学报，2017（3）：12．

美国国土安全部通过 Stop・Think・Connect（停止・思考・连接）[1] 项目开展网络国防教育活动，使美国民众了解网络安全态势，自觉约束网络行为，提升网络风险意识。2016 年，美国颁布的《网络安全国家行动战略》宣布成立“国家网络安全促进委员会”，提出了提高网络安全意识的建议。俄罗斯非常重视加强保护公民个人信息数据的宣传教育。2014 年普京签署《知名博主管理法案》，次年俄罗斯国家杜马通过《个人数据保护法》，在加强对个人信息数据监管的同时教育广大公民遵守信息安全相关法律，提升网络信息安全意识，增强防范和化解网络威胁的能力。

世界各国普遍重视培养青少年的网络安全意识、网络空间技能。越来越多的国家把网络国防教育摆在青少年教学实践的突出位置，通过增设网络国防教育课程、组织国防教育讲座、举办网络科技竞赛等形式开展网络空间安全形势教育，增强青少年忧患意识。很多国家的高校开设了计算机科学与技术、软件工程、信息安全、网络空间安全等专业，以培养网络国防领域的专门人才。

（四）网络空间国际合作共建进一步加强

网络空间具有开放和共享的特性，它打破了地域和国界的限制，使政治、经济、文化、军事在网络空间相互交织，为世界各国在网络空间的合作和发展带来了机遇，也催生了网络空间全球治理的需求。世界各国在网络空间全球治理、防范网络恐怖主义、打击网络跨国犯罪、分享网络空间信息技术等方面有着共同的议题和共同的利益，网络空间国际战略合作是大势所趋。

从网络空间军事、安全层面看，世界主要国家纷纷开展网络安全联合演习、签订网络安全协议、展开网络军控谈判及加强合作对话等。如果抛开网络结盟的冷战思维，从积极的视角看，这些行为在一定程度上反映了网络空间的国际安全合作正在走向联合、规范、共治、共同安全的局面。

面对网络跨国犯罪、网络恐怖主义、网络知识产权保护等全球性问题，世界多个国家积极开展国际合作，务实应对。大国更加重视网络空间国际合作，建立双边、多边网络空间合作平台。2013 年 5 月，日美两国举行了首次网络安全对话，旨在协商制定利用网络空间的国际规则，探讨电力、公共交通等重要基础设施网

---

[1] Stop・Think・Connect［EB/OL］.（2022－01－18）［2022－02－10］. https://www.stopthinkconnet.org. 2022－01－18.

络的防护方法。[1] 2015 年 10 月，上海合作组织首次针对互联网恐怖主义活动成功举行了“厦门-2015”网络反恐联合演习，在网络空间命运共同体的基础上迈出了联合打击网络恐怖主义的坚实一步。2019 年，北约启动“网络安全合作中心”建设工作，计划于 2023 年正式启用全新的网络作战指挥中心。[2] 当然，网络空间国际战略合作首先要服务于本国主权、安全和发展利益需求，然后才是共同解决难题，维护共同的利益。

❶ 魏英哲. 从多国网络安全协作看网络空间国际合作新趋势［J］. 中国信息安全，2016（10）：31－34.
❷ 方晓志. 北约欲抢占网络安全高地［N］. 中国国防报，2020－11－23（3）.

第四章　网络国防法制建设

网络国防法制是网络国防的重要内容，也是网络国防建设的重要保障，对于调整网络国防建设主体相互关系、规范网络国防行为、规范网络国防秩序、提高网络国防建设的质量和效益具有重要作用。将网络国防法制建设纳入网络国防建设范围，在全面把握网络国防法制内涵、特征、地位和作用的基础上，立足我国网络国防法制建设的客观实际，借鉴发达国家有益经验，科学建构既符合网络国防建设一般规律，又具有中国特色的网络国防法制建设体系，是数字时代维护国家平稳发展、谋求网络空间利益最大化、积极探寻维护网络安全之道的必然选择。

一、网络国防法制概述

理解网络国防法制的科学内涵和基本特征，不仅是从理论上开展网络空间法制研究的逻辑起点，也是从实践层面开展网络国防法制建设的基本依据。研究网络国防法制建设的理论与实践，首先要将国防法制的概念和网络空间的特征相结合，探讨网络国防法制的概念及特征。

（一）网络国防法制的概念

网络国防法制和网络国防一样是一个新生事物。关于网络国防法制，从目前学术界研究的整体情况看，还没有一个比较权威的界定。但是从网络国防法制的发展来看，无论在理论层面还是在实践层面，它都是国防法制不断分化的产物，是国防法制的下位概念。因此，在理解和界定网络国防法制时，需要对国防法制进行界定。

1. 国防法制

国防法制是国家法制的重要组成部分。所谓国防法制，是指国家为加强武装力量建设，加强边海空防和其他重大安全领域防卫建设，更好地发展国防科研生产，进一步加强全民国防教育，逐步完善国防动员体系，尽快实现国防现代化而建立法律制度，以及制定、修改和实施这些法律制度，从而构建国防法律秩序的活动的总和。由此可见，国防法制既为保卫国家主权统一、领土完整、安全和发展利益所进行的军事及其他相关活动提供了法理支撑，也为国防建设和军队全面建设提供了基本依据和重要保证。从国防法制的内涵可以看出，国防法制是一个与国家政治、军事、安全、经济、技术、文化等因素密切相关的概念。一个国家的国防法制建设受到多种因素的影响，主要包括国家所处的国内国际环境、国家政治制度、国家利益和安全维护要求、武装力量建设状况、经济和科技发展程度等。国防法制建设一定程度上也会受到本国的历史文化传统和地理民情的制约。国防法制形式既表现为宪法中的国防条款、国防基本法、其他法律法规中与国防相关的条款，也表现为对国防事业未来发展进行谋划和推动的国防政策或战略规划，还表现为在健全国防法律体系过程中所进行的组织设计和人力资源开发等条件建设。

2. 网络国防法制

网络国防法制是国防法制的组成部分，是国防法制在特定领域的具体体现，是国家为加强网络空间国防活动的开展，维护国家在网络空间领域的主权、安全和发展利益而建立的法律制度，以及在这些法律制度基础上运行的相应机制体制，是一个国家在网络空间领域开展国防活动和军事斗争的基本行动准则。

首先，网络国防法制是指网络空间领域的国防法律法规和政策规则的静态架构，既包括一国的国防立法及涉及网络空间安全的相关法律制度，也包括对该国具有法律约束力的网络空间国际规则。例如，美国网络空间国防法律制度主要有总统令、联邦政府及州政府法案、国家安全系统政策委员会（CNSSP）发布的政策指南、美国参与的国际公约及主导推动的网络空间国际规则。我国从 20 世纪 90 年代初开始制定并施行一些与网络空间安全有关的法律法规和政策，如《中华人民共和国网络安全法》《中华人民共和国数据安全法》《关键信息基础设施安全保护条例》《中华人民共和国个人信息保护法》及《国家网络空间安全战略》《全国人民代表大会常务委员会关于维护互联网安全的决定》《全国人民代表大会常务委员会关于加强网络信息保护的决定》等；修订了现有法律中的部分条款，增加了与网络空间安全相关的法律条文，如《中华人民共和国宪法》（以下简称《宪法》）第四十条，《国防法》第三十条、第三十二条，《中华人民共和国国家安全法》（以下简称《国家安全法》）第十条、第十一条，《中华人民共和国刑法》（以下简称

《刑法》）第二百八十五至二百八十七条等。同时，我国积极参与推动网络空间领域国际规则的进一步完善，主张以联合国为平台，制定世界各国均能接受的国际规则和国家行为规范，从而确定包括国家在内的各行为主体在网络空间的基本行为准则。2017年3月1日，我国发布了《网络空间国际合作战略》，对外宣示我国在网络空间的立场、主张。

其次，网络国防法制是指网络空间领域的国防法律法规和政策规则的运行过程，包括制定、实施、监督、宣传教育和理论研究等多个环节。网络国防法律法规和政策规则的制定是指拥有立法权的机关或组织，根据法律规定的权限和程序，创制、修改或废止网络空间国防制度的活动。网络国防法律法规和政策规则的实施是指国防法律制度在网络空间领域的国防建设和军事活动中的具体贯彻和实现，具体形式包括国防法律制度的执行、遵守和适用。网络国防法律法规和政策规则的监督是指依法享有监督权的主体对网络空间国防制度的制定和实施进行全过程监察，并对其开展督促、规制和纠错活动。网络国防法律法规和政策规则的宣传教育是指向全体公民开展网络空间国防制度相关知识的普及和教育，加深其对相关制度的理解和掌握，提升其遵规守纪、维护国防安全利益的法律素质。网络国防法律法规和政策规则的理论研究是推动网络空间国防制度建设的重要环节，为国防制度建设提供理论依据和法理支撑。

网络国防法制是一个由静态的网络国防法律制度体系和动态的网络国防法律运行过程共同构成的有机系统。从网络国防法律制度和网络国防法律运行的内在关系看，网络国防法律制度体系是网络国防法律运行的前提，也是网络国防法律运行的基础。只有建立完善的网络国防法律制度体系，才能规划网络国防法律的运行。同时，网络国防法律的运行是网络国防法律制度功能的体现，也是建立健全网络空间法律制度的价值所在。仅仅制定网络国防法律制度而不投入使用，网络国防法律制度的作用就发挥不出来。只有当建立的网络国防法律制度动态地运行起来，在动态运行的过程中发挥出调节网络国防内外关系、规范网络国防秩序、促进网络国防建设的积极作用时，网络国防法制建设最终的价值才能体现出来。

（二）网络国防法制的特征

网络国防法制是国防法制的下位概念，是国防法制在网络空间的延伸和体现。在包括陆、海、空、天在内的国防其他领域，各种主体的实践活动是客观真实的，发生的各种法律关系也都是有国籍和领土归属的。与此不同，网络空间具有典型的虚拟性特征。网络空间的虚拟性特性内在地决定了网络空间法制在具备物理空间国防法制的共性特征的同时也呈现出一些独有的特征。

1. 网络国防法制调整领域具有繁杂特征

法制总是用来调整现实社会关系的。不同的法制调整不同领域和范围内的社会关系。在传统的陆、海、空、天等国防领域，国防法制无论是存在还是作用，都发生在物理空间，都存在明确而清晰的界限，调整的社会关系的领域相对确定和单一。与此不同，网络空间存在和作用于虚拟空间，并通过虚拟空间与现实物理空间的联系广泛渗透于现实物理空间的各个领域，因此网络国防法制调整的领域不仅包括与网络设施直接相关的传统物理空间中的各种社会关系，也包括与传统物理空间影响作用机理不同的虚拟空间，调整的领域相当繁杂。从网络空间对传统物理空间的渗透来看，当今时代，网络空间几乎融入和渗透到关系国计民生的各个领域。以我国为例，关系到国家安危、经济发展及人民生活的重要基础行业都已经实现了网络化，无论是生产活动、商业贸易、资金流通、人员出行还是能源输出的完成，都高度依赖网络。从网络空间相较于传统物理空间的独特性来看，在网络上数据及信息的传递速度是以光速来衡量的，无论身处何地，连通均可即时实现，物理距离的远近几乎可以忽略不计，传递速度更多地受到路由器数量或者链路状态的影响。网络空间具有开放性、渗透性和体系性的特征，这使得侵犯行为很容易突破国家物理防线，越过器物层打击阶段，直接发生在一国腹地，撼动一国主权的根基，因此一个国家必须维护网络基础设施和基础领域核心网络系统不受侵犯和攻击。由此可见，网络空间法制既要为维护一个国家的网络基础设施和基础领域核心网络系统不受侵犯和攻击提供法理依据，又要根据数据信息在虚拟空间的全流程运行，针对所有的信息资源类型，为信息载体、信息运行、信息价值及信息数据的具体内容提供法律保护，还要针对万物互联的现实态势，对与网络空间连通的物理域、信息域、认知域和社会域等全域范畴内涉及国家安全的事务进行法律规范。

2. 网络国防法制调整对象具有高智特征

网络国防法制的特征不仅可以从网络国防法制调整的社会关系的领域和范围来认识，也可以从网络国防法制调整的社会对象的特点来分析。守护陆、海、空、天等传统国防领域需要配备飞机、战车、舰船、导弹、核弹等武器装备，需要拥有高素质的武装队伍力量，需要依赖于国家经济实力特别是工业基础建设水平。网络国防法制也要调整相应的一系列现实对象。在网络空间，网络终端、网线、路由器及其中流动的比特和字节成为网络空间攻防的“武器装备”，各种防火墙、密码系统成为守卫网络边疆的“无形长城”，成千上万个网络节点和网络媒体成为斗争的战场。无论是加强自主研发，打造拥有自主知识产权的网络设备、软件系统，增强网络国防硬实力，还是提升网络国防意识，增强网络入侵检测、网络安全态势感知和安全响应的网络国防软实力，抑或是借助网络控制手段促成虚拟攻击现实化，借助网络媒体开展意识形态领域的斗争，创造性地丰富新时代网络作战手段……都需要国家大力推进云计算、物联网、量子通信等网络信息新技术的发展和应用，也需要国家通过制定相应的法律法规进行调整和规范。因此，网络国防法制不同于国防其他领域的法制，其调整的对象具有以技术为主的高智特征。

3. 网络国防法制实施主体具有多元特征

任何实践活动都离不开特定的主体。法制作为规范实践活动的基本规划，也要关注实践主体，适应实践主体的变化，通过引导、约束等方式实现对实践主体的规范。和传统国防法制以国家和军队等为主体和核心调整对象相比，网络国防法制的实践主体发生了巨大变化。以我国为例，我国拥有全球最大的信息通信网络，并且除了军队和国家正式组织，还有近十亿拥有真实或非真实身份的网民。任何一位网民都有机会成为网络空间安全的维护者、网络空间斗争的参与者，他们手中的每一台计算机都是武器，凡互联网覆盖之地皆为前线。可以说，从参与主体来看，数字时代的网络空间国防是国防的新形态，由国家主导、以军队为主、依托人民的特点更加明显。在军政联合、军民融合、多元一体、耦合联动的网络空间国防复合力量中，每一位网民在工作和生活中都承担着维护国家网络安全和网络利益的职责，是支持和配合网络空间对抗的强大力量。很多行业在警惕信息渗透、网络颠覆、思想殖民方面都具有技术和组织潜能。从这一角度来看，随着网络国防力量体系结构的发展变化，网络国防法制所要调节的主体呈现多元特征。在网络国防法制建设实践中，要想广泛调动网络空间多元主体积极参与、有序分工和有效协同，形成网络空间国防的强大合力，就必须重视网络国防法制实施主体多元的客观现实和基本特征。

二、网络国防法制建设的作用

实践活动总是和一定的价值有关。对于网络国防法制而言，人们在实践中关注网络国防法制，加强对网络国防法制建设的探索和推进，很大程度上都建立在对其价值深刻认识的基础之上。因此，从理论层面研究网络国防法制建设，不仅要以其概念界定为逻辑起点，全面分析网络国防法制的科学内涵和基本特征，还要在此基础上聚焦其价值，通过分析网络国防法制与其他密切相关事物的内在联系，揭示网络国防法制建设的地位和作用。

（一）捍卫国家网络安全的重要保障

网络安全是国家安全的重要内容。随着移动互联网、云计算、区块链、物联网、5G等信息技术的加速发展和各国“互联网＋”战略的不断推进，商贸、金融、交通、电力、供水、通信及政府服务都愈加依赖信息技术和网络系统，网络空间中的各种安全威胁逐渐凸显，网络犯罪行为越来越复杂，风险程度也越来越高。由此可见，网络安全牵一发而动全身，深刻影响政治、经济、文化、社会、军事等各领域的安全。没有网络安全就没有国家安全，经济社会就无法稳定运行，广大人民群众的利益也难以得到保障。捍卫国家网络安全，就要大力推进网络国防建设。为此，需要做很多工作，而加强法制建设则是做好各项工作的基础，是规范网络国防建设秩序不可或缺的根本保证，对于调整网络国防建设主体之间的关系、提高网络国防建设的质量和效益具有重要作用。只有建立完善的网络国防法制体系，确定各级机构和组织的职责权限，明确各级各部门的领导和指挥关系及各级各类人员的具体职责、权利、义务，使全体人民照章办事，才能保证网络国防建设有条不紊地进行，实现既定目标。

（二）完善国防制度体系的客观要求

法与时转则治。我国国防法制体系作为以宪法为核心的中国特色社会主义法律体系的有机组成部分，必须随着实践的发展而不断完善。从国防建设的实践来看，网络技术的迅猛发展及其广泛而深刻的影响使国家在网络攻击、网络干涉、网络犯罪、网络恐怖主义等方面面临的安全隐患日益增多，国防建设向网络空间国防建设迅速拓展。网络国防对国防建设中的管理协调机制、军地协同机制、国际合作机制、技术研发机制、动员教育机制均有着更高的要求。相对于国防实践的快速发展，现有的国防制度在指导和规范国防活动开展时存在滞后性，这使得现有的国防制度在适用网络空间安全问题时缺乏针对性，难以有效维护国家主权、安全及利益。围绕网络国防安全和网络空间治理的重要领域，加紧构筑全方位、多领域、多层次的国防制度体系，完善既有国防制度体系，为网络空间国家主权保障、关键信息基础设施保护、关键敏感数据保护、个人数据安全保护、网络犯罪及网络恐怖主义打击等提供基本遵循和法理支撑，是适应网络国防实践快速发展态势的客观要求。

（三）构建网络空间国际秩序的必然选择

网络空间是大国博弈的重要场域，也是全球治理的重要内容。随着技术、政治、经济和贸易、军事、文化、人权等越来越多的因素被纳入网络空间规则的框架体系，以及越来越多的国际机构和组织进入网络治理体系，互联网越发显示出其“具备权力投射和军事能力的工具”的属性，对传统的安全、稳定与主权的理念提出了挑战。全球网络空间的最大威胁不是不自由、不开放，也不是网络间谍、窃取知识产权，而是规则缺失、秩序失范。网络空间这一全新的空间应该遵循何种规则是当前国际社会关注的焦点，一些国家和国际组织作出了积极尝试并取得了初步进展。然而在这个过程中，大规模网络攻击接连不断，网络军备竞赛成为趋势，全球网络空间稳定运行、国家的经济与政治秩序、企业与个人的经济利益等均面临越来越大的威胁。2010 年 7 月，伊朗核电站遭受来自敌国的“震网”病毒攻击，离心机失控，损失惨重，网络控制促使虚拟攻击现实化；2013 年 6 月，“棱镜门”事件的爆发反映了网络空间全球治理的无序化和国家网络安全防护的失控状态；2014 年 5 月，我国 5 名军官被美国司法部以所谓“网络窃密”罪名提起诉讼，这警示我国在应对外部网络干涉和攻击时缺乏网络空间国防方面的法律依据是不行的。在这种形势下，加强网络国防法制建设，加快制定对国家、个人和团体的网络空间行为具有普遍约束力的法律规范，为各种网络攻击和破坏行为划定红线，已成为数字时代构建网络空间国际秩序的当务之急。进一步推进网络安全国际规则的制定已是当务之急。从实际状况来看，网络空间国际规则的建立大多是一国对于网络空间认知和主张的国际化，通过缔结国际条约或者共同倡议的方式实现，是各国掌握网络空间话语权的重要手段。

三、我国网络国防法制建设的实践

开展网络国防法制建设研究，旨在通过揭示网络国防法制建设的特点和规律，更好地指导网络国防法制建设实践。基于这一目的，对网络国防法制特点、规律的揭示，不仅要体现不同国家网络国防法制建设的共性规律，广泛借鉴人类社会在网络国防法制建设方面的一切有益经验，还要立足我国网络国防建设的客观实际，通过对我国网络国防法制建设历程的长线条回顾和对建设过程中的矛盾、问题进行针对性分析，揭示符合我国实际、对我国网络国防法制建设实践具有较强指导价值的个性规律。

（一）我国网络国防法制建设的探索

从20世纪90年代初开始，为了更好地适应网络国防实践的发展，形成规范、有序的网络国防建设的良好局面，我国逐渐加大了对法制建设的积极作用的重视程度，将网络国防法制建设纳入网络国防建设的全局范围。在实践中，我国在立法、相关业务部门制度建设和网络安全国际规则制定等方面进行了积极的探索，也取得了一定的成果。

1. 国家层面网络国防法制建设的探索

《宪法》第四十条规定："中华人民共和国公民的通信自由和通信秘密受法律的保护。除因国家安全或者追查刑事犯罪的需要，由公安机关或者检察机关依照法律规定的程序对通信进行检查外，任何组织或者个人不得以任何理由侵犯公民的通信自由和通信秘密。"《刑法》也在第二百八十五至二百八十七条的规定中增设了与信息基础设施、信息运行及信息安全主体失职相关的新的罪名，并通过相关司法解释对新增法条的适用作出了具体规定。

2014年2月，习近平总书记在中央网络安全和信息化领导小组第一次会议上明确了我国网络安全工作中存在的一系列重大问题，并提出网络强国战略。此后，在党和国家多个重要文件中都提到了网络安全问题。网络强国战略作为一种抽象的战略设计，该如何实现呢？一个重要的保障就是通过法律予以确认和表达。要满足依法治理网络空间、维护公民合法权益、实现网络强国目标的客观要求，必须尽快制定网络安全方面的立法规划，围绕完善互联网信息内容管理、关键信息基础设施保护、网络信息服务、网络犯罪行为防范和打击、网络社会管理等内容出台相应法律法规。

我国修订后的《国家安全法》于2015年7月1日公布实施，其中第二十五条规定："国家建设网络与信息安全保障体系，提升网络与信息安全保护能力，加强网络和信息技术的创新研究和开发应用，实现网络和信息核心技术、关键基础设施和重要领域信息系统及数据的安全可控；加强网络管理，防范、制止和依法惩治网络攻击、网络入侵、网络窃密、散布违法有害信息等网络违法犯罪行为，维护国家网络空间主权、安全和发展利益。”我国第一部基本法意义上的《中华人民共和国网络安全法》（以下简称《网络安全法》）于 2017 年 6 月 1 日公布实施，这标志着我国进入网络安全基本法立法阶段。这部法律是为了维护国家网络空间主权和安全、社会公共利益，保护公民、法人和其他组织的合法权益，促进经济社会信息化健康发展而制定的，是对我国网络安全相关法律法规的制度总结。该法还对网络安全方针和战略、网络运行安全、网络信息安全、监测预警与应急处置及法律责任等内容作出了规定。《网络安全法》的颁布实施有助于国家维护网络空间主权、安全和利益，明确军地各相关机构职责权限，有效巩固网络国防。2018 年修订的《中华人民共和国反恐怖主义法》针对威胁国家安全的网络犯罪问题，给电信业务经营者、互联网服务提供者设置了多项协助执法义务，不仅要求他们落实网络安全及信息内容监督制度，还要求其提供安全技术方法措施，从而保证及时、有效地对涉及恐怖主义的内容进行监控、防范和处理。2021 年 1 月 1 日，修订后的《国防法》开始施行。其中一个重要的修订内容就是将网络空间纳入除陆、海、空防以外的其他重大安全领域，国家可以采取必要的措施维护在网络空间的活动、资产和其他利益的安全。《国防法》是军事法体系的母法，规定了国防和军队建设的各项重大问题，本次修订将网络国防建设写入《国防法》是符合国际社会认知的。2021 年 9 月 1 日，我国多部网络安全相关的法规文件纷纷生效实施，包括《中华人民共和国数据安全法》《关键信息基础设施安全保护条例》《网络产品安全漏洞管理规定》，再加上 2021 年 11 月 1 日起施行的《中华人民共和国个人信息保护法》，我国网络国防顶层制度设计基本完成。

2. 部门层面网络国防法制建设的探索

从我国网络国防法制体系建设发展的实际来看，网络国防法制建设的成果不仅体现在包括《宪法》《国防法》《国家安全法》等国家层面的综合立法中，也体现在我国一些承担网络空间安全管理业务的部门针对其所遇到的现实问题制定的相应网络空间安全规则和制度中，如工业和信息化部制定的《电子认证服务管理办法》、公安部颁布的《计算机信息网络国际联网安全保护管理办法》《互联网安全保护技术措施规定》《网络安全等级保护条例》《公安机关互联网安全监督检查规定》。此外，国家互联网信息办公室针对如何落实信息内容安全管理主体责任这一重点问题，陆续出台了相关规定和规范性文件，包括《互联网新闻信息服务管理规定》《互联网域名管理办法》《互联网文化管理暂行规定》《电信和互联网用户个人信息保护规定》《互联网信息内容管理行政执法程序规定》《微博客信息服务管理规定》《互联网直播服务管理规定》等。

3. 网络空间国际规则建设的探索

由于互联网的发展早已突破了国家的界限，网络空间良好秩序的形成不仅需要国内法的健全和完善，也迫切需要加快网络空间国际规则的制定。在网络空间国际规则制定方面，我国主动适应形势发展需要，进行了积极主动的探索。2015年1月，中国联合上海合作组织其他成员国向联合国大会提交了《信息安全国际行为准则》更新案文，这是国际上第一份全面系统阐述网络空间行为规范的规则草案。此后，中国继续就该草案中倡议的内容加强国际对话，争取更多的国际支持和理解。我国外交部和国家互联网信息办公室于2017年3月发布了《网络空间国际合作战略》，倡议国际社会共同构建网络空间命运共同体。《网络空间国际合作战略》系统地阐释了我国在处理网络空间相关国际问题时的基本原则，以及我国开展网络领域对外工作的战略目标、行动要点，是今后一个时期内我国开展网络国防建设的依据。

（二）我国网络国防法制建设存在的不足

在网络强国战略的指导下，我国网络国防法制建设工作已初具雏形，为我国维护网络空间安全和利益提供了一定的法律依据。但是网络国防法制体系的形成不是一蹴而就的事情，我国的网络国防法制建设还存在诸多问题。

1. 体系内容有待完善

近五年，我国出台了多部与网络安全相关的法规文件，在网络国防法制建设上取得了跨越性的突破。但网络信息技术的发展速度很快，以移动互联网、云计算、大数据、物联网和人工智能为代表的新兴技术极大地冲击了原有的社会生产生活模式，也带来了新的安全挑战。例如，人工智能的发展引发了诸多棘手的法律问题，警惕人工智能被运用到自动化武器的开发应用中、防止人工智能在基因科技领域的滥用等都亟须通过立法进行规制。以美、英为代表的西方发达国家已经针对人工智能问题发布了相关法规政策，美国前总统特朗普在2019年签署发布的第13859号总统令就针对人工智能安全问题作出了规定。欧盟委员会也在2020年2月19日发布了《人工智能白皮书——通往卓越和信任的欧洲路径》，阐释了欧盟在发展人工智能技术方面的价值观，并制定了比较具体的目标和措施。欧盟希望通过顶层设计推动成员国共同制定人工智能协调发展计划，在技术水平和市场发展水平均处于劣势的情况下，不仅要从标准制定上寻找突破口，还要通过向国际社会输出价值观抢占数字化转型时期国际网络空间的领导地位。我国虽然在人工智能研发和技术创新方面取得了显著的成绩，但是对人工智能的法制监管存在严重的滞后性。应着力研究制定专门的法规政策，通过立法提高监管水平，加大对违规违法使用人工智能行为的惩治力度。

2. 配套制度仍需明确

虽然《国防法》《国家安全法》《网络安全法》已为我国网络安全和网络国防建设搭建起基本的制度框架，但是这些法律的落实和操作仍需要多个配套的法律法规、规范性文件保障。从实际来看，一方面，我国存在《刑法》《中华人民共和国民法典》及《中华人民共和国行政法》（以下简称《行政法》）等传统法律规定未能与网络国防法律规定有效衔接的问题，致使出现许多网络管理盲区，让犯罪分子有机可乘，给国家安全、社会稳定及经济发展造成极大损失。例如，我国主要通过行政处罚和治安管理处罚的方式对网络中一些不构成犯罪但是造成不良影响的行为进行处罚，如新型冠状病毒肺炎疫情防控期间发生的通过网络造谣传谣、散布不实言论等问题对社会稳定及经济发展造成了极大破坏，但是因为惩罚力度往往较小，不能起到很好的震慑效果。另一方面，我国还存在网络监督管理机构数量虽较多，但职责划分不清、管理制度庞杂的问题。我国具有信息安全管理权限的机构主要有公安部、国家安全部、国家保密局、工业和信息化部等，不同部门之间缺乏必要的协调机制，在实际工作中可能存在职责分工不明确的情况，造成执法部门公信力下降，也使得新的网络国防法律制度的出台和落实困难。

3. 军队立法亟需推进

在网络国防建设中，军队发挥着至关重要的作用。军队一方面承担着维护军事网络系统和信息安全的任务，另一方面是开展网络防御或进攻的主要力量。对于前者，我军已经通过保密条例、安全条例和相关军事规则加以规范。但是在进入战时状态后军队如何应对及开展网络战方面，目前还缺少相应的法律法规。在联合作战中，军队对网络技术和信息技术的依赖程度增强，极大可能遭受敌方在网络空间发起的进攻，并实施网络防御或者反击行动。在这种情况下，军队就需要依据网络战条令确定一系列问题，如何为“网络攻击”，何为“网络战手段和方法”，如何合法地使用网络武力抵御外来侵略，在什么情形下可以动用网络部队，网络部队如何和其他部队及地方网络安全部门进行协同配合等。通过立法的形式对相关概念进行权威界定，能确保我国在受到的网络攻击达到武力攻击层次时，网络作战部队在满足合法性、必要性及紧迫性要求的前提下迅速行使网络自卫权，维护国家安全和网络国防利益。各军种也可以依据各自的网络战具体法规确定各自的职责使命及每级网络部队的目标任务、调动权限与程序、作战方式及作战武器。可以说，网络战条令是军队进行网络作战的法律依据，有着极为重要的意义。目前我国在这些方面的立法相对滞后，亟需积极推进网络空间军事法规建设。

4. 国际合作尚需加强

随着网络全球化进程的推进，网络关系已经成为当今时代最重要的社会关系之一。网络空间是人类生活的新空间，网络关系本质上是人和人之间的关系。根据社会学原理，人与人的相处需要遵循相应的规则。规则是怎样的？谁来制定规则？围绕网络空间规则的制定，各个国家展开了激烈的博弈。谁拥有了规则制定权，谁就能将自身的利益最大化。我国要想打破以美国为首的西方国家对国际规则的垄断，成为世界和平的维护者、国际秩序的建立者，就必须在网络空间规则的制定上拥有发声权，向国际社会输出我国在网络空间治理中的价值观，这是维护我国网络安全乃至国家安全的必然之举。这就要求我国加强网络安全法律法规制定方面的国际合作和交流，为提出全球网络空间治理规则争取更广泛的国际理解和支持；和其他国家签订网络空间领域多边和双边合约，使我国网络安全和网络国防法律体系与其他国家实现同步，方便网络信息在国际范围内的安全流通，有效控制网络上的跨国违法行为，全力打击日益国际化的网络违法犯罪活动和恐怖行动。我国虽然已经提出了构建网络空间命运共同体的主张，但是在通过国际合作立法推进方面仍存在空白，还需要进行多渠道的尝试。

四、发达国家网络国防法制建设的特点

网络国防建设是涉及一个国家政治、军事、经济、文化、社会生活等多个领域的综合工程，应该通过法律制度的形式对建设目标、建设原则、领导机制、保障力量等加以规范。以美国为代表的发达国家较早开启了网络化进程，在信息技术和网络技术发展的过程中积累了丰富的经验和资源，也较早地意识到法律法规对规范网络活动、应对网络危机、维护国家网络空间安全和利益的重要性，在网

络国防法制建设中取得了一定成果。发达国家网络国防法制建设有如下特点。

（一）面向现实需要

发达国家网络安全和网络国防各项法律制度的出台都是为了满足国家安全需求。重大信息技术的发展、重大网络安全事件的发生、政治因素、国家重大发展战略的调整推动着各国立法机构以最快的速度出台相应的法律文件，使其网络国防法制体系在不断适应现实需要的过程中得到补充和完善。

美国作为信息技术发达国家的代表，拥有先进的网络理念和丰富的信息资源，是世界上网络攻击和防御能力最强的国家。这既是历史因素的结果，也与美国能根据现实需要，依赖其相对健全完善的立法体系快速出台相应的网络安全和网络国防法律法规密不可分。面对层出不穷的网络安全事件和日益增多的网络犯罪，美国出台了一系列针对网络空间安全和网络国防的法律法规。目前，美国已经发布了100多部（个）与网络安全和网络国防相关的成文法、总统令、军事法规和国际条约，构建了规模庞大、内容全面的网络国防法制体系。美国最早涉及网络安全与网络国防的法律是1917年颁布的旨在保护美国国家安全的《间谍法》。随着第二次世界大战的爆发，美国认识到情报对战争胜负的关键作用，也意识到保护国家信息安全的重要意义，加大了对计算机技术的研发投入。1946年美国出台《原子能法案》，通过立法形式提出“受限制的数据”这一新概念，并强调通过严格控制手段维护国家信息安全。随着互联网的诞生，信息传输技术得到了迅速发展，在此背景下美国出台了一系列旨在维护国家信息网络安全、惩治计算机犯罪的法律法规。1977年，美国为了加强联邦政府计算机系统内敏感信息的安全与保密，制定信息安全计划，颁布了《联邦计算机系统保护法案》，第一次将计算机系统纳入法律保护范围。这部法案是美国计算机安全领域的基本法律，也标志着美国国家网络安全政策趋于稳定。1984年美国还颁布了《伪造接入设备及计算机欺诈与滥用法》，并对《美国联邦刑法典》进行修订，规定了对通过伪造授权的方式访问和使用计算机网络行为的处罚措施。除此以外，美国为了适应计算机和数字技术发展给电子通信带来的新变化，于1986年颁布了《电子通信隐私法》，禁止通信中的非授权窃听行为。1987年美国颁布《计算机安全法》，规定政府可以通过某些措施提高联邦计算机系统安全性及实现隐私保护。“9·11”事件发生后，美国意识到网络信息技术具有两面性，一方面是社会及经济快速发展的有效助力，另一方面也给恐怖组织开展跨境协调勾连、扩大恐怖效应提供了便利和途径，于是在 45 天内就出台了《爱国者法案》和多个总统令，授权美国的执法和情报部门在处理各种与计算机欺诈和滥用相关的案件时可以使用窃听手段收集公共信息。近年来，美国把关键信息基础设施保护、人工智能、网络安全防御纳入网络安全防御的重点领域，将其作为网络国防法制建设的核心部分。2017 年 5 月，时任美国总统特朗普发布《增强联邦政府网络与关键性基础设施网络安全》的行政令，主要针对加强联邦政府、关键信息基础设施和国家网络安全保护的相关措施作出具体规定。

俄罗斯时刻紧跟网络信息管理和网络安全维护的实际需要，加快网络空间治理立法进程。2017 年 7 月，俄罗斯颁布《俄罗斯联邦关键信息基础设施安全法》，制定了关键信息基础设施客体分级管理机制及维护关键信息基础设施安全的基本原则，明确了国家机关在维护关键信息基础设施方面的职权及其他相关主体如关键信息基础设施所有者、电信运营商等的权利、义务和责任。2020 年 2 月，为了增强数据主权意识，俄罗斯行政命令草案提议对上述法案进行修订，建议禁止在关键基础设施中使用外国信息技术和信息保护方法。俄罗斯为了加强信息管控，对社交网站和信息技术平台进行严格的监督管控。2020 年 12 月，俄罗斯总统普京签署了一项对歧视俄罗斯媒体的外国社交媒体采取反制的法案。同月，俄罗斯国家杜马通过了一项授权法案，赋予俄罗斯联邦通信、信息技术和大众传媒监督局关闭和惩罚歧视俄罗斯媒体的网络平台的权力。

欧盟针对提升网络安全防御和应对水平的需要，积极通过颁布网络安全法案和网络空间治理相关政策文件增强应对网络攻击的能力。例如，为应对人工智能带来的风险挑战，2017 年 2 月欧盟议会通过《机器人民事法律规则》，提出算法透明原则，要求借助人工智能作出重大决策时必须提供背后的算法设计规则。2020 年欧盟委员会发布《人工智能白皮书》和《人工智能伦理准则》，通过加强投资和监管的方式推动人工智能发展和风险管控工作。

（二）体现国家战略

发达国家在网络国防立法中十分注重对国家网络安全战略的固化。一方面，发达国家通过持续发布新的网络空间和网络安全战略文件完善本国网络国防顶层设计；另一方面，发达国家将网络安全的战略观念、战略构想和战略政策转化为法律表达，使其更加具体、规范和可操作。

美国在网络国防建设的过程中发布了大量战略报告。20 世纪 80 年代末 90 年代初，互联网进入高速发展阶段，网络系统正式开启全球化进程，美国提出了兴建“信息高速公路”战略。为了保证战略的实现，美国借助相应法案的颁布加强对国家关键信息基础设施安全的保护，1993 年颁布的《美国国家信息基础设施计划》和 1994 年颁布的《美国全球信息基础设施计划》就是很好的例证。近年来，美国为了维护在网络空间的国防安全和利益，有意将网络空间安全纳入国家安全战略，陆续发布《美国国防部网络空间政策报告》《美国国防部网络空间行动战略》《美国网络空间国际战略》等。这些战略报告主要通过对美国网络安全形势的持续跟进和分析，系统地对美国网络空间国防建设的战略目标、核心利益、主要威胁进行归纳，并据此对美国政府机构设置及管理制度进行重新梳理。美国国会则围绕这些网络安全战略，从政府各部门职责、信息共享和跨部门协调、关键基础设施保护、个人信息保护、打击网络犯罪、网络安全人才培养等方面提出法案及立法建议，其中比较具有综合性的有《网络空间安全法案》（2012、2013 年）、《网络空间安全情报共享和保护法案》《网络空间安全增强法案》《网络空间安全和美国网络空间安全竞争力法案》《通过研究、教育、信息和技术增强和提升网络空间安全法案》。其针对新兴信息技术的法案及立法建议也有很多，如《网络感知法案》《2020 年利用战略联盟电信法案》《物联网网络安全改进法案》《2020 年人脸识别和生物特征识别技术禁令法案》及《2020 年政府人工智能法案》。

欧盟为了抓住数字化转型的机遇，谋求全球网络安全治理领域的领导地位，密集出台了一系列重要战略性文件。2020 年 2 月欧盟委员会通过了《塑造欧洲的数字未来》《欧洲数据战略》和《人工智能白皮书》，这三份文件主要涉及网络安全、关键信息基础设施保护、数据主权等内容，构成了欧洲新的数字转型战略。2020 年 7 月欧盟网络与信息安全局发布战略文件《可信且网络安全的欧洲》。2020 年 8 月欧盟委员会发布针对恐怖主义和有组织犯罪的欧盟内部安全战略《欧盟安全联盟战略（2020—2025）》。2020 年 12 月欧盟委员会联合欧盟外交与安全政策高级代表发布新版《欧盟数字十年的网络安全战略》，内容涉及全球互联网安全解决方案、物联网安全法规建设、网络防御合作等，目的是为欧洲数字经济的发展提供更安全的网络空间。为了落实数字化转型战略，欧盟委员会制定了多部关于数据治理和数据监管的新法案，包括以促进数据共享为目的的《数据治理法案》（希望借此进一步释放人工智能等数据和技术的经济及社会潜力）、旨在加强对社交媒体及网络平台的监管的《数字服务法案》和《数字市场法案》（希望借此在欧洲创造一个更加公平的数据竞争环境）。

（三）注重利益平衡

互联网刚诞生时，因为其具有空间虚拟、用户匿名的特征，人们期待它能够成为在国家监管之外的一个绝对自由的空间，不受任何主权国家的监管和干涉。但是由于网络空间与现实世界逐渐彼此交融、相互关联，人们认识到网络空间不可能成为法外之地，必然要受到法律和规则的限制。发达国家在加强网络安全与网络国防法制建设的同时也十分注重不同主体之间的利益平衡问题。

美国的网络国防法制建设始终面临着不同主体之间的利益协调问题，如国家安全利益和公民私权、不同政府部门之间及政府和企业之间的利益协调。在立法和执法的过程中，美国一方面为达成维护网络空间安全的目标要求加强对公民通话记录和网络活动的监听监视及对私有关键基础设施的监测控制，另一方面又不得不顾及美国宪法第一修正案对言论自由的绝对性规定及不能随意侵犯公民隐私权、知情权、财产权等基本权利的规定，而只能在不同利益中寻求平衡。美国经常通过总统颁布的行政命令对信息安全管理机构的设置及权责归属、运作协调等进行规定。例如，1978 年 6 月美国发布的总统令《国家安全信息》就设立了有权对信息进行定密的部门，对政府机关和雇员也进行了明确赋权，还成立了信息安全检查办公室。1981 年 12 月里根总统发布的总统令《美国情报活动》对美国各情报部门关于国家安全和情报收集的权限、职责和规则进行了规定，明确了美国国家情报总监办公室在情报收集工作中的领导地位。1984 年 4 月美国发布的总统令《分配国家安全与应急准备电信功能》要求建立美国国家通信系统，负责电信领域的国家安全和应急准备及协调工作。

日本通过立法的形式对个人信息进行保护。2020 年日本多次对《个人信息保护法》进行修订，一方面加重了企业使用个人数据的违规责任，制定了严格的限制条款以规范个人信息收集行为，另一方面扩大了个人在删除或披露个人信息时的权利。日本还制定了应对网络暴力的相关政策。根据政策要求，日本网络运营商需要定期向日本政府汇报其监管的账号及言论内容，网络施暴者的个人信息可以合法公开，网络暴力受害者可以随时通过政府设在线上线下的咨询窗口寻求帮助等。

韩国为了实现本国个人信息保护法律与国际标准的接轨，修订了《个人信息保护法》，强化了政府对个人信息的监管权力。此外，韩国的《个人信息保护法》修正案还对加强跨境数据传输监管及视频监控中的个人数据保护等作出了相应规定。

（四）关注执行操作

发达国家在制定网络国防法律文件的过程中十分注重对行政机构的组建或对现有政府机构赋权，同时伴随着机制和计划的制定。其为了解决网络空间存在的实际问题而出台的法律文件往往具有很强的针对性和可操作性。即使是一些比较概括和抽象的法律法规，也会通过制定补充解释文件或实施指南明确涉及部门的具体职责和任务内容。

美国在网络国防法制建设中不仅注重制定战略文件和基本法律，也十分注重出台执行操作方面的法律法规。2001 年 10 月美国发布总统令《信息时代的关键基础设施保护》，提出设立总统网络空间安全顾问，建立总统关键基础设施保护委员会，由反恐专家理查德·克拉克担任顾问和委员会主席，网络空间安全成为国家安全的重要一环。2002 年美国相继颁布《联邦信息安全管理法案》《网络空间安全研发法案》《电子政务法案》及《国土安全法案》，主要围绕规范美国联邦政府信息管理和规划、解决电子政务中的网络空间安全问题、推动网络空间安全技术发展及安全研究提出法律规范，同时清晰地划分了各个政府部门的具体职责。直至 2020 年，美国众、参两院不断提出有关网络治理的相关法案，包括《2020 年网络安全州协调法案》《国民警卫队网络互操作性法案》等。除了美国国会立法和总统发布总统令，美军也制定并颁布了与网络安全和网络国防相关的政策法规，主要涉及网络作战领域，如 2006 年美军颁布的仅适用于军事网络领域的《国家网络空间作战军事战略》。近年来，发生在民用网络领域的网络攻击事件越来越多，美军为了适应现实情况，于 2014 年对外公开发布了新版《网络作战条令》。该条令围绕网络空间作战的军事活动，对网络空间作战的范围、类型、角色划分、责任确定、授权、协调等内容进行了规范。美军各军种内部也有关于网络作战的具体法规和文件，如《陆军网络空间战略》《海军网络空间司令部战略计划》《美国网络空间发展蓝图》等。这些文件规定了各军种网络空间作战的建设目标，具有很强的指导作用。此外，美国国家安全电信和信息系统安全委员会发布的政策性文件、指令性文件及指南文件虽然不是美国的法律文件，但是它们的制定有多个部门的共同参与，且在美国政府中具有强制约束力，因此应被纳入美国国防法制体系。

英国针对人工智能技术迅猛发展带来的网络安全新挑战，积极研究并制定和建立相应的措施和机制。近几年英国相继出台了多份涵盖人工智能产业的工业战略白皮书和产业政策文件，英国信息专员办公室出台了《人工智能和数据保护指南》，并围绕人工智能建立了人工智能法制委员会、人工智能发展办公室、数据伦理与创新中心及工业战略挑战基金等多个部门和机构，通过指导性文件的出台和执法体制机制的建设推动人工智能的发展。

（五）注重国际交流与合作

网络空间的开放性特征从本质上决定了网络安全和网络国防的维护不是仅凭一国之力就能做到的，而是需要通过加强国际交流与合作实现。发达国家为了扩大自身在国际网络空间的影响力，在构建网络空间标准体系中占据有利位置，非常注重国际交流与合作。他们将本国网络空间安全治理中实施的标准、战略、法律法规通过缔结国际合作公约的形式上升为网络安全国际规则，增强了这些标准和法律法规在国际社会上的影响力。

美国通过达成国际条约和国际合作战略计划的方式将其对网络空间安全的认识和主张国际化，积极谋求网络空间国际立法的主导权，力图更好地维护美国的网络空间安全，稳固其在国际网络空间领域的霸主地位。2001 年，美国、加拿大、日本、南非四个伙伴国家和欧洲委员会近三十个成员国共同签署了《计算机犯罪公约》，共同打击网络犯罪。该公约是国际社会上第一个联合打击网络空间犯罪的多边条约，美国众议院于 2007 年 1 月 1 日投票通过了该条约。2020 年，为抢占先机，深化在人工智能技术研究和应用领域的国际合作，美国国防部及人工智能中心联合其他 13 国军方官员召开了首次人工智能防务合作会议。美、英签署了人工智能研发协议，将在产学研各个方面加强合作。

北约成员国在网络国防立法方面的交流合作也不断增多。2008 年 5 月，德国、意大利、西班牙、爱沙尼亚、拉脱维亚、斯洛伐克和立陶宛七国在塔林签署了谅解备忘录，成立“北约合作网络防御卓越中心”，随后匈牙利、波兰、美国、法国、英国、日本等国家陆续加入该中心。该中心在 2009 年启动了《塔林手册》进程项目，主要研究网络安全领域的国际规范适用问题，并于 2013 年和 2017 年出版了研究成果《网络战国际法塔林手册》和《网络行动国际法塔林手册 2.0 版》。《塔林手册》虽然只是网络空间国际法领域的一个无约束力的非官方学术成果，但因其具有一定的权威性和指导性，很可能对未来网络空间国际规则的制定产生指导意义和示范作用。《塔林手册》由西方发达国家主导制定，其中包含大量利益倾向明显、体现发达国家网络国防战略主张的条款。

日本、韩国也积极加强国际合作，通过签订合作协定的方式加强跨境数据安全保护。2020 年，日本与欧盟签署互相使用人造卫星数据的合作协定，日本与英国达成两国数据自由流动的合作协定；韩国和亚太经济合作组织签署跨境隐私执法安排合作协定，韩国个人信息保护委员会据此可以与其他国家执法部门合作，共同调查韩国公民数据在海外被泄露的情况。

五、我国网络国防法制建设的总体设计

网络国防法制建设是一项涉及国家政治、军事、经济、文化、社会生活等多个领域的综合工程，应该通过法律制度的形式对其建设目标、建设原则、领导机制、保障力量等加以规范。网络空间在当今信息化时代已经成为影响国家安全和利益的新疆域，网络和信息技术成为战略威慑和控制的新武器，网络国防法制的建立健全直接关系着经济、民生、社会稳定秩序的维护，关系着意识形态斗争的结果，关系着国家主权的维护。

（一）建设目标

法律是权力的来源，也是权力得以实现的保障。我国的网络国防法制建设应将维护我国的网络主权、安全和利益作为核心目标，将增强网络空间武装力量建设、履行网络空间军事使命、提升网络空间作战行动效能作为关键目标，将实现网络空间有序治理、推动网络空间环境繁荣稳定、促进网络信息技术加速发展作为现实目标，将推动网络空间国际合作，构建网络空间国际新秩序，打造一个和平、合作、开放、共进的网络新空间作为长远目标，通过纳入战略规划、梳理法律体系、创新内容设计、落实操作执行、开展国际交流等方式积极推进我国网络安全法规及网络国防法律制度的出台。

（二）建设原则

我国网络国防法制建设必须高举中国特色社会主义伟大旗帜，坚持以习近平总书记全面依法治国新理念为指导，着眼于实现网络强国、信息制胜的历史使命，遵循国家利益优先原则、维护法制统一原则、权责利相一致原则和动态发展原则。

1. 国家利益优先原则

网络空间作为国防安全新疆域，关系着整个国家的安全稳定和社会发展。网络国防法制建设过程必须始终坚持国家安全和利益至上。任何组织或者个人的利

益在和国家利益发生冲突时，必须服从和服务于国家利益。法制建设要以维护和促进公平公正的网络环境为抓手，打击网络霸权和违法行为，确保国家利益优先。

2. 维护法制统一原则

首先，网络国防法制建设必须遵守《宪法》的基本原则，在《宪法》框架下构建网络空间规制。其次，网络国防法律法规在制定时要与我国现行的法律规范相协调，尤其要与和其调整范围重叠的法律法规保持一致，如军事法、《刑法》《行政法》等。最后，网络国防法律法规要与我国加入的国际公约、我国网络空间外交战略相协调。

3. 权责利相一致原则

网络空间中不同主体在活动中承担的责任、拥有的权力和获得的利益与在现实空间中一样，应符合一致性原则。网络国防法制建设应该在立法中明确规定，社会公众参与网络活动、使用网络信息工具时应承担相应的风险控制责任，网络服务提供者在出售数据信息资源、提供网络和信息技术服务获取收益的同时要承担建设管理和安全服务的责任。

4. 动态发展原则

网络空间的快速发展是建立在科技创新发展的基础上的，网络国防法制建设也应着眼于科技发展的趋势和节奏，提前规划、紧前应对，如平衡好维护国家安全与保护个人隐私之间的关系，协调好保护信息安全与加速信息高效利用之间的关系等。网络国防法治建设既要保证国家安全又要促进信息发展，努力提高法制建设的现实针对性、科学预见性和实践操作性。

（三）总体设计

1. 加强网络国防立法统筹

网络国防法制建设是一个持续动态发展、结构清晰完整的系统工程。我国网络国防法制建设应遵循国防战略和网络安全战略，在其指导之下确定建设目标和建设原则，明确核心要素，同时要结合国家信息技术和网信事业的发展情况，确定法制调整的范围，加强网络国防立法整体统筹规划。

首先，推进在《宪法》中增加网络国防的内容。《宪法》是我国的根本大法，网络国防和网络主权等与国家核心利益密切相关的内容应该在其中有所表达，这符合当前信息技术时代的现实，能够反映科技进步带来的传统国防理念和主权概念的拓展。将网络国防相关内容纳入《宪法》，有利于国家以网络国防为牵引，推动国防建设创新发展，为国家防备和抵御网络侵略、打击网络恐怖主义、制止网络意识形态颠覆、开展网络作战行动提供理论基点和理论支撑。

其次，加强网络国防立法和已有法律体系的衔接。与时俱进地在刑事立法中补充涉及网络空间犯罪的条款，借助刑事处罚有力打击危害网络国防安全的行为；增加防范和处置借助网络信息传输渠道组织、煽动、教唆他人从事违法犯罪行为的条款，避免网络空间成为实施危害其他领域国家安全行为的组织平台。在行政立法中增加涉及网络安全管理的条款，如网络接入、个人信息管理、网络交易、电子结算支付等环节；增加互联网企业协助配合执法和维护安全的义务，如通过网络实名制、身份信息绑定等操作性规定协助执法机关锁定犯罪分子。

2. 完善网络空间国际规则

网络空间具有开放互联的全球性特征，各个国家在其中寻求合作交流的机会，也共同抵御来自四面八方的安全威胁。虽然以美国为代表的军事强国和网络强国企图以强势的态度把控网络空间国际规则制定的话语权，但是相对于核武器、生化武器、外太空等国际军控领域，网络空间国际法规、制度和行为规范还相对较少，这给我国留下了可作为的空间。我国应该以更加积极的姿态，在相互尊重、平等互利的基础上，联合具有共识的国家和组织，推动建立网络空间国际安全秩序，通过参与国际规则的制定实现我国在捍卫网络国防方面的诉求；打破西方网络大国对网络资源的垄断，着眼于均衡网络权力和网络资源，促成国际互联网资源统一管理格局；确定国家网络主权的法理依据，明确各国在网络空间合法自卫的权限，并积极推动国际信息安全协定的出台；针对所有国家打击网络犯罪和网络恐怖主义的共同需要，在联合国多边透明框架下推进完善打击网络犯罪国际立法体系和执法协作体制，明确各方打击网络犯罪和网络恐怖主义的责任与义务。

3. 制定网络空间军事法规

当前，网络空间和信息技术极大地影响了世界各国国防和军队建设的方向及内容。中国军队迫切需要提升维护本国网络国防安全和利益的能力，以及承担在世界范围内执行网络维和任务的能力。因此，迫切需要在建立网络国防力量组织体制的同时建立健全网络空间军事法规。不仅要通过立法建立和完善军队网络国防的组织领导机构和工作制度，还要制定网络空间建设、管理、作战、动员等环节的具体规则制度。特别是针对战时状态，网络武力的使用规则，网络部队的职责使命，各级网络作战指挥机构间的隶属关系、职责范围、调动权限和程序，网络作战手段和方法，联合作战协调机制的建立等，都应该在网络作战条令中明确规定。网络作战条令还应对国际法和武装冲突法中涉及网络作战行动的内容加以细化，使其更加具体和可操作，确保官兵开展网络作战时有法可依。

4. 构建军地协同立法执法机制

首先，构建军地协同立法机制。网络国防法制涵盖诸多领域，涉及众多军地机构，并不是地方或军队某一个立法机构的职责，因此加强网络国防法制建设还需要构建有效的军地协同立法机制。明确军地协同立法的机构设置。政府部门和军队一般依据民用和军用、平时和战时划分不同的网络安全和网络国防维护职责。国家应建立相应机构，对行政机关和军事机关在网络国防法制建设中的任务分配、权责界定、交流融合进行协调。其次，构建军地协同有效执法机制。国家应推动军地网络安全防护协同演练，检验在面对突发性网络攻击或爆发大规模网络安全危机时，政府部门、组织机构、企业和军队依照网络国防法规协同应对的能力。通过常态化网络安全防护协调演练，军地各方力量能够熟悉网络国防法律法规，掌握网络安全事件应急响应流程，锻炼网络攻防能力，在不断的配合中实现军地双方防护力量的互补和精进。

5. 加强法规宣传教育和法律人才培养

虽然技术是保障网络安全的主要手段，但具有主观能动性的人才是维护网络安全的关键因素。网络国防制度完善和发展依赖于广大网民风险意识的强化和防范技能的提升。我国应将相应内容纳入网络国防法制建设，通过法条明文规定的形式保障相关宣传教育活动的组织和开展。例如，通过立法规定网络国防宣传教育方式、手段、资金保障、组织形式等；通过设立网络安全宣传周、举办网络安全大赛、制作网络风险规避及应对视频等传授防范网络攻击的技能，提高民众的网络国防意识。

网络国防法制涉及领域繁杂，调整对象具有高智特征，需要一批既懂网络信息技术又具有现代法制理念的人才制定、执行和落实。因此，加强对相关专业法律人才的培养是阻止网络安全威胁的重要途径之一。可以采取多管齐下的方式，联合政府、学校、企业等多方力量推进实施人才培养战略，如细分法律人才培养方向，增加新型交叉学科人才培养的财政投入，制定相应的教育政策、教育法规等。

第五章 网络国防基础设施建设

网络国防基础设施作为提升网络国防能力、维护网络空间主权的物质基础，是网络国防建设的重中之重。随着网络攻击日益频繁，高级别、有组织的高强度网络攻击日益增多，网络基础设施特别是国家关键信息基础设施面临的风险日益增大，如何加强网络国防基础设施建设成为摆在世界各国面前的重要课题。随着数字化时代的到来，数字化技术的发展为网络国防基础设施建设带来了机遇和挑战，世界各个国家都非常重视网络国防基础设施的更新换代。研究网络国防基础设施建设的相关问题，分析网络国防基础设施建设的现状，借鉴国外网络国防基础设施建设的先进经验，探讨我国网络国防基础设施建设的策略，对于我国的网络国防建设具有重大意义。

一、网络国防基础设施建设概述

理解网络国防基础设施的相关概念，分析网络国防基础设施的地位和作用，探讨网络国防基础设施建设的基本内容，是深入研究网络国防基础设施建设的基本前提。

（一）网络国防基础设施的相关概念

要探讨网络国防基础设施建设，先要了解网络国防基础设施的基本概念。就目前已有的资料来看，对于网络国防基础设施的概念界定没有权威、一致的解释，这里从相关概念的解释出发，探讨网络国防基础设施的基本概念。

1. 基础设施

基础设施最早是工程术语，指建筑物承重部分的结构，英文为 infrastructure，曾经被直译为基础结构。自 1927 年起，“基础设施”一词开始用于公路、桥梁、铁路和其他类似的公共建筑。我国学者认为，基础设施是指为社会生产和居民生活提供公共服务的物质工程设施，是用于保障国家或地区社会经济活动正常进行的公共服务系统。它是全社会赖以生存和发展的一般物质条件。[1] 基础设施包括两方面内容：一是公用工程设施，如公路、铁路、电信、供电供水供气等设施；二是公共生活服务设施，如教育、科技、金融、医疗等设施。

可见，基础设施是关系国计民生的关键设施，是社会各项事业建设的基础，对国家建设和发展具有重要作用。因此，世界各国都十分重视基础设施建设，在基础设施项目建设上投入很多力量，为国家建设和发展搭建平台。

2. 网络基础设施

网络基础设施也称信息基础设施，是指为社会生产和居民生活提供公共服务的网络工程设施或虚拟的系统及资产，是保障国家或地区社会经济活动正常进行的公共信息服务体系。[2] 随着信息时代的到来，网络空间成为各国角逐的新疆域，网络空间安全的对抗在很大程度上代表的是技术与设备的对抗，特别是关键信息基础设施的对抗，网络空间的安全在很大程度上是关键信息基础设施的安全。作为国家网络基础设施的关键组成部分，关键信息基础设施已经成为关乎国家安全稳定、生存发展的重要资源，关键信息基础设施安全成为国家实力的重要标志。

3. 网络国防基础设施

目前，对于网络国防基础设施的概念还没有权威、统一的定义，结合以上对于基础设施和国防等相关概念的理解，可以认为，网络国防基础设施应是网络基础设施的重要组成部分。狭义的网络国防基础设施是指用于防御网络空间内外部威胁和破坏的军事工程，以及用于网络空间军事行动的民用网络安全设施。广义的网络国防基础设施是指用来监测、防御、处置来自境内外的网络安全风险和威胁，制止网络攻击和破坏，以保卫国家主权、统一和安全为目的的融软硬件于一体的国家关键领域网络安全防御体系。

网络国防疆域模糊、智力主导、全民皆兵等特点决定了网络国防基础设施不同于传统领域的国防基础设施。陆、海、空、天领域的战场界限分明，其国防基础设施主要依托国家投资进行配置，军队以外的组织很少涉及。网络空间的特点决定了参与网络国防的力量不仅限于军事力量，还有其他力量，甚至来自民间的国防力量更加强大。因此，网络国防基础设施建设应是坚持总体国家安全观，由

---

[1] 夏冰．网络空间安全与关键信息基础设施安全［M］．北京：电子工业出版社，2020：14．

[2] 宋海龙．网络强国快车道——基础设施铺路［M］．北京：知识产权出版社，2018：5．

国家统一主导、多种力量参与的综合体系建设，不仅包括网络安全防御工程，还包括战略政策、组织管理、配套保障等体系建设。本章探讨的网络国防基础设施是广义的网络国防基础设施，是从大国防的角度来探讨的。

（二）网络国防基础设施的地位和作用

网络国防基础设施建设是网络国防建设的基石，是构建网络国防的一项基础性、关键性、支撑性工作，网络国防基础设施的建设水平和安全防护能力直接关系到网络空间的安全。作为国家战略性基础设施，网络国防基础设施在网络国防建设中起着十分重要的作用。

1. 网络国防建设的物质基础

网络空间是虚拟空间，是由互联网、通信网、计算机系统、自动化控制系统、数字设备及其承载的应用、服务和数据等基础设施组成的空间。[1] 网络空间已成为社会生活的新空间、国家主权的新疆域，深刻影响着人们的生产生活，也深刻影响着社会发展的进程。与自然界不同，网络空间本质上是技术条件下的人工世界。网络空间的生成、存在和发展需要网络基础设施作为支撑。网络国防是在网络空间领域进行的防备抵抗侵略、制止颠覆破坏及维护网络空间主权、国家统一和安全的一切活动，只有具备满足网络空间安全运行需要的软硬件设施及系统，才能在网络空间开展态势感知、威胁预警、追踪溯源、定向攻击等基本的防卫活动。网络国防基础设施建设是网络国防建设的基本资源条件，为整个网络国防建设提供了坚实的物质基础。

2. 网络国防力量的重要支撑

网络国防力量是防备和抵御网络空间外来入侵，维护我国网络空间主权和安全的各种力量的总称。网络国防力量既包括军事力量和非军事力量，也包括显在力量和潜在力量；既包括人才队伍配备，又包括基础设施配置。网络国防基础设施既包括硬件基础设施，又包括软件基础设施。其中，硬件基础设施中的网上终端、网线、路由器等基础设备的技术水平、功能负荷、效能发挥、抵御风险能力直接影响着网络国防力量作用的发挥；软件基础设施中的安全防护系统、软件库建设等更是建设强大网络国防力量的重要内容。从近些年爆发的“勒索病毒”“风

[1] 赵刚，等. 面向数据主权的大数据治理技术方案探究［J］. 网络空间安全，2017（3）：23.

暴蠕虫”等计算机病毒来看，通过软件系统对数以万计的网络节点造成的破坏更加考验国家的网络防御能力。加强网络国防基础设施建设，有效实现网络基础设施的防御功能，是加强网络空间国防力量建设的重要支撑。

3. 网络空间安全维护的有力保障

当前，网络空间安全形势日益严峻，网络国防面临的风险加大。大国之间网络空间对抗加剧，各国纷纷组建网络司令部。个别国家利用先进的网络技术或攻击手段干涉他国内政、煽动社会动乱，企图达到颠覆别国政权的目的。有的国家或组织利用网络技术手段破坏他国能源、交通、通信、金融等关键基础设施，给国家安全带来极大威胁。国际上对网络空间战略资源的争夺和控制、对规则制定权和话语权的抢占愈加激烈，一些国家甚至利用本国文化输出误导他国公民的价值取向，危害他国文化安全。除此以外，网络数据安全面临高风险，个人信息和重要数据泄露、肆意窃取事件频发，给国家、企业、个人利益造成了严重损害，影响社会和谐稳定。这些问题严重威胁网络空间安全。加快建设牢固可靠的网络国防基础设施体系，保护网络基础设施特别是国家关键信息基础设施安全，增强抵御攻击和应对威胁的能力，是维护网络空间安全、建设强大网络国防的有力保障。

（三）网络国防基础设施建设的内容、目标和基本原则

网络国防基础设施建设作为网络国防建设的基础，其建设内容、建设目标和建设原则决定着网络国防基础设施体系的建设模式，决定着各种网络国防力量相互融合形成有机整体的方式。分析网络国防基础设施建设的基本内涵，明确建设目标，把握建设的基本原则，对于科学合理地规划网络国防基础设施的建设具有重要意义。

1. 网络国防基础设施建设的基本内容

网络国防基础设施建设是指国家适应内外部环境的变化，为监测、防御、处置来自境内外的网络安全风险和威胁而建立、设置、完善、改造关键网络基础设施。

网络国防基础设施建设的目的是增强网络基础设施的安全性，维护本国网络空间安全。从这个意义上讲，网络国防基础设施建设应关注以下几项重点内容：一是网络国防基础设施的标准建设。建立、完善网络基础设施安全保护标准体系，

为网络国防基础设施建设提供安全保障水平指标。二是提升网络国防基础设施的技术性能。通过技术升级改造，增强网络基础设施的安全性能，增强网络基础设施本身的主动防御能力。三是网络国防基础设施的机制建设。建立、完善领导协调机制、信息共建共享机制、网络安全审查机制、网络安全评估机制等，使网络国防基础设施在运转协调、安全可靠的机制中有效发挥作用。四是网络国防基础设施保障体系建设。推进法律制度建设，完善网络安全审查、网络安全等级保护、网络安全认证等法律制度，使网络国防基础设施建设有法可依。网络国防基础设施的安全还要在实践中检验，通过开展网络安全防范应急演练，模拟关键信息基础设施遭到入侵、攻击的场景，检验网络国防基础设施安全威胁监测预警和应对处置的能力。

2. 网络国防基础设施建设的目标

网络国防基础设施建设的根本目标是防御网络威胁与风险，抵抗网络攻击与破坏，维护网络空间安全。世界各国都非常重视网络国防基础设施建设。美国把提高基础设施的安全性和弹性作为网络基础设施建设的主要目标，提出要提升网络国防基础设施的安全感知能力、安全控制能力和应急恢复能力。欧盟认为，网络国防基础设施建设的主要目标是使本国免受大规模网络攻击和破坏，其中基础设施的预防能力、安全性和恢复力是重点。我国在《中华人民共和国国民经济和社会发展第十四个五年规划和2035年远景目标纲要》（以下简称《纲要》）中明确了加强网络国防基础设施建设的目标。《纲要》明确提出加强网络安全基础设施建设，强化跨领域网络安全信息共享和工作协同，提升网络安全威胁发现、监测预警、应急指挥、攻击溯源能力，建立健全关键信息基础保护体系。[1]

3. 网络国防基础设施建设的基本原则

网络国防基础设施建设是建设强大的网络国防的重要基础，世界各国都非常重视。分析世界主要国家网络国防建设的实践，可以概括出网络国防基础设施建设应遵循的主要原则。

（1）强化国家主导

网络国防基础设施建设是网络国防建设的基础，涉及国家重大领域的关键基

---

[1] 中华人民共和国国民经济和社会发展第十四个五年规划和2035年远景目标纲要［N］. 人民日报，2021-03-13（1）.

础设施建设，所以世界各国都坚持国家主导原则。国家发挥在网络国防建设中的领导作用，统一规划，系统协调，制定网络国防设施建设的总体发展战略，建立运转协调的网络国防建设领导体制，统筹协调各方力量，最大限度地凝聚网络国防基础设施建设的合力。

（2）坚持法律保障

法令行则国治，法令弛则国乱。完善的法规制度体系是网络国防建设的重要保障。世界网络强国纷纷加强网络国防基础设施建设立法，为网络国防基础设施建设提供法律保障。完善的法规制度是保障各项建设工作顺利开展的根本遵循。

（3）注重共建共享

网络国防的特点、规律决定了网络国防基础设施建设与传统的以军队为主的陆防、海防、空防等不同，其“全民皆兵”的特点要求网络国防基础设施建设要注重调动社会各方力量，加快建立军地、政企等领域的网络安全信息共享机制和工作协同机制，凝智聚力，推进网络国防基础设施建设融合发展。

（4）加强改革创新

网络空间是技术创新最活跃的领域，网络空间国防基础设施建设要紧跟网络空间技术的创新发展，打破传统国防基础设施建设的思维定式。对外要紧跟世界网络空间领域的发展变化，关注网络强国网络基础设施建设发展的重点，预估可能对本国网络国防造成影响的各种机遇和挑战，应对各种风险，维护本国网络空间安全；对内要根据本国网络空间发展的现状，加强自身网络国防基础设施建设，加快网络国防基础设施的更新迭代，提升安全防护能力，真正发挥其对网络国防建设的基础支撑作用。

二、我国网络国防基础设施建设的实践

随着网络技术的迅速发展，我国互联网建设取得了卓著的成果，我国网民数量居世界第一位，网络基础设施建设步伐加快。但面对网络空间日益严峻的安全形势，我国的网络国防基础设施建设与世界网络强国相比还存在差距。总结成绩，查找问题，有利于明确网络国防基础设施建设的方向，从而更好地维护网络空间的安全。

（一）我国网络国防基础设施建设的探索

从 1994 年我国接入互联网以来，互联网在我国得到快速发展。截至 2020 年

年底，我国有 9.89 亿网民，互联网普及率达 70.4%，有超过 1.6 亿的 5G 网络用户，网络基础设施特别是 5G 网络建设步伐加快。[1] 随着互联网的飞速发展，人们不仅看到了网络对经济社会发展的巨大作用，也看到了网络这把双刃剑带来的安全挑战与威胁。近年来，我国充分意识到建设强大网络国防的重要性，在网络国防基础设施建设方面进行了有益的探索。

1. 战略上高度重视，政策法规制定加速推进

2016 年，我国发布了《网络空间安全战略》，明确了我国在网络空间的战略任务，其中第三大战略任务就是“保护关键信息基础设施”，强调要采取一切必要措施保护国家关键信息基础设施，并对这一战略任务的实现作了进一步的阐释，明确要建立关键信息基础设施保护制度，发展技术和优化管理并重，依法加强关键信息基础设施的防护。同时，也明确提出要建立制度标准和安全审查制度。这表明我国已将网络国防基础设施建设放到国家战略发展的高度。

2017 年 6 月，我国正式颁布《中华人民共和国网络安全法》。作为网络安全的基础性法律，《网络安全法》对关键信息基础设施的运行安全作了专门阐述，对网络关键设备、安全产品等提出强制性要求，这充分体现了我国对网络安全的重视，也标志着从法律层面确立了网络国防基础设施建设的保障制度。2021 年 7 月，国务院发布《关键信息基础设施安全保护条例》，明确了我国关键信息基础设施的范围，确立了保护工作的原则、目标，明确了监督管理的相关责任主体，完善了关键信息基础设施认定机制，标志着我国网络国防建设进入新阶段。

经过多年的努力，我国初步形成了关键基础设施保护的法律制度体系，从顶层的《网络安全法》等权威性基础性法律，到中层的《关键信息基础设施安全保护条例》《网络安全等级保护条例》等，再到基层的各类网络安全标准规范，这些法律规范分别从不同层面明确了网络国防基础设施在国家网络空间安全中的战略地位，并为网络国防基础设施建设和安全保护提供了指导。

2. 加快推进标准制定，完善网络安全标准体系

近年来，我国在网络国防基础设施标准化建设方面进行了大量探索。

一是建立完善标准化组织。2002 年 4 月，国家成立了全国信息安全标准化技

---

[1] 中国互联网协会. 中国互联网发展报告（2021）[EB/OL].（2021-07-13）[2021-07-16]. https://mp.weixin.qq.com/s/H-Zl9avqjJp_zYBcwwuvEQ.

术委员会（以下简称“信安标委”），负责全国信息安全标准化工作。其直属于国家标准化管理委员会，主要负责协调与组织有关标准科研项目的申报及标准的送审、报批和宣贯。

二是建立网络安全等级保护制度。网络安全等级保护是对国家秘密信息、其他组织与公民的专有信息和公开信息及存储、传输、处理这些信息的系统分等级实行安全保护，对信息系统中使用的信息安全产品按等级管理，对发生的信息安全事件分等级响应、处置。[1]《网络安全法》中明确了“国家实行网络安全等级保护制度”。从 2007 年发布《信息安全等级保护管理办法》开始，到 2012 年，我国初步形成了等级保护 1.0 标准体系，形成我国网络安全的重要标准。近年来，为适应新技术的发展，解决关键网络基础设施保护的问题，公安部组织了网络等级保护标准的申报工作。2019 年 5 月，国家标准化管理委员会发布网络安全等级保护 2.0 标准体系。等级保护制度从 1.0 发展到 2.0，标志着我国网络安全等级保护制度不断完善。

三是建立标准实施试点。信安标委通过标准实施试点的举措验证标准的合理性与可操作性。2018 年 11 月，《信息安全技术　关键信息基础设施安全检查评估指南》标准试点工作正式启动，共选取了 12 家国家重要领域网络基础设施的运营单位作为试点对象，邀请相关评估单位和专家指导工作，目的是验证评估指南的科学性、合理性，为网络国防基础设施的安全评估工作积累经验。

3. 组织调查检查，为构建保障体系奠定基础

近年来，国家相关机构开展了针对网络国防基础设施的调查和检查工作。中共中央网络安全和信息化委员会办公室（以下简称中央网信办）于 2016 年对关键信息基础设施的网络安全保护进行了调查和检查，将可能遭到重点攻击的关键信息基础设施作为检查切入点，这些重要设施既涉及金融、能源、电力等关系国计民生的关键领域，也包括关系国家关键事务运转的信息系统和控制系统。通过调查和检查，中央网信办对我国关键信息基础设施的安全状况有了准确了解，对其可能面临的网络安全风险进行了科学评估，摸清了关键信息基础设施的分布和底数，为厘清网络国防基础设施范围、掌握基本防范能力奠定了基础，也为网络国防基础设施建设提供了数据基础和重要参考。除此以外，公安部每年都会在网络

[1] 夏冰. 网络空间安全与关键信息基础设施安全［M］. 北京：电子工业出版社，2020：35.

安全执法行动中对关键信息基础设施的保护工作展开相关调查和检查。这些调查和检查为构建网络国防基础设施保障体系提供了基本信息，并奠定了基础。

（二）我国网络国防基础设施建设面临的问题

虽然近些年我国加大了网络国防基础设施的建设力度，但是与世界网络强国相比，我国网络国防基础设施建设还不完善，尤其是当前网络安全形势日益严峻，高级别、专业化的有组织网络攻击和破坏频繁发生，网络安全事件层出不穷，我国网络国防基础设施抵御风险的能力还有待加强，重要信息系统仍存在漏洞，潜在威胁和风险很大，网络国防基础设施建设依然任重道远。

1. 配套法规仍需完善

尽管我国在关键信息基础设施建设方面已经初步建立了相关法律体系，《关键信息基础设施安全保护条例》也明确了关键信息基础设施的范围及相关保护工作要求，并对关键基础设施运营者的法律责任进行了界定，但对关键信息基础设施的认定只作了笼统的概述，没有列出详细的评判标准。此外，关键信息基础设施安全风险等级尚无具体的判定标准，具体的判定不易把握，不利于保护工作的具体实施。虽然网络国防不同于传统领域国防以“军为主体”，但是军事力量也是其中重要的力量，网络国防基础设施建设必然包括军事基础设施，如何在法律上明确军事基础设施在网络国防建设中的地位，如何通过立法确立军事力量介入网络国防的具体机制，都是需要通过立法解决的问题。

2. 核心技术受制于人

习近平总书记曾强调指出：互联网核心技术是我们最大的“命门”，核心技术受制于人是我们最大的隐患。[1] 网络空间本身就是技术飞速发展的产物，网络基础设施建设也离不开技术的支撑。目前，在网络国防基础设施建设方面，我国自主创新能力不足，与网络安全相关的基础设施的很多核心技术依靠从国外引进，一些信息系统也采用了国外提供的技术和标准，并且对依赖国外企业提供技术服务的产品和设施缺乏有效的安全监测和管理措施，这使得我国的网络安全产品和服务供应链等关键设施存在较大安全隐患。从长久的发展来看，这必然对我国网络

---

[1] 习近平总书记在网络安全和信息化工作座谈会上的讲话［EB/OL］．（2016－04－19）［2020－04－25］．http://www.cac.gov.cn/2016－04/25/c_1118731366.htm.

国防基础设施的建设工作带来极大的威胁。突破核心技术限制，推动自主研发网络安全技术和设施，是提升网络国防基础设施安全保障能力的重要环节。

3. 缺少有效的评估机制和安全计划

尽管我们在标准建设方面做了很多工作，但行业内大多数关键信息基础设施的运营单位还未建立统一、有效的安全评估标准，缺乏完善的关键信息基础设施评估机制。涉及关键信息基础设施的行业没有针对网络攻击制定完善的安全恢复计划，更没有针对攻击事件修订更加完善的防御指南，未明确关键信息基础设施需要保护的重点内容，使得网络国防基础设施缺乏安全评估机制的保证，也影响了安全计划的实施与落实，影响了网络国防基础设施的建设和作用的发挥。

4. 缺少必要的安全风险监测

当前，我们对网络基础设施安全风险特征的理解还不够深入，缺乏网络国防基础设施安全立法，监测预警主体职责缺乏统一协调，对网络攻击事件缺乏完善的监测预警机制，未建立完善的安全风险监测系统，使得黑客攻击和恶意病毒入侵等现象不断出现，且关键信息基础设施遭到威胁后缺少必要的应急响应处理方案。

5. 缺乏共享协同机制

网络空间作为虚拟的人造空间，其开放性、互联性、隐匿性等特点决定了维护网络空间安全必须坚持整体的、开放的、动态的理念。同样，网络国防基础设施涵盖范围广，既有军队的又有地方的，既有政府的又有企业的，既有硬件的又有软件的……其建设也要坚持总体国家安全观，统筹考虑，针对复杂网络和关联信息系统整体安全，建立多种力量有效协同的工作机制。此外，在网络安全方面，威胁信息共享程度较低，没有形成统一的网络安全信息共享机制，而网络安全威胁信息共享是保障网络空间安全的关键要素，只有建立全方位的针对有组织攻击的监测预警体系，联防联控，才能有效防御威胁。

三、发达国家网络国防基础设施建设的特点

网络空间安全威胁是世界各国共同面临的挑战。网络国防基础设施是一个国家网络国防的神经中枢，如果涉及网络安全的重要国防基础设施不能很好地发挥作用，关键信息基础设施安全得不到保障，将会严重威胁国家安全。美国等发达国家及一些国际组织很早就意识到了网络空间安全的重要性，在网络国防基础设

施建设方面也积累了成功的经验。分析发达国家的建设成果，总结先进的经验和做法，有利于我们查找自身的不足，缩小与网络强国的差距，对于提升我国网络空间基础设施建设水平具有重要意义。

（一）出台政策文件，纳入国家战略

美国是互联网最早兴起的国家，也是最早着手制定网络空间安全战略的国家之一。美国的网络空间战略主要涉及两个领域，即关键基础设施的网络安全和军事领域的网络安全，二者都是美国网络国防关注的重点，而美国网络国防基础设施建设的政策关注点也主要集中在这两个领域。

美国网络国防基础设施政策和战略的制定是一个逐步发展和完善的过程。美国政府在 2000 年发布了《信息系统保护国家计划 1.0》，这是美国出台的第一个关键信息基础设施安全保护计划。2013 年美国政府颁布的《增强关键基础设施网络安全》明确了 16 类关键基础设施，要求美国国土安全部提高态势感知、应急协调能力，降低关键基础设施网络安全风险。[1] 2017 年美国政府对关键基础设施保护战略进行了升级，颁布了《加强联邦网络和关键基础设施的网络安全》，明确了不同领域加强网络安全保护的具体措施。2019 年 8 月，美国政府问责署发布的《关键基础设施保护：采取措施应对电网面临的重大网络安全风险》分析了美国电网面临的网络威胁，指出美国电网安全防护的不足，并提出改进建议。美国已把加强网络国防基础设施建设、维护网络空间安全纳入国家战略，建立了比较完善的政策体系，并随着网络技术的发展和国际形势的变化不断调整。

除了上述联邦政府制定的政策文件，美国在军事领域也加强了网络空间安全战略政策的制定。美国军方将网络国防基础设施建设纳入了军队网络空间战略。2006 年，美国参谋长联席会议发布《网络空间的国家军事战略》，其作为美军最重要、最权威的网络空间军事指导性文件，分析了网络空间威胁的普遍性、抵抗威胁的脆弱性，并提出加快推进网络空间军事基础设施建设，构建美国网络空间军事优势的大框架。2009 年 6 月，美国国防部下令成立美国网络空间司令部，这标志着美国正式建立了网络空间军事力量。2011 年 7 月和 2015 年 4 月，美国国防部分别发布了《网络空间行动战略》和《国防部网络安全战略》。此外，美军各军

[1] 高原，等. 国家关键信息基础设施系统安全防护研究综述 [J]. 信息安全研究，2020 (1)：14 - 24.

种也在加紧制定各自的网络空间战略发展规划文件。[1] 从这些政策文件公开的部分资料中可以看出，美军加强网络防御设施、网络进攻设施及网络侦查设备的研发，推进网络国防基础设施建设，为增强美国网络国防力量打下了坚实的基础。

日本高度重视国防基础设施安全，尤其重视关键领域的网络国防基础设施的建设，加紧制定政策，将其保护纳入国家发展战略。2005 年，日本发布了《关键信息基础设施信息安全措施行动计划》，对发展网络国防基础设施、增强关键信息基础设施的安全性作出了明确的要求。4 年后，日本又发布了该行动计划的第 2 版，根据技术的变化和网络空间发展的态势进一步明确了关键信息基础设施保护的基本措施，并决定构建公私信息共享框架。这为日本网络国防基础设施建设相关方开展建设保护工作提供了政策上的指导。日本于 2010 年发布的《保护国民信息安全战略》在加强政府基础设施、社会基础设施和其他基础设施建设方面明确了具体措施。2015 年，日本又对该战略进行了修订，明确了国家、运营者在保护关键信息基础设施时采取的行动和措施。随着网络攻击的日益复杂和技术环境的变化，日本不断对政策和行动计划进行调整和完善。

俄罗斯、加拿大等国也纷纷制定政策，将网络国防基础设施建设作为国家的重大战略内容，并加紧制定针对关键信息基础设施安全防护的政策。俄罗斯早在 1995 年 4 月就颁布了第 334 号总统令——《禁止生产和使用未经批准许可的密码设备》。2009 年俄罗斯又制定并颁布了《关键基础设施防护政策优先方向》《关键网络基础设施安全保护方案》。2013 年加拿大公布了《加拿大网络安全战略之 2010—2015 年行动计划》，该计划总结了加拿大政府开展的网络安全工作，并对网络基础设施建设工作的进度、分工作了详细的安排。2009 年，澳大利亚发布的《国家网络安全战略》对政府如何保护关键信息基础设施免受网络威胁作了详细阐述。可见，很多发达国家都把网络国防基础设施建设作为保障网络空间安全的重中之重，将其纳入国家战略，并在政策层面阐述了提高网络国防基础设施抵御风险能力的策略和行动计划。

（二）健全组织架构，加强统一领导

网络国防是国家防御的一个特殊的、复杂的领域，网络空间的特殊性决定了网络国防与陆防、海防、空防等传统的国防领域不同，其防御对象、防御方式、

[1] 常又天. 美国网络空间安全战略研究 [D]. 上海：上海外国语大学，2017.

防御力量及防御的组织架构等都不是很明确，所以，世界各国都意识到网络国防不是单纯的军事活动，军队只是组织领导体系中的一部分，网络国防基础设施建设也不像传统国防基础设施一样以军队为主体，而是涉及不同力量。各国在坚持国家主导的前提下都建立了相应的组织架构，统一组织领导网络国防基础设施建设。

美国网络国防基础设施建设的领导体制是由美国国家安全委员会统筹的分头领导机制，网络国防建设由美国国家安全委员会统筹规划，建立了从上到下的层次分明、各负其责的三级机构。最高层是领导机构，由美国国家安全委员会负责网络国防建设的总体工作；中间层是美国国土安全部、司法部、国防部三大部门，是网络国防建设的分头主管机构；下层是美国国家网络安全与通信集成中心、联邦调查局、中央情报局、国家安全局、美军网络司令部，它们根据各自的职能任务支撑网络国防建设的不同工作。[1] 在美国的分头领导机制下，三级机构共同负责网络基础设施的安全防护、网络反恐和应对网络攻击，共同维护国家安全。美国网络国防基础设施建设的管理体系设置由美国国家安全委员会主导，多机构参与，基于国家关键信息基础设施信息安全防护，从态势感知出发，实现共享交换、协同监管、标准制定和应急处置等功能。

日本网络国防基础设施的领导管理体系以内阁秘书处为领导机构，以政府部门和社会部门共同参与为基本原则，联防联动，共同管理和处置网络空间重要基础设施。德国的网络国防基础设施建设由德国联邦信息安全办公室领导管理。为快速应对突发事件，德国在重要情报机构、德国联邦警察局等机构设置了各级应急响应小组，建立国家应急管理体系，为国家关键信息基础设施防护提供支撑。

（三）完善法律法规，提供制度保障

世界主要发达国家都非常重视网络国防基础设施建设的立法工作，通过建立健全法律法规为网络国防基础设施建设保驾护航。

美国十分重视网络国防基础设施保护立法，1996—2016 年出台了《国家信息基础设施保护法案》《关键基础设施保护法案》和《联邦信息安全管理法案》等多部法律，以加强网络国防基础设施的建设。通过立法，美国对关键信息基础设施的概念进行了界定，对关键信息基础设施的保护范围及相关责任部门进行了确认，

---

[1] 温百华. 网络国防，美军如何“亮剑”？［EB/OL］.（2017－05－09）［2021－01－05］. http://www.xinhuanet.com/mil/2017－05/09/c_129596175.htm.

明确了各部门的职责，确立了网络国防基础设施建设的信息共享机制，构建了网络基础设施的安全标准体系、安全认证体系、安全评估体系。

日本也非常重视网络国防基础设施建设与保护的相关法律法规的制定。2014年，日本正式通过了《网络安全基本法》，通过基本法明确并强化了关键信息基础设施保护思路。俄罗斯为应对网络国防基础设施面临的安全威胁，也加强完善法律法规，为保护本国网络基础设施安全提供保障。2000年俄罗斯颁布了《俄罗斯联邦信息安全纲要》，这是一部关于关键信息基础设施保护的基础性法律。2013年，俄联邦安全局公布了《俄罗斯联邦关键网络基础设施安全》草案及相关修正案，强调要对关键领域重要信息系统加强保护。同年，俄罗斯又发布了一部针对俄境内的所有互联网供应商的法律草案，要求他们记录所有网络流量数据，并允许俄安全部门接触这些数据。

韩国、澳大利亚等国也纷纷出台相关法律法规，保障网络国防基础设施建设。2001年，韩国颁布《信息与通信基础设施保护法案》，2002—2013年又多次进行了修订。该法案旨在通过制定与实施相关保护措施，确保关键信息基础设施的稳定运行。该法案确立了韩国网络国防基础设施的相关管理机构，明确了其职责，阐述了关键信息基础设施的保护措施、保护指导方针及保护计划。2018年澳大利亚正式发布《关键信息基础设施安全法案》，明确了电力、水利、通信等重要领域的关键基础设施容易受到的威胁，并针对这些威胁提出了安全要求。

（四）开展广泛合作，加强共建共享

在发达国家，虽然关键信息基础设施的管理权属于政府，军事网络基础设施的管理权属于军队，但是主要发达国家普遍认为，网络空间的安全威胁主要针对重要领域的关键信息基础设施，部分威胁来自私营企业主导的网络信息服务系统，所以各国政府在网络国防基础设施建设上进行了广泛合作。

美国专门制定了相关规定和制度，以规范关键信息基础设施领域的军民合作、军政合作、政企合作。美国通过国会立法、签发总统行政令等立法形式，通过推动制定标准、跨领域跨部门合作等多种方式，极力推动国家网络安全大数据共享体系建设，以实现政府部门、国家关键基础设施、企业网络之间的安全信息共享，构建网络安全数据共享国家机制。此外，美国多个政府部门与军队之间也建立了信息共享渠道，如美国国土安全部与军队建立了网络信息安全共享与交换“机读”标准MITRE。通过国家网络安全信息共享机制的建立，美国实现了不同行业、不

同部门的跨领域、跨单位网络安全信息共享，构建了网络安全的整体防御体系。

日本通过建立计算机应急响应协调中心（JPCERT/CC）等组织明确了基础设施提供商和运营商之间的关系，为具体的信息共享和交换提供指导。2013 年 7 月，日本成立了网络防御合作委员会，主要包括日本防卫省和日本民间防卫产业，目的是实现网络攻击信息共享。同年 12 月，日本政府联合电力、铁路等网络基础设施运营商组织了应对网络攻击的大规模训练。

2013 年英国宣布建立网络安全信息共享机制，英国国家通信总局、军情五处、警方和企业均派专家参与建立该机制。一旦出现网络攻击，该机制内百余家企业都能接收到警报并及时应对。以色列则强调了关键信息基础设施领域的合作关系，要求发起者、使用者和第三方监管者共同解决共享过程中的安全问题。

（五）推动标准研制，提升安全保护能力

美国等发达国家都非常重视加强网络国防基础设施标准建设，为网络国防基础设施建设提供了操作性较强的指导。美国历来重视从标准研制等方面提升本国国防基础设施的保护能力，制定了多项关键信息基础设施保护标准。美国第 13636 号行政令要求美国国家标准与技术研究院负责构建网络安全框架，以提升网络国防基础设施的风险防御能力。网络安全框架包括网络国防基础设施建设的指南、标准和关键信息基础设施保护的实施实践。该框架可以为涉及的相关领域提供可操作的信息安全控制指导，协助评估、分析和控制安全风险。

在国防基础设施标准化建设方面，美军不仅建立了信息基础设施建设标准体系，而且非常重视标准的技术规范和指导作用。标准化的信息基础设施建设为网络信息的互联互通与共享奠定了基础。美国建立的军事信息基础设施建设标准属于国防工程标准，美国国防部、各军种、各国防局都确立了在用工程标准，详细的标准对工程质量监督和检查具有重要的指导作用。美国军事信息基础设施建设标准具有体系化、全面化、可操作性强的特点，为美军信息基础设施建设和评判提供了依据。

可见，加强网络国防基础设施建设，增强网络安全风险防御能力是世界各国的共识。为达到这一目的，各国都把网络国防建设作为重大发展战略，建立完善的组织机构，加强统一领导，促进建立共建共享机制，加快标准体系建设，提升本国网络安全防御能力……这些有益的经验对加强我国网络国防基础设施建设具有重要的借鉴意义。

四、我国加强网络国防基础设施建设的策略

建设网络强国必须有强大的网络国防，建设强大的网络国防，网络国防基础设施建设是基础。网络国防基础设施建设是一项复杂的系统工程，涉及政府、军队、企业等多个部门和机构的协调配合。针对我国网络国防基础设施建设核心技术受制于人、安全风险监测机制薄弱、安全防护能力不强、协同合作机制欠缺等问题，我们要迎难而上，适应互联网发展的形势，借鉴发达国家的经验和做法，结合我国的具体国情，理清存在的问题，清醒地看到差距，制定全局性的战略对策。

（一）做好系统规划，制定总体发展战略

网络国防基础设施建设需要国家总体统筹，进行顶层设计。作为世界网络大国，我国的网络国防基础设施建设需要战略支撑。对于网络国防基础设施建设，尽管我国《网络空间安全战略》和《纲要》等战略性文件都有所涉及，这些网络国防基础设施建设的纲领性文件也成为我国进行网络国防设施基础建设的基本遵循，但是还需要进行系统规划和整体设计。《关键信息基础设施安全保护条例》对涉及国家重要行业和领域的关键信息基础设施保护做了详细的规定，而网络国防基础设施还包括军事信息基础设施及其他遭到破坏后可能危害国家安全的一切网络基础设施，其建设涉及领域较多，需要从国家层面加强战略规划，进行统筹安排。

1. 加强组织领导

建设网络国防基础设施，需要在国家网络国防基础设施建设领导机构的统一领导下，建立党、政、军、企、民等多机构、多部门协调配合的统一领导机制，加强统一指挥，促进资源优化配置，协调解决网络国防基础设施建设中的难题。要明确各部门在领导体系中的权力配置、职责任务，对各种力量进行整合，构建集中统一、分工明确、责权一致的组织领导机构。

2. 完善法律制度

近年来，我国虽然加大了网络空间立法的力度，颁布了《网络安全法》《关键信息基础设施安全保护条例》等基础性法律法规，但是现有法律对于网络国防基础设施认证缺少权威的界定，网络国防基础设施的标准化立法还有待加强。同时，

随着网络技术飞速发展和网络空间安全形势日益严峻，已有的法律法规也会逐渐表现出局限性，要根据新的网络安全形势和安全事件不断加以完善。首先，要加快网络国防基础设施建设的相关立法。要根据信息技术的发展和网络空间发展态势，与时俱进地做好立法，为网络国防基础设施建设提供保障。其次，要加快细则的制定与实施。加快制定网络国防基础设施标准认定、安全控制等制度，为网络国防基础设施建设提供具有可操作性的指导。法律法规建设可使网络国防基础设施的识别认定、安全审查等有章可循。

3. 规范建设秩序

严格落实网络国防基础设施建设的规划和规范。按照相关法律法规和规范规定，将网络国防基础设施建设的各方力量和资源纳入国家网络国防建设体系，政府部门、企业及公共机构的网络安全防御基础设施和军队网络安全防护设施等的建设应严格按照相关法律法规进行，同时，各部门在建设中要做好网络国防基础设施和其他网络基础设施的共建共享，创新建设模式，避免资源浪费。

（二）突破建设瓶颈，加强核心技术攻关

国家应进一步加快制定和落实自主创新政策的步伐，建立完善有利于科研技术自主研发的配套机制，为网络国防基础设施核心技术研发提供可靠的保障。

1. 加快核心技术的自主研发进程

目前，我国部分网络基础设施还依赖国外进口，必须加快自主研发核心信息技术的进程，研制出我国自己持有专利的信息技术，并结合我国国情和网络空间面临的形势研究专门的保护技术措施，加强我国网络安全监测、预警技术平台建设，构建安全可控的网络技术体系，加强网络安全认证体系建设，尽量减少和降低对国外网络技术与产品的依赖，推动网络国防基础设施建设的国产化进程。

2. 提升网络国防基础设施技术水平

要加强网络国防基础设施安全保护系统建设，不断强化网络、主机、平台等网络国防基础设施的防护水平；要提高网络国防基础设施的安全保障水平，加强军队、政府、企业、公共机构等网络安全专业技术部门之间的深度合作，建立网络国防基础设施的安全态势感知平台、信息共享平台；要科学合理地使用网络攻击防护、数据信息安全等重要技术，加快与网络国防基础设施保护相关的技术产品的研发，切实提升网络国防基础设施技术水平。

3. 建立有利于技术研发的保障机制

网络国防基础设施建设是融软硬件于一体的国家网络安全防御体系建设。无论硬件建设还是软件建设，都需要人才发挥重要作用。网络国防基础设施建设的核心是人才，人的智力因素在技术研发中发挥着重要作用。要完善人才选拔、引进机制，依托国家重大科研项目、工程等选拔、培养技术人才。加强网络国防基础设施威胁监测、预警应急处置、安全防护、追踪溯源等方向的重点人才引进，制定人才队伍建设发展规划，制订人才引进激励措施，大力吸引高层次、高技术人才，为网络国防基础设施建设提供人才保障。要加快完善激励机制，加大对网络国防技术研发的人才和资金支持力度，为技术研发提供有力的物质保障，提升我国网络国防基础设施产品开发、技术研发的自主可控水平。

（三）把握建设重点，完善相关制度机制

网络国防基础设施建设的主要目的是及时发现网络风险与威胁，有效应对攻击破坏，维护重要网络基础设施的安全。在建设过程中，要加快建立相关制度，完善保障机制。

1. 加强网络国防基础设施安全审查

首先，要加快网络国防基础设施相关标准建设，建立网络国防基础设施领域统一有效、具备可操作性的标准体系，建立网络国防基础设施统一的、完善的认证标准、等级保护标准、安全评估标准等，针对攻击事件制定完善的防御指南，完善事后安全恢复计划。其次，要加强对关键网络设备和网络安全专业产品的定期检查、监测和认证，确保网络国防基础设施建设按照国家标准进行。再次，网络国防基础设施建设工作要与国家网络安全等级制度有效衔接，依据网络安全管理的具体要求组织网络国防基础设施建设工作。最后，要加大网络安全产品和服务的审查力度，严格审查购买网络产品的过程，对其产生的数据信息、服务与产品的可控性和供应链的安全性加强检测与评估，确保网络国防基础设施的安全性。此外，要扩大网络国防基础设施安全审查的范围，特别是对于来自国外的相关网络基础设施，审查要最大限度覆盖相关的产品、服务、设备。

2. 完善网络安全风险评估机制

完善的网络安全风险评估机制可以快速确定安全威胁来源，并能通过深入分析快速监测、预警威胁，以采取有效应对措施防范攻击。所以，应该借鉴网络强国的安全风险评估机制建设经验，建立实时监控的风险评估机制，使相关机构通过监控与评估及时发现潜在的威胁，并确认威胁是否成立，以便快速、主动采取防范措施，防止或者减少破坏结果扩散。此外还要建立动态防护模式。网络威胁无处不在，网络攻击随时可能发生，加之网络节点众多，数以千万计，只有实施动态监控防护，才能真正发挥网络国防基础设施的安全监控与防护作用。在进行安全评估后要建立安全防御体系，结合评估结果制订管理和技术方案，通过相应监测手段查找安全隐患，确保及时有效应对威胁，维护网络基础设施安全。

3. 完善网络国防基础设施管理体系

首先，加快完善网络管理制度体系。应用最新信息技术和设备，加快基础设施的更新换代。建立健全 IP 地址管理制度体系，规范入网申请、使用和管理；规范网络域名注册和信用制度，建设自主可控的域名系统；明确相应管理部门的职责和权利，加强对网络安全相关产品、技术、服务的规范管理。其次，加强网络安全防范应急管理体系建设。通过加快网络安全威胁发现、监测预警、应急指挥平台建设，提高网络安全事件应急处置能力。加强网络安全事件应急演习演练，模拟关键信息基础设施遭到入侵、攻击的场景，检验、提升网络国防基础设施的安全防护和应急处置能力。

（四）拓宽建设路径，推动军民融合共建

网络国防基础设施建设是一个系统工程，需要跨领域、跨部门协作，仅凭一个部门是无法完成这一庞大工程的。应借鉴美国等网络强国的成功做法，探寻军政融合、军企融合、政企融合等多种合作建设路径，建立国家总体安全防御体系。网络安全信息的汇聚、共享和流动是保障网络国防基础设施建设的关键，要建立包括政府、机构、企业等相关部门的网络信息共享机制，加强联防联控，实现对网络威胁的全方位动态监控、追踪及反制，以便及时作出安全预警，有效降低攻击威胁，建立由政府主导、相关单位共同参与的网络国防基础设施建设协同合作机制，保证重要领域网络基础设施的稳定运行。同时，可以借鉴发达国家的成功经验，加强军民融合共建，遵循“国家主导，以军带民，民为军用”的原则，在国家和军队的相关机构之间建立网络安全信息应急协调小组，明确政府、军队及企业等相关部门的责权，实现信息共享，建立完善的协作机制，采用军民兼容、合建合用的办法，全面落实军民融合战略。

第六章　网络国防科技建设

当今数字时代，科技发展水平在全球国力竞争中的地位日益突出，谁掌握了关键核心技术，在某种程度上谁就掌握了综合国力竞争的主动权，站在了军事制高点。国防科技是国防和军事装备的基石，事关国家军事核心竞争力，在国家安全中占据很高的地位。网络国防技术是国防科技的重要组成部分，代表着国防科技发展的尖端水平，引领着网络空间国防的建设发展，是捍卫网络空间安全和国家安全的“王牌”和“底牌”。建设网络国防，只有掌握网络国防科技的关键核心技术，才能有效维护国家在网络空间的安全，在网络空间国际竞争和战略博弈中赢得主动权。

一、网络国防科技建设概述

网络国防科技是维护国家网络空间安全的法宝，是打赢网络空间战的制胜密码。加强网络国防科技建设，首先要明确网络国防科技的内涵与特点，理解网络国防科技的地位与作用，弄清网络国防科技建设的理念与原则，才能开展精准靶向建设，提高建设效益。

（一）网络国防科技的概念

网络国防科技是国防科技的重要组成部分，是国防科技在网络空间的具体运用与实践。要界定网络国防科技的概念，首先要明确国防科技的概念。

1. 国防科技的内涵

国防科技是国家直接用于国防目的的科技装备的总称，是国家科技的重要组成部分，是实现国防现代化的关键。其主要任务是组织各种武器和军事装备的研制和改进，既为国防部队提供现代化武器和技术装备，又重点装备常备部队。

就范围而言，国防科学技术是以实现国防目的为准则的自然科学和各种工艺技术的总称，主要包括国防科学技术基础理论、国防工程技术、军事系统工程及武器装备研制、试验生产、使用维护技术等。

从历史上看，国防科技是在国家出现后为满足国防和战争的需要而产生和发展起来的。二战结束时，美国率先使用核武器，标志着人类进入核武器时代。此后，为维护国家安全，美国和苏联展开了核军备竞赛，核武器成为两个超级大国的国防科技研究与开发的一个重点。20 世纪 80 年代，随着以信息技术为基础的高新技术的迅猛发展和广泛应用，战争形态开始向信息化战争发展。一些国家开始围绕打赢信息化战争开展国防科技研究，发展国防科技工业。

从研究活动的类型及发展阶段看，国防科技作为一种创造性的社会活动，主要指与国防科研相关的一系列工作。按照国际科学研究结构的分类，国防科学研究包括基础研究、应用研究和发展研究。美国将国防研究分为五个方面，即理论研究、探索性开发、早期开发、工程开发和作战系统开发。我国将国防科技活动分为三个方面，即国防预研、模型开发、测试和评估。

2. 网络国防科技的内涵与特点

网络国防科技是网络国防活动中生产、制造网络国防设施设备所依托的科学理论、技术方法和组织实施流程。科学理论主要包括信息论、控制论、计算机理论、人工智能理论和系统论。技术方法主要包括计算机技术、通信技术、网络技术、信息技术、网络安全技术、数据库管理技术、系统集成技术、调制解调技术、加密解密技术、人工智能技术等。网络国防科技重点研究电子芯片、传输系统、操作软件、多网络集成、安全溯源、应急响应、应急恢复和备份、网络攻击和网络防御等网络及相关技术。组织实施流程是指将网络国防科学理论与技术方法通过一定的组织程序运用于网络国防实践的过程。

2018 年美国计算机学会举办的 ACM SIGCSE 国际会议对网络空间安全学科知识体系（CSEC2017）进行了梳理，将数据安全、软件安全、组件安全、连接安全、系统安全、人员安全、组织安全和社会安全八大知识领域纳入网络安全学科知识体系。这八大知识领域可以分为四个层次，从低到高分别是第一至第四层次：第一层次包括数据安全、软件安全和组件安全知识领域；第二层为连接安全知识领域；第三层次为系统安全知识领域；第四层次包括人员安全、组织安全和社会安全知识领域。层次较低的知识领域属于基础知识领域，层次较高的知识领域接近于现实世界的知识领域。数据安全是最基础的知识领域，社会安全是最现实的知识领域。最高的第四层次的三个知识领域属于人文社科知识领域，其余五个知识领域属于工程科技知识领域。[1] 网络国防科技主要集中体现在这些知识领域。

网络国防科技具有以下几个特点：

第一，迭代性。技术迭代是指通过技术创新，新兴技术替代传统技术。信息技术的高速发展特性决定了网络国防科技具有迭代性。从整体上看，伴随着信息网络技术的发展，网络国防科技经历了三次大的迭代发展。1981 年，全球第一台个人计算机诞生，标志着网络国防科技进入以数字化为主要特征的自动化阶段，解决了信息处理问题。1992 年，美国提出“信息高速公路”的概念，国防科技进入以互联网应用为特征的网络阶段，解决了信息传输问题。2010 年前后，随着数据资源越来越丰富、计算能力越来越强大，网络国防科技进入以数据驱动的智能应用阶段，解决了信息爆炸问题。在网络科技发展过程中，技术升级速度越来越快，升级周期越来越短。每一次迭代都引发了新技术的井喷式发展。例如，互联网行业的摩尔定律认为芯片性能每 18 个月翻一番，芯片体积逐渐小型化，速度提升，功能变强；吉尔德定律认为网络带宽每 6 个月增长一倍。1997 年我国的国际出口带宽是 25M，截止到 2020 年 12 月为 11 511 397M。[2] 带宽的激增使人类的生产和生活方式发生革命性变化，量变的积累引发质变，政治、经济和军事活动全部被纳入网络空间。[3] 勒索软件入侵能力的革命性升级源于内部技术迭代。20 世纪 90 年代开始出现计算机病毒，受害者感知程度高，短期内社会影响力大；随后出现了以信息窃密为主的恶意软件，受害者感知程度低，社会影响力有限；如今则发展为既有传播效应又有窃密能力的勒索软件。[4]在网络国防建设中，网络作战武器装备升级换代加快，不断有武器装备通过快速验证、快速列装而得到应用，这也反映了技术的迭代性。

第二，战略性。网络国防科技的战略性是指网络国防科技的发展不仅关乎国防和军队现代化建设，而且关乎战争胜负与国家安全。网络国防科技代表着网络科技发展最前沿、最敏感的方向，引领着网络国防武器装备的发展，决定着网络国防军事力量的建设与运用，牵引着战争形态的演变和作战方式的变化。随着网络在军事上的广泛应用，掌握网络控制能力已成为赢得战争的重要因素。那些控

[1] 秦艳锋，奚琪，彭建山．创新型网络安全人才培养探讨［J］．网络军民融合，2019（4）：64－65.

[2] 陈微．2020 年中国 IP 地址数量、域名数量及国际出口带宽数量统计［EB/OL］．（2021－02－19）［2021－08－10］．https://www.huaon.com/channel/trend/688715.html.

[3] 郝叶力．大国网络战略博弈与中国网络强国战略［J］．国际关系研究，2015（3）：4.

[4] 赵子鹏，张奇．解读重大勒索攻击事件下的网络安全态势及应对［J］．中国信息安全，2021（6）：64.

制互联网的人将掌握战争的控制权，能够阻止敌人的渗透、破坏和在线攻击。否则，由于敌人对互联网的破坏、入侵和占领，机密信息和情报将被泄露，国家和军队的行动自由将丧失，从而造成不可估量的损失。人类战争史上第一次大规模网络作战行动出现在科索沃战争中。南斯拉夫利用各种计算机病毒和有组织的黑客进行网络攻击，导致北约部队部分网络系统瘫痪了一段时间；北约也向南斯拉夫军事网络系统注入了大量病毒和误导性信息，导致其防空系统瘫痪。互联网已成为攻击和骚扰敌人的主要场所，其中电子图像、公告牌和黑客攻击等网络武器发挥了关键作用。

随着世界主要军事强国加快网络科学技术的军事应用，各国均力图在网络空间军事竞争中取得优势，对维护网络空间安全、加强网络国防建设提出了新的要求。在5G技术的推动下，互联网与物联网必将高度融合，联网节点数量的不断增加使全面的网络防御更加困难，而5G技术以其高带宽、低延迟等特点使进攻方可以更加迅速地实现攻击目的。网络战的威力愈加凸显。谁掌握了先进的网络国防科技关键技术，谁就将获得军事竞争的战略主动权。

第三，增值性。增加值是通过产品生产和投入的比率衡量的。网络国防科技的增值性主要体现在网络国防科技产品生产中的低消耗、高产出和高附加值。据国际电信联盟统计，一个国家的通信投资每增长1%，人均国民收入就会增长3%。科技资源是一种可重复利用的消耗性资源，成本相对较低。一开始，网络国防科技研发需要投入大量的平台建设设备和先进技术，以保证平台的正常运行，但当使用达到一定水平时，边际成本会迅速降低。在网络国防科技产品的生产和使用过程中，在网络国防科技产品的生产和使用过程中，一方面，由于先进信息技术的广泛使用在一定程度上减少了人力与物资等的投入，从而降低了生产成本，另一方面，由于网络国防科技产品具有可重复使用性，使用的人越多，产品的成本相对越低。

第四，渗透性。网络国防科技的渗透性是指网络国防科技的发展不仅能从整体上带动网络国防建设的发展，也能渗透到国防建设的各个方面，提高国防建设效益，还能渗透到国家经济社会的各个领域，提升国家治理能力与治理现代化水平，提高国家综合国力。网络国防科技的渗透性表现在两个方面：一是网络国防科技在国防建设各个方面的渗透。从宏观上看，网络国防科技能够影响和渗透到国防发展战略及其目标的各个系统。从微观上讲，网络国防科技能够影响和渗透到具体的国防设施，甚至改变战略战术和战争形式。网络国防科技能够渗透到构成战斗力的各个方面和各种要素中。它不仅能够提高军人的素质和现代战争意识，也能物化到武器装备中，形成新的战斗力。网络国防科技的影响力和触角已经辐射和伸向国防建设的各个方面，成为影响国防建设的物质技术基础、军队的编制体制、训练、作战方式及战争结局的重要因素。二是网络国防科技对其他行业甚至整个社会的渗透。网络国防科技具有很强的军民两用性，可以直接用于民用部门。例如，在工业生产中，通过数据采集，可以全面、深入地了解生产对象，提高工业机器人与流水线设计和所形成工件的对应程度，从而大大提高生产效率。在国家治理层面，随着信息技术的推广应用，以 5G 基础设施建设为核心，以大数据、物联网、云计算、区块链和人工智能产业集群为代表的新一代科技成果为国家治理体系搭建了物质技术平台，提升了国家治理体系和治理能力现代化水平。

（二）网络国防科技的地位与作用

网络国防科技是推动网络国防建设发展的根本动力，是网络空间大国战略博弈的坚实支撑，是国家科技实力跃升的推动力量，在维护国家网络空间安全、维护国家主权、安全与发展中发挥着建设性作用。

1. 网络国防建设发展的根本动力

任何一项网络国防建设活动的开展都会经历从概念、原理、技术，到装备、训练，再到产生战斗力的过程。对某个事物的原理有了深刻认识之后，产生科学技术，再把科学技术运用于网络国防实践，形成装备；装备经过不断训练验证战斗力生成效果，通过训练使其更好地发挥科技性能，产生战斗力；技术成熟后可以产业化，从而提高战斗力。可见，在网络国防建设活动中，技术是各项建设活动的起点，是网络国防建设发展的源动力。网络空间每次技术创新都会引起网络国防建设活动的变化。网络防御技术是网络防御建设特别是武器装备发展的物质基础。任何武器装备都是基于某项科学技术而存在的。网络国防科技为新型武器装备的研发提供了物质基础。网络国防技术的创新发展将引导网络国防工业的发展，决定网络国防工业主体的基本问题，如生产目标、生产数量、生产过程，将影响网络国防工业的发展质量。网络国防科技发展呼唤高水平的网络国防科技人才，对人才培养提出了更高要求，影响着人才培养的数量与质量。

科学技术是军事发展中最具活力和颠覆性的因素。每一次重大的科技建设和创新都会给战争的形式和方式带来深刻的影响。网络国防科技创新发展将推动旧作战能力体系要素消失，推进新型作战能力体系要素建设，深刻影响人与武器的结合，催生新型作战力量，优化作战要素功能，丰富作战要素内容，使作战能力发展具备新特点。每一种新武器装备的出现都旨在提供有效的防御或反制手段。这种战术或技术对抗要求网络国防科技的发展能够带来更先进的武器，有效地对抗敌人的先进武器，从而打败敌人。

2. 网络空间大国战略博弈的坚实支撑

数字时代，网络空间日益成为大国博弈的主战场，技术成为影响大国博弈的决定性因素。“震网”（Stuxnet）是一种席卷全球工业界的病毒，它包含极其复杂的恶意代码，可以远程控制计算机监控系统，被形象地称为“网络战中的导弹”。网络空间战略博弈是中央网络基础设施技术、网络系统应用服务技术和实用网络攻防作战技术的综合竞争，重点发展电子芯片、传输系统、作战软件、多网络集成、安全追溯、应急响应、灾难恢复与备份、网络攻击、网络防御等技术。网络空间战略博弈与斗争最基本的组成部分是网络国防技术。没有技术支撑，网络国防就是空中楼阁；基础不稳固，就会被他人控制。

从当前的国际竞争来看，谁拥有 IP 地址分配、域名解析、通信干线、硬件制造和软件开发、技术理念等网络实体基础设施或技术优势，谁就能够控制互联网。西方一些国家利用自身的技术优势，企图控制互联网，掌握技术标准的制定，通过对别国发动网络攻击谋求在国际竞争中的主动权，限制、压制甚至破坏别国的数据自由流动；其依靠先进的信息技术和数据分析技术检测他国计算机系统的指令和网站，利用地球同步卫星窃取各种信息和通信数据，甚至使用网络战武器进行攻击。

从世界科技革命和军事革命的发展来看，国防科技创新成为军事实力战略博弈的焦点。世界主要国家在网络国防科技领域的竞争越来越激烈，美国、俄罗斯等军事强国正在加大对先进颠覆性技术的国防科技战略投入，想要在国际战略竞争和军事竞争中取得领先地位。随着不断涌现的新技术融入网络，网络空间战略博弈技术要求越来越高，升级越来越快，呈现出高新技术广泛融合的趋势。一个国家只有掌握网络国防科技的前沿技术，站在网络国防科技的制高点上，才能在博弈中获得战略主动权。

3. 国家科技实力跃升的推动力量

国防科技具有较强的军事技术溢出效应。国防技术与知识一经产生与应用，就会逐渐扩散到其他工业部门，或者从军事部门扩散到民用部门，从而带动其他部门、地区以至国家的科技进步。网络国防科技主要集中于尖端、前沿领域，与民用科技相比具有明显的技术优势，整体技术水平位于“高、精、尖”层次，在国家技术领域处于第一梯队。网络国防科技特别是军民两用技术的开发及在民用领域的转化可以带动国家网络科技水平更快提升，从而助推国家科技实力的增强。例如，我国工业和信息化部办公厅发布的《军用技术转民用推广目录（2018 年度）》中列出了一部分军用转为民用的设备和技术，如 32.56Gbps 高速连接器、第二代砷化镓微波毫米波军民两用芯片制造技术等。[1] 先进的网络防御技术有助于加快相关产品的开发，有效提高军民信息技术水平，满足设备信息化、数字化需求，促进我国网络信息行业发展。网络国防科技本身需要较强的技术研发能力，需要专业知识和技能的支持，从而产生较强的技术与信息累积效应。利用地方企业对网络科技的刚性需求，发挥国防科技的溢出和扩散效应，有助于实现网络科技的集群化发展。

（三）网络国防科技建设的理念与原则

网络国防科技建设是为应对网络空间的战争威胁和安全挑战，围绕维护网络空间安全利益和网络空间控制权而进行的一系列战略性、主动性、预置性、对抗性科技建设活动和相关行动。作为国防科技建设不可或缺的一环，网络国防科技建设既遵循国防科技建设活动的一般规律，又有自身的特点。

1. 坚持体系性发展

网络国防科技建设是一项系统工程，主要由战略规划、创新环境、制度建设、人才培养、科技布局等要素组成，它们相互联系、相互作用、矛盾运动，形成网络国防科技体系。只有多方共同发力，把各种要素有机整合，进行体系性建设，才能取得良好的建设效益。

网络国防科技战略规划规模宏大，涉及的学科多，牵扯的领域广。在编制规划时要特别注意研究战略问题。战略研究是整个规划的核心和基础，思路清晰、重点突出和富有成效的战略研究报告将对规划工作起到重要作用。要遵循科学、民主的精神，充分听取各方意见和建议，发挥专家作用，建立专家咨询机制，保

[1] 两部门关于印发《军用技术转民用推广目录（2018 年度）》的通知［EB/OL］.（2018-12-05）［2020-10-02］. http://www.gov.cn/xinwen/2018-12/05/content_5345980.htm.

证规划工作的科学性和可行性；要密切关注国家科技发展规划和国防科技战略规划，做好衔接和协调，努力将网络国防科技战略规划中的重大科技工程纳入国家重大科技工程。必须重视和补充与国防网络相关的一些关键科技领域，支持信息技术学科基础建设。网络国防科技布局时要充分考虑战略规划，既要从国家国防建设发展的整体着手布局，也要着眼于作战区域的需要布局。网络国防科技制度包括管理体制和法制等制度。网络国防科技管理体制是一个国家网络国防科技工作开展的组织形式、职能分工与内在工作关系的总和。网络国防科技法制是国家网络国防科技工作开展的法律依据，是网络国防科技相关领域的基本法规规范，调整和规范国家网络国防科技领域的各种关系，把网络国防科技建设纳入法制化轨道。网络国防科技制度是网络国防科技建设的制度保证。网络国防科技人才队伍建设是指培养网络科技领域具有相关专业素养并为网络国防发展作出积极贡献的人才，包含人才引入、人才投入、人才培养、人才开发等，是网络国防科技建设的人才支撑。在人才培养方面，要完善人才培养、使用和考核制度，尤其是确定科学的考核周期，减少对专业工作的干扰，避免对专业人员工作的过度评价。要完善军事技术合作计划和科技人才交流政策，不断解放和激发网络防御领域科研人才的创造力。只有相关要素融合发展，才能推动网络国防科技建设高质量发展。

2. 坚持非对称性发展

网络作战具有对抗性。相关武器装备研发作为直接为网络国防、网络战争服务的知识创新和技术创新活动，是一类重要而特殊的科技创新活动，一般也具有对抗性特征，即始终瞄准直接或潜在敌对国家（或国家集团）的网络国防科技水平。与其他领域的国防建设活动一样，网络国防科技建设也是国家行为，集中体现了国家意志。因此，不同国家和地区的网络国防科技领域的专家和同行之间实际上存在着一种对抗性的竞争关系。为了在竞争中占据主动，对抗的双方都会积极发展力求超越对方的技术与装备。例如，针对网络中心战理论及具体装备与技术，与之可能产生对抗的国家在进行网络国防科技建设时就需要选择或至少要体现破击理论及相关装备与技术。例如，美军 2021 年开展的“红旗 21-1”演习（网络空间模拟作战演习）、北约 2021 年举行的“锁定盾牌”演习等，将左右其武器装备与网络国防科技的需求、创新与发展。

网络作战也呈现出非对称的特征。网络空间参与门槛低，恶意攻击者拥有明显的非对称性优势，网络攻击的开展变得非常容易。无论强国还是弱国，甚至非国家行为体或个人，当其在某个方面获得高水平的技术能力时，其非对称性优势都非常明显。网络攻击行为往往具有很强的隐蔽性，通常不会直接导致人员伤亡，各国对网络攻击的反应也与遭到武装攻击有所区别，这在一定程度上降低了发动网络攻击的风险，导致在发动实兵攻击之前把网络攻击作为试探性进攻的可能性有所增加。在网络空间作战中，除了军事信息网络，民用移动通信网络、国家电网也会成为受到攻击的对象。网络攻击可以摧毁或控制敌方的商务、政务体系，导致国家信息基础设施全面崩溃。网络攻击的发动者更加广泛。网络空间与物理空间不同，网络武器与常规武器也不同，其民品特征远比军品明显，往往能够规避常规武器交易面临的一些实际困难。网络空间的虚拟性和无限广阔性决定了任何国家、地区、企业甚至个人都可以以某种方式获得网络攻击的能力。这种对抗性与非对称性的特点，要求网络国防科技必须紧盯前沿发展，以谋求非对称性优势。

3. 坚持军民融合发展

军民融合是国防科技创新发展的根本途径。当今数字时代，民用领域的一些技术已经优于军事领域，如人工智能、大数据、通信网络、电子元件、传感器、仿真、材料与工艺、无人系统等。研究表明，我国民用微电子产业总体技术水平领先于军用微电子领域。通过民品的规模化生产和稳定的工艺流程，不仅可以保证军品的产量和质量，而且可以盈利。面对这一形势，很多国家已经开始放弃军民分离的科技发展模式，加快建立军民融合体系，促进防务网络深度科技创新，并把军民两用和军民融合作为推进网络国防科技创新的重要组织形式，特别注重在军事领域引进民用高新技术，从而降低武器装备的研制成本，提高国防和军队建设的品质和效率。军民融合作为一种争取主动、实现超越的战略方式，可以整合国家科技资源和力量，提高军民协同创新能力。

坚持军民融合，一要注重完善网络技术在军民之间的双向转化机制。军民科技协同创新的重要突破点是打破军民之间的制度藩篱和部门利益壁垒，整合优化国家网络科研资源与研究力量，完善军民信息技术双向互动转化机制，促进资金、技术、人才等要素在军民之间的顺畅流动。二要注重健全军民科技协同创新的政策法规。政策法规是促进军民网络空间技术转移、加速推进军民在网络空间科技协同创新的重要保障。很多国家都非常重视用政策法规激励军民在网络国防科技领域的协同创新，尤其注重完善专利和知识产权制度，制定了比较完备的军民共用技术研发法规体系。

二、我国网络国防科技建设的实践

经过多年的发展，我国的网络基础设施建设已经处于世界领先水平，顶级域名与 IP 地址保有量、网民数量、移动互联网数量均位居世界第一位，数量保持领先，但是仍存在质量上的不足。我国互联网在民用领域的发展有目共睹，但核心技术尤其是国防科技领域的核心技术受制于人，未来还需着力攻克关键核心技术，争取在新一轮科技革命中有所突破。

（一）我国网络国防科技建设的探索

近年来，我国网络国防技术创新发展取得了重要进展，可信计算、拟态防御等安全理念逐步成熟并得到应用，覆盖预测、防护、检测、响应等各环节的网络安全产品和服务体系日渐完善，安全编排和自动化响应、动态防御等新应用落地，网络安全人才竞赛和培训的开展如火如荼，技术创新生态逐步构建。

1. 制定科技发展规划，助推网络国防科技发展

随着网络空间安全形势逐渐变得严峻和复杂，国家高度重视网络国防科技建设，先后在一系列规划中着重发展与网络安全技术相关的基础技术、前沿技术、颠覆性技术，对我国网络国防科技建设起到了推动作用。2006 年，《国家中长期科学和技术发展规划纲要（2006—2020 年）》公布的国家科技重大专项中，涉及网络的科技项目有极大规模集成电路制造装备与成套工艺专项、高端通用芯片及基础软件产品专项、核心电子器件、新一代宽带无线移动通信网专项。这些重点项目的实施极大了促进了我国网络国防科技相关领域的发展。2016 年，《“十三五”国家科技创新规划》将宽带移动通信、基础软件、高端通用芯片、核心电子器件、集成电路装备等列为重大科技项目和工程，为提升我国网络安全防御水平提供技术支持。

为了达到《网络安全法》“支持网络安全优先产业和项目计划，支持网络安全技术研发和运用”的要求，国家互联网信息办公室与科学技术部根据当前网络安全发展现状共同制定了专项研究方案，旨在加强国家重要信息基础设施和数据安全。该方案支持网络空间可靠管理和数字资产保护目标，重点加强网络空间保护综合能力，并确定了一批优先发展的科研方向。2021 年 3 月 12 日，《中华人民共和国国民经济

和社会发展第十四个五年规划和 2035 年远景目标纲要》[1] 正式发布，强调要“加强网络安全关键技术研发，加快人工智能安全技术创新，提升网络安全产业综合竞争力”。这些战略规划等的颁布使我国的网络国防科技建设走上了快车道。

2. 多方发力，建设良好网络国防科技生态环境

为了有效实施网络国防科技发展规划，近些年，国家有关部门发布了一系列政策、标准及文件，如《信息安全技术　网络安全等级保护测评要求》《关键信息基础设施安全保护条例》。针对细分领域，国家制定了各种规划和战略部署，发布了《加强工业互联网安全工作的指导意见》（工信部网安〔2019〕168 号）、《5G 应用“扬帆”行动计划（2021—2023 年）》（工信部联通信〔2021〕77 号）等指导性文件。可见，增强网络安全能力被认为是维护国家多个领域网络安全的重要手段。

为加强对网络安全技术研发和应用的支持，科学技术部、工业和信息化部和其他部委在“十三五”国家研发计划中优先考虑网络安全项目。国家将投资 13 亿元人民币，部署科研任务 47 项，旨在构建一套基本独立可控的网络空间安全核心技术体系。教育部也在制定创新的网络安全培训模式，加强一流网络安全学科建设，并会同有关部门印发了《关于加强网络安全学科建设和人才培养的意见》，启动一流网络安全学院示范项目建设[2]，为网络国防建设提供人才支持。中央经济工作会议提出了 2022 年的七项重要政策，明确科技政策要落实到位；通过了关于落实科技体制改革三年行动计划的具体规定，以增强国家战略科技实力，发挥企业创新的主导作用。

3. 不断研发网络安全核心技术，助推网络国防科技水平提高

近年来，我国抓住信息技术革命带来的发展契机，积极布局，大力发展网络信息技术，努力缩小与发达国家的网络国防科技水平的差距。我国网络信息技术发展势头迅猛，智能技术、通信技术处于领先水平。这是我国网络国防科技发展的基础和依托。大数据战略实施以来，我国加快了数据安全立法的进程，数据管理、交易、安全能力等方面的技术不断增强。随着云计算的普及，云安全技术快

[1] 《中华人民共和国国民经济和社会发展第十四个五年规划和 2035 年远景目标纲要》[EB/OL].（2021-03-13）[2021-11-28]. http://www.whwips.com/upfile/202103/2021031444338569.pdf.

[2] 王胜俊. 全国人民代表大会常务委员会执法检查组关于检查《中华人民共和国网络安全法》《全国人民代表大会常务委员会关于加强网络信息保护的决定》实施情况的报告 [EB/OL].（2017-12-15）[2021-09-19]. http://npc.people.com.cn/n1/2017/1225/c14576-29726949.html.

速发展，纵深防护体系和结合人工智能的大数据安全分析是当前研究的主要方向。我国的5G技术处于世界前沿，研究主要集中在设备漏洞、抗网络攻击、网络协议和网络切片、边缘计算、5G与物联网、5G与工业互联网等领域。在车联网安全方面，清华大学、北京邮电大学、电子科技大学等团队从系统、应用、数据、网络等方面展开了研究。腾讯安全科恩实验室、百度、奇安信科技集团股份有限公司等企业均具备较强的技术实力。

我国在一些关键技术上取得了重要进展。例如，在超级计算机中央处理器（CPU）的架构设计上有所突破，提升了服务器CPU和台式计算机的功能、效率和可靠性，操作系统、数据库和办公软件等攻克了嵌入式CPU和智能终端操作系统高性能、低功耗等关键技术。为适应云计算和大数据发展趋势，我国将开展操作系统等重要基础软件的研发，基本形成基础电子设备的自主开发能力，自主研发高端通用芯片和基础软件产品，改变我国基础信息产品在安全性、可控性和独立保修方面的不利局面。

在大规模集成电路制造设备和全流程技术方面，我国攻克了14nm雕刻设备、薄膜设备、掺杂设备等尖端设备和零部件的制造难题，突破了28nm浸没式光刻机及其核心部件的制造瓶颈，开发了300mm硅片等关键材料，开发了14nm逻辑和存储芯片全流程及相应的封装和测试系统技术，开展了75nm关键技术研究，形成了14～28nm设备、材料、芯片等相对完整的产业链，工艺、密封测试和总体创新能力达到世界一流水平。

在一些优先发展项目上，我国也取得了比较丰硕的成果。我国研制并应用了通用量子计算机样机，量子通信技术快速发展。2021年中国科学技术大学郭光灿院士团队创造了800公里光纤量子密钥分发的新世界纪录。2022年7月27日我国第二颗量子通信卫星“济南一号”顺利上天，这是世界首颗量子微纳卫星。我国建立了网络空间安全技术体系，加强了信息防护、网络防护等能力建设。我国突破了数据共享的关键技术，建立了全国标准开放数据共享系统、数据共享平台和一个综合的全球地面信息网络，建立了以典型应用为中心的共识应用模式、技术方案和具有全球竞争优势的大数据产业群。这些重点项目和重大工程的建设极大地促进了我国网络空间国防科技水平的提高。[1]

---

[1] 国务院关于印发“十三五”国家科技创新规划的通知（国发〔2016〕43号）[EB/OL].（2016-06-08）[2021-11-30]. http://www.gov.cn/zhengce/content/2016-08/08/content_5098072.htm.

（二）我国在网络国防科技建设上存在的不足

尽管我国的网络国防科技发展水平有了一定的提升，但同时也要看到与世界一流水平的差距。核心技术仍存在短板，安全能力建设步伐仍相对滞后，网络安全人才数量和质量仍难以满足维护网络空间安全的需求，这些问题制约着我国网络国防建设的整体推进。例如，人工智能、量子密码、边缘和雾计算等新技术方向和 5G、车联网等融合领域安全技术研发亟待加强，安全架构、攻防对抗、运营咨询、监管执法等领域存在大量人才缺口，产业各相关主体存在各自为战、资源共享不足的问题，产业协同有待进一步加强。

1. 核心技术仍受制于人

我国网络国防科技发展起步较晚，存在不少技术上的短板，核心技术仍受制于人。例如，目前域名解析系统作为支撑网络运行的核心部分被美国掌控，由于其管理和运营结构是中心化的，成为美国制裁他国的利器，导致域名存在被消失、被致盲、被孤立和被劫持等风险，如 2012 年的叙利亚“断网”事件。在工业控制安全技术方面存在两个突出问题：一是工业信息基础设施中使用的核心设备、基础软件的国产化率较低，自主研发能力不足；二是工业控制系统的安全分析只能黑盒操作，没有足够有效的手段发现安全威胁，导致我国工业控制在网络攻防对抗时信息不对称，安全防护停留在边界防护、被动防护阶段，主动防护能力严重不足，不能有效应对安全威胁。此外，尽管我国网络安全基础研究平台已有丰富的技术积累和成果，能在攻防演练、人才培养、安全测试和评估、技术测试等方面起到很好的支撑作用，但是目前网络安全基础研究平台仅能提供常规网络武器，难以支撑国家之间的博弈。

2. 军地合作、军民合作机制仍需完善

我国在军民融合推进网络国防科技建设方面还没有十分清晰、系统的战略规划。军地各自为战的问题比较突出，没有统一的计划，相互之间无法充分协调以开展统一行动。在具体的管理中，由于军地网络安全建设涉及的管理部门较多，形成了多方共管的局面，缺乏权威的集中统管部门，存在各自为政、自成体系的问题。目前，军队院校和地方领导机关没有权限对网络空间安全人才培养过程进行综合管理，部队和地方政府部门在人才培养中的作用也没有明确界定，军民融合人才培养体系缺乏整体规划，不利于培养网络空间人才。在军地信息安全人才联合培养方面，尚存在人才队伍缺口较大、军地网络人才流动性差、培养体系不完善、实践型人才储备不足、师资力量薄弱等问题，影响了网络国防科技的发展。另外，军民联合工作机制也不健全。从目前来看，网络国防科技建设中的军民融合发展质量和效益受到军地双方信息流通不畅等一系列问题的制约。军队的科研创新成果哪些能与地方共享，哪些不能与地方共享，没有统一、明确的标准；地方企业众多，信誉度各不相同，哪些企业可以与军队共建发展，哪些不能与军队共建发展，哪些信息资源可以共享，哪些不能共享，也缺乏统一、明确的评估标准。工作机制的不健全使得网络国防科技建设的军民融合发展推进困难重重。

3. 网络安全人才难以满足需求

目前我国网络安全专业人才短缺的情况严重，在数量、规模、教育结构和技能方面难以满足迅速发展的产业需要，扩大人才储备迫在眉睫。根据专业机构的调查和预估，2020 年我国网络安全专业人员约为 150 万人，2027 年约为 325 万人，2035 年约为 785 万人。目前培养的网络安全方面的人才数量远远不能满足社会发展的需求。企业处于网络安全的前沿，在培训网络安全人才方面具有独特的优势，然而，多年来国家网络安全项目一直存在资金、检查和验收方面的问题，企业的积极性和创造性在很多方面没有得到充分发挥。

三、发达国家网络国防科技建设的特点

网络国防科技在网络空间博弈、网络作战中具有决定性作用。随着信息技术的深入发展，发达国家不断加强网络国防科技建设，在顶层设计、投入、网络攻防技术研发、跨部门合作及人才梯队建设等方面持续发力，以抢占网络国防科技发展的制高点，提升网络国防科技实战水平，提高网络国防科技建设效益，为网络空间的安全打造强有力的屏障。

（一）加强顶层设计，抢占网络国防科技发展制高点

为抢占网络国防科技发展制高点，发达国家普遍重视顶层设计与规划，相继出台了一系列战略、法规与政策，明确网络国防科技建设的发展方向，确保网络国防科技建设沿着正确的轨道发展。

近年来，美国政府和军方根据《美国国防授权法》和《美国联邦技术转让法》等法律建立了专门从事网络空间建设的机构和部门，发布了促进技术创新和使用

的特殊网络空间政策和法规，如网络安全技术整合、技术转让和国防采办政策等，为军民融合网络空间技术提供组织支撑与政策支持。2019 年 12 月，美国国家科学技术委员会发布了新版《美国联邦网络安全研究和发展战略计划》，确立了美国网络技术创新的基本框架、优先领域和落实措施。该计划明确了五大研发目标、四项防御要素、六个优先领域、三类主体职责，旨在指导美国联邦政府在网络安全领域的研发和投入。

日本则根据本国国情公布了网络技术中长期发展规划，确定了网络空间防卫技术发展路径。日本政府明确列出了 12 项技术，如计算机网络自动恢复技术、个人信息控制技术等，作为网络安全研究和开发的主要领域。2021 年，日本投资约 2000 万美元开发相应的技术，用于反制配备人工智能设备系统的网络打击。2019 年 8 月，日本防卫省启动了一项“网络防卫”计划，旨在提升跨领域协同作战能力，尤其是在网络防卫领域的协同作战能力。

英国政府于 2011 年 11 月发布新版《国家网络安全战略》[1]，其中明确提出了提高网络安全水平以应对网络攻击的行动计划，包括协助政府与私营部门建立伙伴关系，提高网络产品及服务的安全水平。2016 年 11 月，英国政府发布《国家网络安全战略（2016—2021）》[2]，提出到 2021 年“建设繁荣、可靠、安全和有弹性的网络空间，确保英国在全球网络空间的主导地位”的愿景。2017 年 10 月，英国国防部发布《科学与技术战略 2017》[3]，再次强调国防部将加强与工业界、学术界、战略盟友之间的合作，共同开展核心技术研究，以提高科技创新能力[4]。

（二）加大投入力度，夯实网络国防科技发展的物质基础

网络国防科技的发展需要充足的资金、技术、人才支持，发达国家普遍由政府主导，加大对相关技术领域的资金支持和政策倾斜力度。

2021 年 11 月 5 日，美国众议院通过了总预算为 1.2 万亿美元的一揽子基础设施建设法案，其中涉及网络安全基础设施建设的预算为 20 亿美元。该法案将拨款

---

[1] Cyber Security Strategy [R/OL]. (2011 - 11 - 25) [2021 - 11 - 13]. https://www.gov.uk/government/publications/cyber - security - strategy.

[2] National Cyber Security Strategy 2016 to 2021 [R/OL]. (2016 - 11 - 01) [2021 - 12 - 15]. https://www.gov.uk/government/publications/national - cyber - security - strategy - 2016 - to - 2021.

[3] MOD Science and Technology Strategy 2017 [R/OL]. (2017 - 10 - 30) [2021 - 12 - 03]. https://www.gov.uk/government/publications/mod - science - and - technology - strategy - 2017.

[4] 曾杰，罗艳华，郝志超. 英国网络作战力量浅析 [J]. 信息安全与通信保密，2021 (4): 2 - 8.

19 亿美元作为网络安全基金，其中约 10 亿美元将用于建立新的资助计划，以帮助各州和地方政府改善网络安全状况。拨款计划时间从 2022 财年持续到 2025 财年。这些资金将由联邦应急管理局管理，基础设施和网络安全局具体分配。美国《网络响应和恢复法案》明确提出，在五年内投入 1 亿美元用来增强联邦政府快速应对网络事件的能力，并授权美国国土安全部部长与美国国家网络总监协商宣布重大网络安全相关事件，美国网络安全和基础设施安全局将协调事件响应，并使用应急资金帮助私营公司和政府机构从网络攻击中恢复正常状态。

日本政府不断增加对网络防御科技的投入。2019 年，日本防卫省要求进行网络防御和人工智能的研发，依靠人工智能提高网络病毒检测效率，帮助应对未知病毒，并开发利用人工智能评估攻击影响程度的自动分析和信息传播技术，进行早期预警。2020 年，日本防卫省拨款 2.37 亿日元，用于加强防卫能力建设。日本还积极开发恶意软件，加大对网络攻击技术的研发投入。日本防卫省曾花费 3150 万美元购买网络信息收集系统，用来收集针对防卫省或自卫队的网络攻击战术、技术和程序信息。

（三）发展网络攻防技术，提升网络国防科技实战水平

发达国家普遍重视网络攻防技术的发展，将网络防御技术转化为网络作战能力。自克林顿担任总统以来，美国军事情报机构一直计划提高其网络战能力。在布什担任总统时期，网络空间与陆地、海洋、天空和太空一样，被纳入战略空间范畴。在预防性军事战略的引导下，美军加快了网络科技的研发。奥巴马担任总统时期，美国进一步加强网络空间部队的组织、训练和装备。目前，美军研制出了 2000 多种计算机病毒武器，包括“蠕虫”程序、“特洛伊木马”程序、“震网”“逻辑炸弹”“陷阱门”“爱因斯坦”计划、弹性云项目、网络飞行器、“Plan X”基础网战计划等❶。美国还在研发脉冲电磁弹、次声武器、反卫星激光武器、动能拦截器和高功率微波武器，其中一些网络武器已经在实战中进行了测试。

美国陆军一直保持积极的攻击方式，以实现网络攻击的潜在巨大作战效益，确保进攻性网络空间作战力量与传统的陆海空力量有机融合。美军积极利用产业界在网络安全领域的技术创新推动网络空间军事能力建设，不断完善网络空间作战理论，提高作战能力，形成更加完善的集攻击、防御、监视和支援于一体的网

---

❶ 王宇，蔡军，吴忠望. 美国网络空间武器装备发展概况［J］. 保密科学技术，2017（7）：22－31.

络空间作战体系。美国国家安全局针对大量未知的安全漏洞建立了一个完善的设计框架，用于提供从底层到顶层对操作系统和应用系统的完全访问和控制。美军还致力于发展网络和电磁一体化，通过运用动态防御等先进防御技术保护军事网络和关键基础设施，积极运用人工智能等技术提高抵御太空安全威胁的能力。美军拥有监视全球网络的能力，这些监视网络由秘密部署在世界各地的传感器、情报机构等组成。美国积极发展信息链路分析、视频分析等大型数据处理技术，能够自动分析通过关键词、声音和图形特征截获的海量信息中有价值的信息，并整合通过“棱镜”计划、“梯队”系统等获得的信息，以实现美国在部门间、盟国间的深度信息合作与数据共享，从而对全球进行监控。

（四）加强跨部门合作，提高网络国防科技建设效益

很多发达国家通过多部门合作提高网络国防科技建设效益。美国政府重点支持长期性、高风险技术研发，科研机构加强跨学科研究并发挥平台作用，企业以与自身发展相关的技术研发和产业化应用为重点，以达到协同增效、相辅相成的效果。随着网络安全人才流动性增强，越来越多的私营部门具备了媲美政府和军方的能力，成为网络工具武器化的重要节点，其与官方合作的日趋深化则加速了破坏性网络技术向社会层面的流散。例如，近年来澳大利亚的网络安全公司 Azimuth Security 因获得向“五眼联盟”提供技术支持的机会而在短期内实现了从初创公司到网络军事技术巨头的跃升。在这种情况下，政府和军方越来越乐于帮助私营部门实现“网络代理人战争”，私营部门也受利益驱使不断加入军事网络工具研发的行列，增强自身竞争力。在大多数国家中，网络安全公司、相关企业与第三方机构等私营部门是网络产品与服务的主要提供者。在政府主导下，越来越多的私营部门开始接受来自政府与军方的外包任务，成为当前网络军事组织体系中的重要组成部分。

（五）聚焦人才建设，为网络国防科技建设提供人才支撑

与传统的陆、海、空作战领域不同，网络作战力量的主体是技术人才，主要来自民众。各国在重视科技人才培养的同时，因地制宜，根据各自不同的国情制定了不同的科技人才培养模式。

美国通过军民合作教育、地方招募和军民交流培养网络防御科技人才。2018 年 9 月，美国政府发布的网络国防战略强调，“国防部在加强国家网络人才库建设

方面发挥着重要作用。其目的是进一步提高私营和公共部门应对网络威胁的适应性。为此，我们将与其他联邦部门和机构合作。我们将在美国中小学教育中推广技术、工程、数学和外语教育。国防部还将与工业界和学术界合作，制定培训、教育和提高认识的标准，以促进美国的人才增长”[1]。为了解决军队网络人才短缺的问题，美国专门拨款招募地方网络人才，挖掘顶尖的黑客。美国国防部建立了“数字国防军”项目，发掘硅谷高科技公司的技术精英为国防部工作，并通过各种方式从谷歌等高科技公司招募精英人才，以提升国防部的信息技术水平。此外，美国启动了“国防部长经理培训项目”，每年向微软、亚马逊和其他美国大型公司及州和地方政府派遣 50 名美国军官和士兵，培养其网络安全管理能力。

英国采用政府协调培养网络防御科技人才的模式，重点加强政府与学术界、工业界和工业协会的协调与合作，建立了比较科学的人才培养体系。2014 年，英国国家信息安全保障技术管理局启动“网络安全培训”项目，旨在培训高技能的网络安全人才。该项目是在英国国家网络安全系统（NSB）框架内开展的一项具体活动，由英国项目管理协会（APM）负责实施。该项目涉及从“网络安全意识”到“道德入侵”的广泛的培训活动，培训内容包括课堂教学和在线教学，由英国开放大学创新与商业技能部、国家通信局和内阁办公厅联合开发。英国政府通信总部负责与其他政府部门、业界、学术界及经认可的网络安全方面的注册专业人士合作，对高等教育的申请进行全面评审。英国可授予网络安全硕士学位的单位及专业包括爱丁堡龙比亚大学高级安全和数字取证专业、兰卡斯特大学赛博安全专业、牛津大学软件和系统安全专业、伦敦大学皇家霍洛威学院信息安全专业、约克大学网络安全专业等。2013 年 5 月，英国设立了数据密集型科学研究博士培养中心，主要由英国工程物理研究委员会和商务部资助，着力于网络物理安全和大数据安全、安全加密系统和协议、通信网络安全和关键基础设施安全等新技术的研发。通过特别项目，英国政府也在物色和培训网络安全领域的顶尖专家。“网络第一”计划由英国政府通信总部发起，旨在寻找网络安全领域有才华的专家。该计划不但为修读科技、工程学及数学（STAM）等学科的学生提供资助，还提供了在政府机构或相关企业从事国家安全工作的机会。英国还通过网络安全竞赛和国家数学竞赛等发现潜在的专业人才。

---

[1] National Cyber Strategy - Trump White House Archives [R/OL]. (2018 - 09 - 30) [2021 - 11 - 13]. https://trumpwhitehouse.archives.gov/wp-content/uploads/2018/09/National-Cyber-Strategy.pdf.

日本积极采取措施，加强网络国防科技人才的培养，并推出了新的信息与网络安全领域人才培养计划[1]。日本《网络安全战略》（第18版）明确提出，从战略、业务和技术管理等多个层面加强网络安全人才的培养。第一，在人才选拔方式上加强政府与民间的合作。由于受到和平宪法的约束，日本在国防科技发展建设中采取的是军民结合的发展模式，日本防卫省与国防工业部门建立了稳定的合作关系。2018年，日本防卫省即计划委托私营公司建设网络国防力量。考虑到人才培养成本高、见效慢，为了确保人才队伍快速扩充，日本自卫队采用“拿来主义”，直接从私营企业引进人才。2019年，日本防卫省雇佣的民用网络安全专家加入网络防御团队，为期五年。2020年，日本自卫队实施了官方预备役自卫制度。预备役自卫官通常在当地企业工作，但他们需要接受必要的培训。当网络攻击发生时，他们可以迅速进入防御系统并加入战斗。第二，注重高水平人才的选拔。2017年，日本政府开始实施“情报处理安全保障支援师”考试制度，选拔网络安全领域的专业技术人员，充实国家网络安全人员队伍。自2020年以来，日本防卫省以“旗帜竞赛”（CTF）的形式雇佣网络安全专业人才，只要通过相关考核即可被聘为日本防卫省雇员或网络安全顾问。日本也通过对外交流的方式加强相关领域人员的培训，如派遣人员到美国学习、培训、交流和考察。第三，在培训范围上立体化提高专业水平。在军事训练方面，日本自卫队推行了“联合网络训练”项目，提高全军的基础网络安全知识水平。此外，日本防卫省还拨付专项预算，在军队院校开设专项网络培训课程，逐步完善自卫队网络教育体系和机制。第四，在社会教育方面，日本教育、文化、体育、科技部门共同实施了“研究与实践相结合的网络安全高级人才培养”项目，吸引了众多高校和企业开展网络安全人才培训，并构建了科学的认证体系。

四、我国加强网络国防科技建设的战略举措

网络国防科技建设是一个复杂的系统工程，需要长期的积累，不可能在短时间内全面实施和实现建设目标，必须在国家层面达成共识，加强高级别规划和部署，从决策、咨询、规划、实施等各环节入手，纲举目张，协调推进。

[1] 新・情報セキュリティ人材育成プログラム［R/OL］.（2014-05-19）［2021-11-13］. https://www.nisc.go.jp/active/kihon/pdf/jinzai2014.pdf.

（一）强化网络国防科技建设的顶层设计

调整优化网络国防科技创新规划。一要围绕建设网络强国的目标，组织制定网络国防科技发展规划，组织开展网络国防科技发展前瞻性、预见性研究，瞄准世界网络国防科技前沿和国家重大需求，准确把握网络国防科技领域发展现状和趋势，加快推进国家网络科技核心技术进步，开发重要战略产品，率先实现发展。二要适应数字时代国防科技的特点，着力解决学术界最前沿的问题，打造面向世界、代表国家高水平国际科技竞争与合作的一系列科技基础设施平台。重点打破深网领域关键技术的瓶颈，发挥网络国防科技战略的统筹作用，建立和建设一系列战略性科技国防基础设施网络。加快大型网络科技实验装置、数据资源、知识和专利信息服务建设，发展国家网络国防科技基础设施建设，研究开发先进的网络科技仪器设备，提高国防装备自给自足水平。

建立健全网络国防科技建设的体制机制。一要坚持党对网络国防科技建设工作的全面领导。顺应创新主体多元化的新趋势，在中央网络安全和信息化委员会、中央军事委员会科学技术委员会的领导下，依托国务院国家科技领导小组、国家科技体制改革和创新体系建设领导小组等机制，加强对科技、教育、工业和信息化、人力资源管理等相关部门、机构和规划的统筹协调，建立完善的网络国防科技体制。二要建立健全网络国防科技创新决策顾问制度。加快建立具有统筹性、独立性的国家网络国防科技领域决策咨询委员会，发挥好国家高端智库的功能，建立科学规范的决策咨询程序，为国家网络国防科技发展决策提供准确、具有前瞻性、及时的科学政策建议。三要建立健全网络国防科技领导决策机制。在网络国防科技规划中，合理定位政府部门和市场的职能，制定国防网络发展规划和科技建设规划，制定路线图，统筹协调国防建设、各部门科技创新战略和规划，明确落实工作责任。四要加强网络国防科技法制建设。以法律方式规范网络国防科技主体的定位、功能与要求，保持国家网络国防科技发展领域重大战略和方向的科学性、稳定性、适应性；规范网络国防科技与开发投入、国家网络国防科技人才的发展方式与方向，确保国有企业的科研主体地位和民营企业的有力支持，为网络国防科技发展制度、环境建设提供总体依据与法律保障；营造激励网络国防科技创新、保护创新、支持创新的政策环境，营造尊重知识、崇尚科技创造的文化氛围，确保各项网络国防科技创新政策无缝衔接、有效落实。

（二）构建与维护网络国防安全需要相适应的科技创新体系

国家科技创新体系运行的能力和效率深刻影响着网络国防科技的水平。在网络国防科技创新体系中，各主体之间的协同合作至关重要，关键是处理好各创新主体分工协作的关系。

1. 整合资源配置，壮大网络国防科技创新主体力量

要充分调动各创新主体的主动性，首先，必须增强国家战略科技力量，提升国家创新体系整体效能。国家科技战略要以网络国防科技优先发展领域为重点，有效支撑科技强国、网络强国的发展，有力保障国家安全和可持续发展。根据国家战略要求推进国防创新体系优化，加快形成战略科技力量。聚焦量子信息、微电子、网络通信、人工智能等重要领域，建立合理、高效的国家实验室体系；建立国家网络安全工程研究中心、国家网络安全创新中心等研究基地；促进科研机构、高校和企业资源的优化配置和共享；支持新兴研究型大学、新兴科研院所等创新主体的发展，带动多元化的投资，升级管理体系，完善市场运行机制。其次，在科技、工业和金融部门之间建立联系，完善企业技术创新制度，加快落实创新研究成果。最后，推进科技评估体制改革，健全科技人才培养机制，发挥科技人才创新能力。

2. 不断创新网络安全技术

国家要鼓励技术创新，尽快掌握网络国防核心技术，并做好知识产权的保护工作。必须做好基础性研究，为理论创新、技术创新打下坚实的基础。紧跟现代网络国防科技发展潮流，找准技术突破口，加快自主创新与研发，推动网络国防科技成果转化。深化网络国防科技体制改革，发挥企业的能动性和带头示范作用，促进产学研深度融合，鼓励各类企业积极创新，落实技术成果。同时，企业要增强知识产权保护意识，保护自身网络科技成果。自主知识产权是技术创新的核心，生产品质高、安全性能好的网络安全产品，形成网络安全知识产权体系，对于增强国家网络安全防御能力、提高国际竞争力具有重要作用。

3. 发挥政府主导作用，形成网络国防科技创新整体效应

按照经济建设和国防建设规律，遵循“统一领导、军民协调、需求对接、资源共享”原则，深化军工企业、军队科研院所和军事技术院所改革，统筹战略规划、政策制定、军民科技成果转化的资源条件与应用，建立军工结合的科技创新

体系。发挥政府在科技网络建设资源配置中的积极作用，降低科技活动的风险，引导和鼓励有实力的企业增加科技发展投资。

必须不断优化财政规划制度，提高资金使用效率，不断加大对网络科技、国防科技的基础性和战略性研究的支持。面向世界科技前沿，聚焦网络国防科技问题，部署世界一流的网络科技基础设施和创新平台建设，统筹推进世界领先水平的网络科研机构和网络安全学科建设。探索向依托机构配置重大任务的集中力量办大事组织模式，依托合作机构组织实施网络国防科技重大专项等国家重大科技任务，定期评估机构运行绩效和相关任务执行情况，根据评估结果确定经费预算、调整研究方向等。

（三）建设高层次的网络国防科技人才队伍

人力资源是创新活动的第一资源和最活跃的因素，建设世界级网络安全创新人才队伍，核心是科学育才、精准引才。

坚持培养与引进相结合，汇聚大批高端创新人才，优化和完善国家人才计划体系。围绕网络安全和国防领域发展方向，依托高水平研究机构、世界一流大学、国家重大科技设施和大科学计划等创新平台，面向全球招聘人才。以全球视野、国际标准，集聚和培养具有世界领先水平的科技创新人才队伍。吸引和培养一批能够把握世界网络科技发展大势、研究和判断网络领域科技发展方向的战略性科技人才，培养一批善于聚集力量、指挥战争的科技领军人才，聚集一批掌握世界网络科技前沿知识的顶尖活跃人才。重点培养前沿创新人才和青年科技人才，开辟青年人才专项培养渠道。完善网络科技领域前沿创新人才和技能型产业人才的“双拥”人才培养体系，深化产教结合，促进科技与产业融合发展，完善需求驱动型人才培养模式。

改革完善人才激励考核制度。完善发展人才规划，优化人才成长条件，积极激发和吸引创新型人才，赋予网络国防科技领军人才更多的研究经费使用和技术路线决策权力，为科研人员营造更加宽松的科研环境。完善人才评价激励机制，完善基于创新能力、素质的科技人才评价体系，建立合理的收入分配机制，充分体现创新要素、知识技术的价值。拓宽科研管理的“绿色走廊”。完善科技工作者对发明的权益分配机制，研究赋予科研人员科研成果的所有权或长期使用权的问题，增加科研工作者的收入。

第七章　网络国防产业建设

网络国防产业是网络国防的物质技术基础和保障，其建设质量与水平直接影响国家的网络国防实力与核心竞争力，关乎国家安全。网络国防产业不仅是国家在网络空间战略博弈的重要依托，也是打赢网络空间战的重要保障。数字时代，随着网络空间博弈的加剧，很多国家都十分重视网络国防产业建设，通过大力发展先进、高水平的网络国防产业，为网络国防建设提供支撑。研究网络国防产业的建设机理，借鉴网络发达国家的建设经验，有助于加快我国网络国防产业的发展，提高网络防御能力，更好地维护国家主权、安全与发展。

一、网络国防产业建设概述

网络国防产业不仅是国防产业的重要组成部分，也与网络安全产业交织融合。其建设活动既要遵循国防产业和网络安全产业建设的一般规律，又有自己的特殊规律。加强网络国防产业建设首先要弄清楚网络国防产业是什么、为什么建、建什么、怎么建等基本问题，才能在建设中抓住重点，有的放矢，提高建设效益。

（一）网络国防产业的概念

网络国防产业是一种特殊的国防产业。作为国防产业的有机组成部分，它具有国防产业的基本属性；作为服务于网络空间安全的新兴产业，它又具有自身的特殊属性。明晰网络国防产业的内涵与特点，是研究网络国防产业建设的基础与关键。

1. 国防产业的内涵与特点

国防产业主要是指为满足国家安全和军事需要提供产品和服务的一系列组织的集合。国防产业的职能是将经济能力转变为作战能力。国防产业是国防建设的主要组成部分，是战争准备的直接响应部分，主要为国防力量提供武器装备和军用物资。

国防产业不同于一般的民用产业，有其自身的特点。一是军事经济属性。国防产业不仅要承担国家经济建设的任务，还要承担国家军队建设的重要任务，而军队建设是一项具有高度政治性的任务。国防产业的建设和发展必须符合国家战略目标和安全利益。国防产业的建设方向和发展规模直接反映了一个国家的安全、国防和战略军事政策。国防产业的发展水平也是一个国家综合实力的反映，其威慑力直接影响一个国家的政治行为[1]。国防产业由国家直接投资和使用，国防产品的生产由国家指令直接规划。国防产业是国家安全和军事发展的重要物质保障，国防产业的发展和改革必须符合国家的意志和战略目标，国家有权酌情对某些国防产业和企业实行特殊政策。

二是战略性。国防产业的建设和发展关乎国家安全全局。世界局势加速变化演进，国防产业作为科技和军事强国的支柱正在加速发展，成为世界主要国家科技产业竞争和博弈最密集的阵地，其战略地位日益凸显。国防产业是国家安全的物质基础，其主要功能是满足国家和军队武器装备需要，提高军队作战能力，在维护国家安全方面发挥着不可替代的基础性作用。谁掌握了先进的国防产业和产业供应链，谁就拥有了维护国家安全的坚实基础，否则就会面临被断供、核心产业命门受制于人等困境，国家安全也难以保障。

三是准公共性。经济学家通常根据产品的排他性和竞争性将产品划分为私人产品、公共产品和准公共产品。公共产品是非排他性和非竞争性产品，即一个人消费一种公共产品不会导致其他人减少对该产品的消费。私人产品与公共产品完全相反。准公共产品是介于两者之间的产品。国防产业的产品具有准公共性。一方面，国防产业生产的产品首先要满足国家和全体国民对国防安全的需求，服务于国家安全需要，服务于全体国民的利益，不具有排他性和竞争性。这是国防产业的根本任务和主要职能。另一方面，由于部分国防产业具有很强的军地通用性，其产品能满足国家经济社会建设的需要，所以在保障国防需求的前提下也可以按照保密要求、遵循市场经济规律向地方提供相关产品，因而国防产业的产品又具有一定的排他性和竞争性。

2. 网络国防产业的内涵与特点

网络国防产业是指以国家网络安全需求为导向，以提升网络国防经济效益为

---

[1] 马金平，张洪波．国防工业的特殊性及其对改革的启示［J］．北京理工大学学报（社会科学版），2006（4）：21－24．

目标，提供具备防御和抵抗大规模网络攻击功能的技术、产品与服务的一系列组织的集合。

网络国防产业可以划分为三部分：一是基础安全方面的产业，主要指提供与维护国家网络安全有关的、安全可控的信息技术软硬件产品的产业，这些产品包括安全中央处理器（CPU）、安全存储器、安全芯片等硬件产品和安全数据库、安全操作系统、安全中间件等软件产品；二是信息技术安全方面的产业，即提供与维护国家网络安全有关的技术、产品和服务的产业，包括防火墙、入侵防御系统/入侵检测系统（IPS/IDS）、虚拟专用网络（VPN）、安全网关（UTM）等硬件产品，防病毒、安全威胁管理等软件产品，以及灾难备份、电子认证、咨询、集成、运维、测评等服务产品；三是提供其他与维护国家网络安全有关的网络安全技术、产品和服务的行业。❶

与其他国防产业相比，网络国防产业具有以下特点。首先是高保密性。网络国防产业的发展过程对安全和保密要求极高。由于某些网络国防产品、装备、基础设施等技术成果，特别是尖端网络空间作战武器装备的研发、设计和生产，与国家安全和战略意图的实现有关，因此处于高度机密状态。网络国防产业的高度机密性决定了某些军需产品只能由特定的军工企业开发和生产。一些相关的保密技术不允许用于民用产品的生产。如果确需民用，必须进行相应的技术改造和拆除，申请专利保护后才能用于民用产品的生产。

其次是高国家主导性。网络国防产业服务于国家安全需求和打赢网络空间战争等高端战争，其产品主要由国家消费，其发展也由国家主导。网络国防产业作为高端科技产业，不仅关乎国家安全，而且日益成为世界主要国家产业竞争的焦点，关乎国家产业安全和经济社会发展。一旦出现网络国防产业链断供的现象，网络国防产业就会陷入危机，国家安全就难以有效保障。因此，网络国防产业的准入、生产、经营、流通等各个环节都需要国家权威机构认可，只有得到资格认证的企业才能从事相关产业活动。

最后是高风险性。网络国防产业是一个高技术、高风险的产业。目前我国已经可以生产中、低端芯片，但要生产更先进的芯片需要更多的投资，仅国家第二期芯片产业投入就超过 2000 亿美元。没有雄厚的资金支持，高端芯片产业将难以为继。网络国防技术的高频迭代发展决定了网络国防产业必须快速更新换代。如

---

❶ 刘权，王闯，蒋丽．国内外网络安全产业比较研究［J］．工业经济论坛，2015（4）：64.

果不能紧跟世界科技变革、军事变革和战争变革的步伐提前谋划，产业发展将难以为继。网络国防产业具有较高的产业关联度，通过供求关系对上下游产业产生关联效应，其发展也受制于上下游产业的发展。在我国，仅从网络安全的角度看，网络国防产业就涵盖了应用安全、物联网安全、终端安全、数据安全等15大类75小类百余种产品[1]。一旦其中某个产业的某一个环节出现问题，整个产业的发展都会受到严重影响，从而危及整个网络国防产业。

（二）网络国防产业的地位与作用

网络国防产业蕴含着高科技战争的核心战斗力，也是促进经济社会发展的重要驱动力。网络国防产业是建设和巩固强大网络国防的重要依托，是实施网络空间威慑的坚实基础，是提高国家信息技术水平的加速器，是国家数字经济发展的助推器，在网络空间国防和国家社会经济发展中发挥着重要作用。

1. 建设和巩固强大网络国防的重要依托

网络国防产业是国家网络空间安全战略的落地点和保障，在维护国家网络安全方面发挥着不可替代的作用。网络国防产业不仅要为国家网络空间防御提供信息技术服务和产品，确保信息系统的基本安全，也要提供安全服务保障，确保国家网络国防关键基础设施的安全。由微软、IBM、苹果、谷歌、英特尔、思科、高通、甲骨文组成的“八大金刚”是美国网络国防产业的龙头企业。它们拥有较强的产业引导力、广泛的影响力和较强的国际竞争力，不仅能够协助美国政府引导美国的网络国防产业走势，而且能够帮助美国政府有效解决网络国防信息安全方面的问题和应对突发事件，成为美国解决网络国防安全问题、实现网络国防安全战略的抓手。“八大金刚”是美国政府的安全顾问和总统智囊团，深刻影响着美国的网络空间国防战略和安全战略。微软与美国政府合作，帮助美国国家安全局（NSA）绕过其加密系统，以解决NSA可能无法拦截outlook.com网络加密聊天的问题，以便在加密hotmail电子邮件系统之前访问原始文本，从而维护系统和信息的安全。企业是国家创新的主体，是人才与技术的集聚地。网络国防技术和人才只有依托网络国防产业才能发挥更大作用。来自NSA和俄亥俄州立大学的科研人员利用人工智能开发了一套安全漏洞预测技术，该技术首先从数百万数据中提取软

---

[1] 中国网络安全产业发展阶段研究［EB/OL］.（2020-06-03）［2021-12-10］. https://www.secrss.com/articles/19985.

件的安全漏洞，然后用机器学习算法评估这些漏洞的威胁程度，以预测高风险漏洞，预测准确率超过80%。❶ 网络国防的建设与发展离不开网络国防产业的支撑，网络国防产业为网络国防提供了重要依托。

2. 实施网络空间威慑的坚实基础

网络国防产业代表着国防和军事领域的新型战斗力。网络空间攻守具有不对称性，攻易守难。一些国家为降低网络安全防御成本，提高网络安全防御效能，纷纷实施网络空间威慑战略。这是为了展示瘫痪和控制敌人网络空间的决心和力量，通过网络空间跨域控制敌人的物理空间，在网络空间采取具体行动，以达到阻止敌人的目的。网络国防产业是实施网络空间威慑的重要基础。网络空间作战新概念的探索、新的攻击机理与战术效果的验证性试验、新技术的实战化和武器化试验等都要依托网络国防产业开展，借助网络国防产业这个平台、中介，转化为战斗力和威慑力。思科是美国政府和军方通信设备和网络技术设备的供应商。2006年，思科负责设计了美国历史上规模最大的网络战演习，代号为“网络风暴”。2009年，思科和美国国防部联合实施了太空互联网路由项目。该项目是美国国防部联合能力技术验证项目的一部分，由思科和国际通信卫星公司（Intelsat S. A.）负责实施。❷ 2020年3月，美国网络空间日光浴委员会（Cyberspace Solarium Commission）提出了“分层网络威慑”战略，它包括三个层次，即塑造网络空间行为、拒止对手从网络行动中获益和增加对手实施网络行动的成本。拒止对手从网络行动中获益是第二个层次，主要是通过与私营企业合作，使得网络攻击美国变得困难或者不那么有利可图，从而迫使对手放弃攻击。第二层次是“分层网络威慑”战略的核心部分，其关键是增强网络防御体系的韧性和防御能力。这一战略特别强调把美国的私营企业纳入国家统一管理的框架，与私营企业协同合作建立“共同防御”体系。该战略认为私营企业应该在国家网络空间防御中发挥主导作用，私营企业要积极与政府进行情报共享，直接将威慑的行使主体扩大至政府之外。❸ 然而，由于受斯诺登事件的影响，美国企业往往不愿让政府进入商业网络，也不想参与政府的网络行动。2018年4月微软、脸书等互联网企业

❶ 李鹏飞. 多措并举，促进我国网络安全产业健康发展［J］. 中国信息安全，2020（3）：58.

❷ 刘钊，蒋昕昊. 网络安全产业国家队构建问题分析［J］. 无线互联科技，2016（7）：33-34.

❸ 桂畅旎. 美国“分层网络威慑”战略的主要内容及影响分析［EB/OL］.（2020-06-04）［2021-10-18］. https://baijiahao.baidu.com/s?id=1668521535415393890&wfr=spider&for=pc.

缔结了《网络安全科技条约》，纷纷表示不愿意协助美国政府打网络战。这也从另一侧面说明了网络国防产业在网络威慑中的地位与作用。

3. 提高国家信息技术水平的加速器

网络国防产业以军为先，为国防和军队建设提供先进装备、产品与服务，增强网络国防的实力和打赢信息化战争的能力。军队现代化建设和打赢高科技战争离不开以信息技术为核心的新一代技术的保障，离不开通信网络、云计算、物联网、大数据、人工智能、3D打印和虚拟现实等高新技术的支撑。“网络信息技术是世界上研发投入最集中、创新最活跃、应用最广泛、辐射带动作用最大的技术创新领域。”[1] 这些技术、产品与服务运用于国家经济、政治、文化、科技、社会、生态文明等各领域的建设，不仅可以有效提升国家信息化建设水平，而且可以提升国家信息技术整体水平。网络国防产业是具有显著的军民融合特点的行业，通过军地协同创新，集智发展具有战略性、颠覆性、前沿性的技术，在新一代信息技术前沿领域取得新突破，能够带动国家信息技术水平的提升。

4. 国家数字经济发展的助推器

网络国防产业代表着经济领域先进的生产力。数字时代，数字经济的发展如火如荼。数字经济是数字产业化与产业数字化的集合。数字产业化主要为工业发展提供数字技术、产品、服务、基础设施和解决方案；产业数字化是指将数字技术和数据资源应用于传统产业的信息化和智能化改造，以提高质量和效率。网络国防科技的军民两用特点决定了网络国防产业不仅可服务于国防和军事领域，而且可广泛服务于国家经济社会发展的各个领域。特别是在新一代信息技术快速发展的背景下，网络国防产业转化为民用的空间更广、领域更多，有效带动了数字产业化和产业数字化的发展。一方面，网络国防产业中的数字产业形态转化为民用，在现有产业结构中所占的比重逐渐增大；另一方面，随着“互联网+”战略的实施和数字技术的发展，网络国防产业与传统产业深度融合，能够刺激生产增长和提高传统工业生产的效率，助力实现产业结构的现代化，实现传统产业数字化，加速推进国家数字经济的蓬勃发展。

---

[1] 倪光南. 核心科技乃国之重器 网信产业发展离不开自主可控 [J]. 信息安全与通信保密，2018 (11)：16-23.

（三）网络国防产业建设的主要任务

网络国防产业的建设涉及建设主体、建设客体、建设资源、建设环境等诸多要素，只有各要素互相协调、互相适应、有机运行，才能推动网络国防产业健康发展。网络国防产业建设不可能一蹴而就，也不可能全面推开，在建设中需要找到着力点，从产业主体、产业体系、产业结构几个关键点入手开展建设活动。

1. 培育网络国防产业主体

网络国防产业主体是指在网络国防领域从事相关活动的个人或法人，包括政府、军队、军工企业、民用企业、科研院所、金融机构、中介组织等。网络国防产业主体是整个网络国防产业体系中最活跃的因素，其规模、数量、质量、结构、效益直接决定着国家网络国防产业的整体效能。推进网络国防产业建设，必须把网络国防产业主体作为重要内容，大力培育网络国防产业主体。培育网络国防产业主体，旨在打破传统国防产业封闭发展、自我循环的模式，充分挖掘社会资源，充分调动相关要素的积极性，形成举全国、全社会之力建设网络国防的局面。为此，要坚持将自上而下的国家力量与自下而上的市场力量紧密结合。一方面，基于网络国防的公共属性，坚持国家主导的原则，强化党的集中统一领导，统筹国家的安全战略需求，统筹发展规划，统筹重大规划，统筹重大项目，统筹政策标准；另一方面，要重视社会主义市场经济条件下市场对资源配置起决定性作用的基本条件，积极适应信息化智能化时代网络产业发展的新趋势，树立基于互联网、面向全社会的开放视野，充分激发大众创新活力，吸纳全社会的科技力量，充分发掘和激发军工研究院所、军队科研单位、地方科研院所、高等院校、民用科研和生产单位“五支力量”的潜能，攻坚克难，推动网络安全领域重大先进技术、前沿技术和颠覆性技术的产业化发展，为国家网络国防安全奠定产业基础。

2. 健全网络国防产业体系

产业的发展不仅包括产业的规模化，也包括产业的体系化。生态系统的生命力在于系统内所有成员的共生。以生态理念为基础的产业发展要求产业内各主体、各要素之间形成共享资源和互换副产品的有机群聚，形成功能完备、要素齐全的产业体系。对于任何产业而言，完整的产业体系既是产业发展的重要内容，也是产业发展的关键所在。具体到网络国防产业，健全产业体系意味着要着眼于产业要素齐全，拓宽发展渠道，进一步统筹战略、产业、空间、项目、功能等关键要素，形成门类齐全、要素多样的网络国防产业，打造全要素支撑的网络国防产业体系。这对于做大做强网络国防产业、促进网络国防产业的规模化发展至关重要。从现实来看，无论是美国打压中兴公司还是华为公司，以及在国际贸易摩擦中的其他技术纠纷，归根结底都是源于没有形成全要素相互支撑的健全的产业体系。

3. 优化网络国防产业结构

网络国防产业结构是指构成网络国防产业的各要素之间的联系和比例关系。分工是现代经济发展的必然要求，在经济发展过程中，由于分工越来越细，产生了越来越多的生产部门。因产业分工而出现的不同部门之间的良好协同是产业发展壮大的基础，也由此产生了产业结构问题。产业扩张是在产业要素协调发展基础上的扩张，产业内部的优化归根结底是产业结构的优化。只有形成合理的产业结构，各产业主体间才能实现优势互补，推动产业顺利成长、壮大与成熟。对于网络国防产业而言，优化产业结构意味着要着眼于产业与产业之间协调能力的增强和关联水平的提高，通过政策和市场引导网络国防领域相关资源的流向与流量，实现产业结构与资源供给结构、技术结构、需求结构相适应，进而推动产业结构向合理化和高级化方向发展。

（四）网络国防产业建设的理念与原则

任何一项实践活动都有其内在的规律，网络国防产业建设活动也有自身的规律。在组织实施网络国防产业建设时应注意把握基本规律，坚持以提高网络作战能力为目标，以自主创新为动力，以产业融合、军民融合为手段，加快构建网络国防产业体系，全面提升产业发展质态，增强网络国防实力。

1. 以战领建

网络国防产业建设作为一项经济活动，要遵循市场经济的规律，追求一定的经济效益。因服务对象的特殊性，网络国防产业建设活动又呈现鲜明的政治意义，其建设发展必须以维护国家网络空间安全为导向，服从和服务于维护国家安全需要大局。网络国防表面上看是国家在网络空间实施的防卫活动，以防为主，实质上却是网络攻防双方每时每刻、无处不在的较量。网络国防产业建设要紧紧抓住网络空间对抗的实质和未来网络空间作战的特点与胜战机理，坚持以战领建，统筹设计和布局网络国防产业体系，优化网络国防产业结构，使网络国防产业发展满足网络国防建设需求。也就是说，建立网络国防工业必须始终坚持以战斗力为根本标准，即网络空间国家间的网络攻防需要什么技术、产品与服务，就建设发展什么技术、产品与服务；哪些产业的建设发展有利于提升网络空间作战能力，就建设发展哪些产业；哪些产业与打赢网络空间战的要求还有较大差距，就优先发展哪些产业。要确保网络国防产业顶层设计和一切具体方案都聚焦于提高战斗力的方向，确保网络国防产业的一切资源都服务于提高战斗力，切实把战斗力标准作为衡量利弊、检验得失、决定取舍的标尺。

2. 创新驱动

核心技术是国防产业在网络空间竞争力的基础，创新是网络国防产业发展的主要动力。没有核心技术，就没有产业引导力；没有创新，就没有高质量发展。网络国防产业作为网络国防科技的物化成果和表现形式，是科技创新驱动发展的产物。没有科技上的创新，就没有新兴的网络国防产业。网络空间是新兴技术、前沿技术、颠覆性技术等高端技术最密集的领域，高科技具有迭代发展的特点，因而技术创新已经成为网络国防产业发展的主导范式，网络国防产业必须紧跟技术发展变化不断创新发展。从我国网络安全产业来看，核心的安全防护技术已经演进了三代：第一代使用“静态黑名单”控制、杀死和拦截病毒，类似于公安部门的“通缉令”；第二代使用“静态白名单”云查杀技术和主动行为黑名单防御技术，类似于“门卫系统”；第三代使用大数据技术来控制行为，类似于无处不在的摄像头。基于大数据技术的安全检测防护技术将带来最新的网络安全技术和功能。❶

只有坚持不懈地创新，才能逐步取代原有技术，才能引领整个行业发展。学习国际先进技术和经验并不是简单的模仿，如果只走模仿的道路，网络安全和国防产业将无法实现非对称竞争优势。网络防务企业应积极寻求新的安全技术、安全理念和安全体系。网络国防产业作为新兴产业，建设中必然存在一些突出问题和主要矛盾，需要以问题为导向，以创新性思维破解难题、化解矛盾。通过创新驱动推动网络国防产业高质量发展，不仅有助于直接生成现实的战斗力，而且可以通过科技的渗透作用放大产业链上各个节点的战斗力，从而提高整体战斗力水平。坚持创新驱动，必须注重创新对网络国防的重大作用，把提高自主创新能力作为建设网络国防科技产业的核心任务，通过具有前瞻性的科技创新活动打通未来发展的技术通道，实现网络国防科技产业的高质量发展。要有占领未来网络国

❶ 安界. 新时期网络安全产业发展新常态 [EB/OL]. (2020-07-14) [2022-01-16]. https://netsecurity.51cto.com/article/620946.html.

防科技制高点的勇气与魄力，坚持技术源头的自主创新，积极探索世界网络国防科技前沿，力求在新兴战略高新技术和基础性技术领域跟上世界步伐并有所突破，取得原创性成果，实现网络国防建设跨越式发展。

3. 产业融合

网络安全是一个体系问题，不仅涉及攻和防的问题，还涉及信息安全架构本身的安全性和可靠性问题。网络国防产业建设应围绕构建网络信息安全架构，从体系上进行设计和谋划，体系中的每家企业都应做好自己的产品、技术与服务。只有各环节构成一个完整、可靠的链条，才能建立可靠、稳定的网络安全体系。产业融合就是在国家范围内把网络国防建设所需要的各个产业集聚在一起，使地方各产业、各行业及军地之间实现资源的重新配置与优化组合，互通有无、取长补短，有效提高资源利用率，以达到优化升级产业结构、健全产业链、完善产业体系、提升网络国防产业建设质量的目的。例如，当前内生安全与产业链各环节深度融合是网络国防安全产业高质量发展的新常态，构建覆盖整个信息产业链的内生安全体系，需要坚持产业融合。5G 产业链中不仅有网络安全厂商和用户（企业用户和个人用户），还有设备制造商（华为、中兴、大唐、爱立信、诺基亚）和网络运营商（中国电信、中国移动、中国联通等），5G 安全只有在产业链各方的共同参与下才能实现。网络安全厂商需要为整个 5G 产业链，从终端到边缘接入网再到主网，从设备到系统再到应用和运营，赋予高、中、低不同级别的安全能力，包括安全访问（设备资产安全、身份安全、访问控制）、虚拟化安全保护（网元保护、微隔离）、全面的数据安全覆盖和集成（数据加密、数据安全交换）、安全管理（可视化、边缘云协作、安全功能自动安排）、云安全能力协作（大数据分析、安全智能、态势感知）等。为了真正实现内生安全协作，在第三代合作计划（3GDP）标准架构下，设备制造商需要通过密钥和身份，以网络切片实现边缘计算偏差，从而在设备层面确保主网、基站和边缘计算技术（MEC）的安全。网络运营商需要提供虚拟的安全资源池，实现端到端的安全架构、安全服务的自动安排、安全运营的保障，从而实现运行环境的安全保障和运行层面安全能力的集成与服务。行业用户不再只是为满足合规要求而安装软硬件安全设备，而是进行安全规划，从行业安全需求的角度在应用开发、数据交换、业务应用等方面同步建设和运营。对于个人用户，需要加强隐私保护。这就需要在产业链中全面覆盖和整合各种技术、产品和服务，以实现真正的网络安全。

二、我国网络国防产业建设的实践

1994 年，我国正式接入互联网，开始建设网络安全产业。随着网络安全形势变得严峻、复杂，国与国之间的网络攻击增多，发达国家网络空间武器建设加快，为了提高网络国防实力、维护国家安全，我国也开始建设并逐步发展网络国防产业。

（一）我国网络国防产业建设的探索

1995 年，我国第一家网络安全公司成立，开启了我国网络安全产业发展的新时代。此后，我国网络国防产业不断发展和完善。

1. 加强顶层设计，网络国防产业生态日益向好

党的十八大以来，党中央高度重视网络安全工作，先后发布并实施了《网络安全法》《中华人民共和国密码法》《国家网络空间安全战略》《"十三五"国家信息化规划》《网络空间国际合作战略》《中华人民共和国数据安全法》等一系列重要的法律法规和规划文件，对网络安全产业的发展路径进行顶层设计，为网络安全产业健康发展提供了法律依据和制度保障。通过推动《关于加强网络安全学科建设和人才培养的意见》《关于推动资本市场服务网络强国建设的指导意见》《关于促进网络安全产业发展的指导意见（征求意见稿）》《关键信息基础设施安全保护条例》《信息安全技术　网络安全等级保护基本要求》《网络安全产业高质量发展三年行动计划（2021—2023 年）（征求意见稿）》等政策落地，明确了网络安全产业发展的具体目标和提高网络安全产业生态领导能力的具体措施，使我国网络安全产业的发展重点、路径选择和未来态势更加明确。这些法规、规划、政策、标准等是我国网络国防产业建设发展的基本遵循，为国家网络国防科技创新和网络国防产业的发展壮大提供了指导。

2. 多方协同发力，网络国防产业基础日益巩固

在政策的支持与保障下，我国网络国防产业进入发展的黄金时期。网络安全产业供给主体日益多元化，创新企业不断涌现。截至 2021 年，我国从事网络安全业务的企业有 3262 家，其中生产、销售网络安全产品的企业有 1346 家，提供网络安全服务的企业有 1916 家。创新技术不断涌现，网络安全关键技术不断突破，日益完善的技术产业体系逐渐建立。在每一个重要的技术领域，我国的网络安全

企业都积极参与，这使我们有机会实现网络国防产业的跨越式发展，赶上美国和其他发达国家，为建设完整、安全、可靠的网络国防产业体系打下坚实的基础。例如，山东省就建立了比较完整的网络安全产业链条，聚集了350家从事研发、生产、应用、服务的网络安全企业。[1]

基础设施、软硬件和网络安全领域的自主研发能力不断增强，技术创新、环境改造和产业整合的趋势日益明显。网络安全产业和金融产业合作加快，使网络安全产业的发展达到了一个新水平。2020年，我国网络安全产业规模达到1729.3亿元，到2023年将超过2500亿元，电信等重点网络安全产业投入占信息化投入比例不低于10%。[2]其中，数据安全已成为最受资本欢迎的行业，与数据安全、安全服务和工业控制安全相关的融资活动占比超过10%。

从中国信息通信研究院2021年发布的《中国网络安全产业白皮书》的调研数据可以发现，网络安全市场收益仍具有较高的区域性和行业性特征。我国网络安全企业市场有25.9%分布在华北地区，25.2%分布在华南地区，22.8%分布在华东地区。网络安全设备作为保护网络安全的重要屏障，具有举足轻重的作用。2017—2020年，我国网络安全设备市场呈波动上升趋势，2018年市场规模达到最大，为35.3亿美元；2020年为32.7亿美元，同比上升6.1%。[3] 随着新基础设施建设的全面发展，新技术情境对网络安全的需求不断增加。大数据、云计算、内联网和工业互联网是网络安全企业业务分布比较广泛的领域。

3. 调整、完善布局，网络国防产业布局与格局日益合理

我国各地加紧布局网络安全产业，加快网络安全产业基地建设，产业集聚效应初步显现，产业布局日渐合理。我国网络安全企业集聚发展态势非常明显，目前北京、上海、四川、广东等省市集中了我国主要的网络安全企业，占比超过57%。其中，北京的企业数量排名全国第一，占全国比例超过35%。山东省网络安全产业也呈现出高度聚集的产业形态。济南和青岛是山东省网络安全产业发展

---

[1] 杨蕾. 我国网络安全产业发展态势及路径研究［J］. 信息技术与信息化，2021（12）：172-173.

[2] 中华人民共和国工业和信息化部. 网络安全产业高质量发展三年行动计划（2021—2023年）［EB/OL］.（2021-07-12）［2021-12-21］. https://www.miit.gov.cn/gzcy/yjzj/art/2021/art_34f89fff961b4862bf0c393532e2bf63.html.

[3] 又一千亿级赛道诞生？多巨头争相布局！［EB/OL］.（2022-03-29）［2022-03-30］. https://www.163.com/dy/article/H3KOAIMO051480KF.html.

的重镇，网络安全企业占全省比例超过 70%。❶

我国正在积极建设国家网络安全园区。上海、成都、武汉正在加紧建设国家信息安全产业（东部、中西部）基地。深圳、西安、合肥、天津、郑州等城市相继开展了网络安全产业园建设，将促进人才、技术、科研等资源的汇聚，推进网络安全产业快速发展。依托网络安全产业园区的辐射功能，北京市网络安全产业实现了产业规模、质量和效益的显著增长。北京市培育了 3 家年营收超过百亿元的网络安全骨干企业，产业规模快速增长，超过 1000 亿元，对地区国内生产总值（GDP）的贡献超过 3000 亿元。❷

网络国防产业格局也在发生改变，正逐步从提供产品向产品与服务并重转变。《中华人民共和国国民经济和社会发展第十四个五年规划和 2035 年远景目标纲要》提出，大力推进网络安全创新发展，鼓励企业从提供网络安全产品转向产品与服务并重。2020 年，我国网络安全行业 40 项投融资项目数据显示，服务类型的网络安全企业获得融资的数量较多。数据安全治理成为网络安全产业的“蓝海市场”。随着《数据安全法》的正式实施及大数据作为新生产要素在企业发展中发挥的作用不断凸显，提升数据安全保障能力成为当务之急。随着国家政策法规的逐步健全及监管措施的日益完善，数据安全治理市场的需求逐渐旺盛。

（二）我国网络国防产业建设存在的不足

我国网络安全产业的良好发展势头促进了网络国防产业的发展，但是我们也应看到我国网络国防产业的发展还存在一些问题，如缺乏核心技术、产业规模较小、市场需求不足、产业协调不足等，产业发展与维护国家网络空间安全的实际需求和期望之间仍存在一定差距。

1. 总体规模较小，市场需求乏力

由于我国对网络安全产业总体投入没有刚性要求，网络安全市场规模增长比较缓慢，产业总体规模相对较小，在全国产业规模中占比依然较低。网络安全产业的发展与我国信息化建设和数字经济的蓬勃发展不相匹配。据国际数据公司（IDC）统计，全球信息技术安全产业的市场规模占信息技术市场总规模的 3.74%，美国的信息安全产业占信息技术市场的 4.78%，而我国的信息安全产业

---

❶ 杨蕾．我国网络安全产业发展态势及路径研究［J］．信息技术与信息化，2021（12）：172－173.

❷ 同❶.

仅占信息技术市场的1.84%，远低于国际平均水平。[1] 在网络安全产业总体产能不高的情况下，各个细分领域企业的体量、质量竞争力不强。

从市场需求来看，用户对网络安全的需求仍主要停留在“实际够用”层面，这在一定程度上可以提高网络安全在信息投资中的比重，有利于扩大国内市场需求。但从行业发展来看，这种情况不但对推动市场规模扩大不具有可持续性，而且会导致技术、产品市场走向低水平。网络安全企业对市场发展方向的把控不够准确，对网络安全技术和产品在实体经济中应用对构建繁荣可持续的网络安全市场的重要性认识不足，不利于产业的深层次发展。网络安全产业与网络国防产业的发展密切相关，其中相当一部分企业能够为网络国防建设发展提供技术、产品与服务。网络安全产业规模小、需求不旺盛会制约网络国防产业的发展。

2. 网络安全企业发展协同性较差

目前，我国一些网络安全企业已经开展了多渠道合作优化网络安全生态环境的试点工作。华为牵头发起成立“华为安全商业联盟”，通过深度整合联盟合作伙伴的安全服务，解决单个厂商难以为用户提供整体性网络安全解决方案的问题。但总体来看，由于网络安全行业市场空间有限，单一细分市场规模小，难以满足网络安全企业发展需求，行业中的很多企业正在转型为综合安全产品制造商。企业的战略选择趋同，产品线不断扩大，覆盖的领域越来越细化，同质化竞争严重。不同企业的产品相似程度较高，导致企业的竞争变为客户关系的比拼，而不是核心技术和产品的竞争。一些企业逐渐以营销为主，没有更多的资金投入技术研发，小企业和初创企业更是难以起到带头作用，难以具备进入军品行业和开展国际业务的资格认证条件和市场经验，导致其发展前景有限。

3. 核心技术和新兴技术存在短板

由于历史原因，我国信息技术行业的基础标准、架构、产品和生态主要参考国外标准。在外部流通的驱动下，企业在产业链中大多处于底端“组装”位置。大量软件系统和工业应用程序依赖于不安全和不可控的基本硬件环境和软件，甚至互联网安全产业中的基础技术也受制于人，影响了我国网络国防产业的建设。现阶段，我国包括网络安全技术在内的整个信息产业在基础技术方面与发达国家存在着较大的差距。网络设备中与信息安全密切相关的设备，从微处理器、存储

[1] 曲双石，李鹏飞. 多措并举，促进我国网络安全产业健康发展 [J]. 中国信息安全，2020 (3)：58-60.

器、防火墙到操作系统，我国严重依赖英特尔、三星、希捷、思科、微软等外国企业，对封闭的信息安全系统构成极大威胁。在近些年的贸易争端和摩擦中，我国在芯片领域面临着产品和技术供应中断的危机，严重影响了网络安全部门的正常运作。尽管我们已经意识到自主创新的重要性，国家出台了一系列政策支持措施，企业也强化了“核心技术是买不来的”认识，但从整个行业来讲，自主创新还需要很长时间。此外，在新兴的网络安全市场，如电路块安全、网络控制与安全、智能感知威胁等领域，我国相关企业的竞争力不强，网络国防产业发展的后劲不足。随着越南、印度尼西亚等新兴市场国家的加工制造业逐渐崛起[1]，我国现有市场也受到了不小的冲击。

三、发达国家网络国防产业建设的特点

发达国家普遍比较重视网络国防产业的建设，他们根据网络国防产业建设的重点方向，制定发展规划，加大资源投入，培育产业主体，研发核心技术，打造产业园区，力求提前布局并主导长期发展，采取多种举措建设和发展网络国防产业。

（一）立足国家战略高度进行布局

近年来，一些发达国家制定了一系列网络安全产业发展战略，致力于网络国防产业的可持续发展。一是加大资金支持力度，并不断加大对网络国防产业的扶持力度。美国政府2019财年的国防授权法案将网络安全预算大幅增加至300亿美元，加强对网络安全技术研发、政府采购、政企合作等的支持。美国政府2022财年的国防预算申请总额为7529亿美元，其中56亿美元用于网络国防建设。[2] 2019年欧盟启动网络安全能力建设计划，投资6350万欧元，集聚160余家企业和科研院所，共建欧洲网络安全专业分析网络。2018年以色列启动三年发展计划，斥资2443万美元支持网络安全技术研发。二是采取各种措施促进资本进入网络安全市场。在美国，大约50%的风险资本投资于信息产业，从而形成了大量的龙头企业。三是超前布局网络安全新技术。从2019年开始，美国持续开展零信任技术等先进

[1] 韩春清，夏丹，曹燕宁．促进网络安全发展路径初探——深化产业集聚、企业协同和资源共享［J］．产业经济评论，2020（6）：117－124．

[2] 美国国防部2022财年国防预算［EB/OL］．（2021－05－28）［2021－12－19］．https://www.defense.gov/Spotlights/FY2022－Defense－Budget/．

网络安全技术和训练对抗机等其他现代技术研究，取得了多项技术成果。2020 年 10 月，美国发布《关键与新兴技术国家战略》，明确了人工智能、量子信息科学、通信和网络技术、半导体等 20 项重点发展的关键与新兴技术，这对美国持续引领网络国防技术创新至关重要。[1] 四是执行有效的公共采购政策，将政府投资转化为市场需求，降低企业研发风险，增强产业活力。例如，将政府的大部分预算转为市场需求，将防务工作通过竞争的方式委托给防务承包商，将网络安全相关工作转包给专业的网络安全公司。五是充分利用法律手段，为网络国防产业发展保驾护航。很多发达国家建立了相对完善的保护知识产权、打击不正当竞争的法律制度，努力营造可持续和公平的市场环境，一方面确保从事网络国防产业生产和服务的公司按照规则行事，另一方面保证实现他们的利益。

（二）积极培育网络国防产业主体

大型互联网企业是网络国防产业的主要力量。发达国家一直注重对大型互联网企业进行统筹规划与管理。美国政府非常注重对微软、苹果、思科、赛门铁克、迈克菲等企业的规划、管理，使其能够最大限度支撑美国网络空间安全体系的持续发展。美国通过发挥国防承包商在军地之间的桥梁作用、实行科学的项目管理及培育精专类型的创新企业避免垄断行为等措施，保证在把企业能力接驳到国家需求的同时还能在细分市场存在合理竞争，最终形成产业层次清晰、有内生发展动力的企业群。

中小型网络安全企业是推动网络国防技术创新的关键力量，发达国家通过实施“加速器”“孵化器”等多项计划，鼓励和扶持中小企业的技术创新，扶持中小企业做大做强。美国小型企业署（USAID）启动了“小型企业创新研究计划”（SBIR）和“小型企业技术转让计划”（STTR）。这些计划的目的是以市场商业化的前景鼓励小型企业参与政府的研发项目，加强小型企业和研究机构之间的合作，以便推动技术创新，满足政府的研发需求，促进政府资助的创新成果在私营部门的市场化。[2] 以色列启动了“前进 2.0”计划，该计划重视研发技术的颠覆性、重要性、紧迫性等，目的是为网络安全初创企业提供差异化的研发资金支持。英国

---

[1] 白宫发布《关键与新兴技术国家战略》及技术清单［EB/OL］.（2020－10－21）［2021－06－20］. http://www.cankaoxiaoxi.com/zhiku/hwzk/2020/1021/2423087.shtml.

[2] 刘权，王闯，蒋丽. 国内外网络安全产业比较研究［J］. 工业经济论坛，2015（4）：66.

推出了网络安全加速器计划，重点选择和培养潜在的安全公司。新加坡推出了“安全加速器计划”，为网络安全初创企业提供工作空间等免费服务，促进网络安全生态创新发展。[1]

（三）全力打造网络国防产业园区

网络安全产业园是为促进网络安全产业发展而设立的特殊园区，承担着汇聚网络创新资源、培育网络安全产业、推进网络国防产业建设的重要使命。发达国家通过打造网络安全产业创新园区，打通政、产、学、研、用关键环节，构建要素齐全的产业生态，引导网络安全产业集聚发展。一是促进国家战略性产业的布局。例如，以色列打造了贝尔谢巴网络星火产业园，成立了国家计算机应急响应中心，组织8200部队、古里安大学、耶路撒冷风投基金JVP等相关机构入驻园区，打造项目合作、资源互补、人才流动的产业协同创新发展平台。二是出台产业扶持优惠政策。例如，以色列网络安全产业园区实施税费减免、金融支持、人才和土地等激励政策，促进公司间并购，注重建设园区配套设施，打造网络安全高技术产业聚集区。通过建设网络安全产业园区有效聚合力量，通过资源共享和克服外部消极因素有效促进产业集群的形成，从而助推网络国防产业的发展。

（四）合力推动网络国防产业发展

发达国家注重加强军民融合、公私合作及国际合作交流推动网络国防企业发展，为网络国防产业创新发展、产业生态的形成与成熟提供了沃土。[2] 通过实行“旋转门”机制，推动政府与企业建立起相互信任、相互认可、相互支持的合作关系，深化政企之间的合作。例如，美国国土安全部与安全公司root9B签署了一项协议，旨在共同建设一个全球打击跟踪中心。root9B的创始人兼首席执行官曾是美国国家安全局情报分析师；首席运营官是一名经验丰富的美国联邦政府前高级主管，在密码和情报方面拥有超过25年的经验；大多数主要雇员曾是美国国家安全局特工和国防部网络国防专家。这种情况在其他西方国家也很常见。

发达国家通过相关政策支持企业加强与其他国家的交流与合作。以色列国家

[1] 王超. 国际网络安全产业发展现状及经验启示［J］. 网信军民融合，2021（6）：10-11.

[2] 李宁. 从美国网络安全厂商火眼（FireEye）看网安产业的政企合作与军民融合［J］. 信息安全与通信保密，2018（1）：96-99.

网络管理局通过各种渠道展示和传播网络防御公司的技术能力，如开展网络周活动，加强以色列公司与美欧跨国安全公司的交流与合作，持续推进安全产品出口，在保持杀毒、防火墙、防泄露等传统强势产品出口的同时注重大数据分析。以色列政府还鼓励企业发挥自身产品技术优势融入国际市场，通过采取资金支持、放宽知识产权国外转移限制等措施吸引跨国公司在以色列设立研发中心，目前已有谷歌、微软等近50家跨国信息通信技术企业在以色列落户。英国贸易投资署成立了"网络发展伙伴关系"组织，成员包括来自学术界、政府部门和工业界的代表，目的是促进政、企、学界的沟通和交流。新加坡则推出了"网络安全技术与伙伴关系"计划，吸引国际领先的科技公司进入新加坡市场，通过国际顶尖科技企业的合作促进本国网络国防产业的发展。[1]

四、我国加强网络国防产业建设的战略对策

网络国防产业建设是一个系统工程，需要统筹多方力量、调动各种资源、运用各种手段积极推进。我国需要根据网络国防产业发展的现实情况，借鉴发达国家网络国防产业建设经验，因地制宜地建设，才能"弯道超车"，实现跨越式发展。

（一）系统规划网络国防产业发展路径

我国应充分发挥党和国家行政机关及行业有关部门的领导作用，加快制定网络国防产业发展战略，编制网络国防产业发展规划，制定网络国防产业政策，超前布局网络国防前沿技术，打造完备的产业链；建立国家级的战略研究机构，密切关注国家战略需求，促进国家安全领域长期战略发展，助力国家网络国防工业发展；以网络国防产业中的领导型企业、政府相关机构和科研院所为依托，充分利用现有优质资源，联合军民相关力量，组建信息产业研究院，建设高水平智库；善于分析需求和总体论证，系统研究并提出自主可控的网络国防产业发展路径和措施，强化战略定位，促进产业发展；加快建设国家网络国防产业园区，从国家维护网络空间安全的需要出发，建立网络国防产业集中区，发挥政策优势，促进资源和要素聚合，打造集技术孵化、企业融资、认证检测于一体的综合平台；推进科研政策研究，推动网络国防产业创新发展；探索更加透明的机制，推动建立网络安全产业相关准入机制，增强网络安全产业的保护能力。

---

[1] 王超. 国际网络安全产业发展现状及经验启示［J］. 网信军民融合，2021（6）：10－11.

（二）加快培育网络国防产业创新主体

创新是引领发展的第一推动力，要把创新放在网络国防产业整体发展的核心位置。网络国防企业是创新的主体，要加大开放和扶持战略安全性、技术集中型企业的力度，重点突出、有的放矢，建立健全产业创新基础，制定适当的政策措施，包括市场、土地使用、市场准入资格、资金等方面的政策措施。培育壮大网络国防企业，促进产业规模化发展。充分发挥市场的主导作用，发挥企业科技创新转化的积极性，培育有内生竞争力、能够主导细分领域的领军企业。

首先，发展壮大核心企业。鼓励网络安全领军企业建立网络安全技术研发、模式验证、成果转化的开放平台，促进各类创新要素和特色的聚集、交流、开放和共享。鼓励企业以资本为纽带促进资源整合和产业整合，支持、引导企业兼并重组。以网络安全骨干企业为产业龙头，着力培育网络安全知名企业。充分发挥龙头企业的引领作用，重点打造网络安全服务、密码产品、身份认证、信息技术的应用创新等领域的骨干企业。网络安全核心企业应做好技术研发、产品和服务保障工作，积极与上、中、下游企业和相关机构合作，积极宣传，提高客户和民众对网络安全的认识和应用技能，积极参与国家和行业重大项目和平台的规划建设。

其次，重点培育中小型创新企业。鼓励和支持中小型企业积极参与网络安全行业的发展，鼓励和支持网络安全供应链中的生产型企业和有发展潜力的企业。引导中小型创新企业聚焦人工智能安全、区块链安全、工业互联网安全等细分领域，不断增强自主创新能力。

最后，推动安全产品和服务的应用、推广。大力推进网络安全技术应用试点示范，围绕人工智能安全、大数据安全、工业互联网安全、智慧城市安全等领域，遴选优秀的安全技术产品、服务和解决方案，推动优秀技术产品的研发和规模化应用。

（三）大力推动新技术、新产品和新服务应用

网络安全态势的快速发展要求不断更新安全技术保障体系。深化产业链合作，加快网络防御创新技术产业化，推进网络防御试点示范项目，激发网络安全保障能力建设，发挥示范引领作用，推动产业高质量发展。把网络应用示范作为促进科技成果转化的重要手段，选择一些实用性强、具有较高经济效益的环节，在网络国防产业领域开展示范工程。通过示范，推动企业技术进步和产品创新，构建

产业链。加强示范工程建设和总结，创建可复制、大众化的产业发展模式。

加快发展网络国防相关产品和设备制造，尤其是通信设备制造，同时关注信息服务、数据处理、软件设计等行业的发展，推动产品与服务深度融合，打造网络国防全生命周期产业链，增强国际市场竞争力。推动网络国防产业与其他行业融合发展。以移动通信、物联网和人工智能为代表的新一代信息技术正在迅速发展，其对其他行业具有显著的渗透效应，并加速了与生产、能源、材料、生物等行业的融合。未来，网络安全相关产业要主动联合社会各界力量，共同推动网络防御技术在工业、农业、旅游、金融、交通、医疗、科技等领域的综合应用。

加强技术服务创新，带动产业创新发展。技术服务是技术市场的主要经营方式和经营范围，是拥有技术的一方为另一方解决某些特定技术问题而提供的各种服务。大数据、人工智能等新兴技术的应用能够为更多的机构、企业和个人解决网络安全问题，并进一步促进国防网络产业的发展。以发展新技术为目标，确立高度安全的发展战略，加强技术更新和业务布局，从法律、道德、技术标准、产业应用和人才培养等方面规范和引导网络国防技术服务企业的发展。鼓励和支持高校、科研院所、安全企业加强高级威胁防护、工业互联网安全、5G 安全等技术攻关，深化网络安全、人工智能、区块链等前沿技术的融合创新研究，加快伪防御、可信计算等先进网络安全防御概念和架构的创新，制定零信任安全和安全智能规划，培养对网络空间未知风险的预感知、行为预测、路径预测和预阻断能力，从而为更多的从事网络国防工作的机构、企业及个人提供技术服务。鼓励和支持企业和网络安全研究机构创新网络安全服务提供方式，发展基于云的公共网络安全服务，实现安全防护技术服务、运营安全服务、网络安全管理服务等多元化发展。建立威胁情报机构、安全培训机构等。

实施自主网络安全控制。为了验证控制是否真正自主，可设定一个基本标准，如基础技术不受他人控制，产业发展不依赖他人。一方面，网络安全企业要自主研发关键技术和网络安全新技术，并根据运营和网络需求，为客户提供符合业务特点的技术产品、解决方案和安全服务；另一方面，考虑我国在信息技术领域特别是核心技术方面的相对弱势地位，大力提高国内网络安全水平，构造网络安全生态系统，保证供应链的完整性、可靠性和安全性。要大幅提升国内软硬件基础的安全性能，提高国内软硬件的性能，建立网络安全事件快速响应机制和安全系统。

（四）深化政企合作关系

面对网络空间这一特殊战场，政企合作是必然选择。要深化政府部门与企业在网络国防安全领域的合作，通过信息共享共同应对网络国防安全威胁，共同建设网络国防产业。最大限度发挥网络安全企业的作用，有机融入国家安全体系。加强全国范围内信息通信产业联盟、创新联盟、产业创新平台、大数据服务平台建设，发挥平台效应，集聚创新要素。降低网络安全行业准入门槛，制定网络安全认证和测试体系，统筹设计，统一管理，建立设计科学、规制完备、权责明确的制度和管理法规，推进网络安全社会服务体系建设。[1]

促进企业协同发展。为进一步促进网络国防企业协同发展，在国家产业园的布局上，要根据企业研发、生产、成果转化等流程科学分区，避免雷同，避免因项目重复建设造成市场和技术资源严重浪费；根据大、中、小型企业不同的功能定位，制定相应的制度和机制，有效激活企业的创新能力，打造示范工程。以国家级园区为示范和引领，有效促进全国范围内的网络国防企业协同发展。

加强军民深度融合发展。结合网络空间军事斗争的需要，提高金融、能源、通信、交通等领域关键信息基础设施的安全保障能力，完善国家安全战略规划。首先，要充分发挥龙头企业的独特优势，按照“1＋N”模式组建紧凑的产业联盟，以推进军民融合国家战略为驱动力，鼓励大型企业结合自身情况，利用自身特点，加强与行业整体的互联互通，为行业提供平台和桥梁，参与军民深度融合，推动行业全球化发展。其次，要充分发挥军民深度融合优势，依托国家现有基础设施和产业基础，建设网络防御体系。最后，在国家政策指引下，建设国防工业网络军民融合示范区，借鉴市场行为模式，利用产业集聚的互动效应，加快自主可控关键技术的发展，形成更大的经济效益和社会效益。

（五）促进人才双向流动

只有实现了产业人才的顺利流动，国家战略和产业发展才能有效地结合起来。要进一步完善网络国防人才流动机制，探索更具吸引力、更具包容性的人力资源开发战略，改革人才培养机制，使人才流动促进产业融合发展，促进关键资源共享，带动产业转型。加强对网络安全相关专业人才的培养和引进，如在高校增设

---

[1] 张锦平，陈月华，杨绍亮．践行网络强国思想　发展网络安全产业［J］．中国信息安全，2020（3）：61－63.

相关专业、课程，扩大人才培养覆盖面，联合培训机构，加强大数据咨询和分析、金融科技、数据产品、数据操作等领域的培训。

一方面，积极推进网络安全教育，通过开展网络安全教育活动提高公众的网络安全意识；另一方面，加快网络安全专业人才培养，确保拥有大量高素质的网络国防人才。网络国防人才能力建设可分三个方面进行。一是着力培养高素质网络国防人才，在高等院校教育中把知识、技能与实践结合起来，通过深入网络国防企业、组织网络竞赛等锻炼技能。二是扩大高等职业教育覆盖面，培训实用型专业人员，满足企业和其他网络安全相关产业对人才的需求。三是积极引进人才，提升网络安全技术和产业对外合作水平，鼓励企业建立海外科研中心，吸引海外专业人才。

第八章　网络国防人才建设

网络国防人才是评判一个国家国防实力的关键要素，也是构成国家综合国力的重要因素。数字时代，随着世界各国数字经济的蓬勃发展，大国在网络空间战略博弈的加剧，网络国防人才在国家经济社会发展、维护网络空间安全与国家安全、赢得国际竞争主动权方面的基础性、战略性和决定性作用日益凸显。网络空间的竞争归根结底是人才的竞争。研究网络国防人才建设的规律，梳理我国网络国防人才建设的实践，分析发达国家网络国防人才建设的特点，对于加强我国网络国防人才建设具有重要意义。

一、网络国防人才的科学内涵

网络国防人才是一种新型人才，是国防人才的重要组成部分。研究网络国防人才的建设，首先要把握网络国防人才的内涵与特点，理清网络国防人才的类别，了解网络国防人才的地位和作用，在此基础上才能探求网络国防人才建设的规律。

（一）网络国防人才的概念

网络国防人才作为一类新型的人才，既具有人才和国防人才的一般属性，又具有自身独特的特点，是普遍性与特殊性相结合的统一体。因此，要从共性和个性两个方面把握网络国防人才的概念。

1. 人才的含义与特点

人才在不同时期有不同的特征，其内涵随着时代的发展和社会的变化而不断丰富。在古代社会，“贤能”“贤德”常代指人才，人才是心里有大道、以德为先、德才兼备的人。改革开放以来，为适应国家发展和现代化建设的需要，有学者提出，人才是有一定创造性劳动成果，对改造自然、社会和人类进步具有较大贡献的人。

随着数字时代的到来，人才有了新的特点。首先，对人才的专业化要求更高。

在数字经济时代，科技迅猛发展，分工日益细化，人才要具有一定专业知识和技术基础。其次，人才标准日益多样化。随着社会专业化分工的深入发展，各行业、各领域分工越来越细，不同的行业和领域对人才有不同的要求，人才的标准日益多样化。在网络空间安全领域有不少奇才、怪才，他们虽学历不高，但是对计算机编程、网络攻防兴趣浓厚，实战经验丰富，实战水平高，是网络对抗中的杀手锏。最后，人才的社会属性更加突出。由于社会分工越来越细，个人只有融入社会、融入团队，与其他成员通力合作，才能更好地实现个人价值。这就要求个人的价值观符合社会普遍规范。我国是中国共产党领导的社会主义国家，人才的社会属性最根本的体现就是热爱祖国，坚决拥护中国共产党的领导。

综上所述，所谓人才，首先要有良好的人品，其次要具备一定的专业知识和技术能力，能够从事创造性劳动，最后要为社会作出贡献。

2. 国防人才的概念与特点

国防人才是指拥有从事国防领域某个方面工作所需的专门知识和技能，能够以自己的创造性劳动为国防建设作出较大贡献的人。

国防人才具备以下特点：一是忠诚爱国，这是对国防人才的基本要求，也是必备素质。二是专业素质过硬，具备从事国防建设的专门性技能或掌握国防领域相关的专业知识。国防领域的工作性质比较特殊，需要随时处理突发事件，且对专业技能要求较高，因此国防人才要具备专业的国防知识。三是积极作为。国防是事关国家安全的大事，国防人才作为维护国家安全的主力军，在国防事业上必须主动作为，防患于未然，时时为维护国家安全而战。

3. 网络国防人才的概念与特点

网络国防人才是指具有网络国防领域专门知识和技能，愿意且能够以自己的创造性劳动为国防建设作出较大贡献的人才。网络国防人才除了具有一般人才的属性还具有以下鲜明特点。

首先是政治性。网络国防已渗透到国家安全的各个方面、各个领域和各个环节。网络攻击隐蔽性强、难以识别，一次出其不意的攻击可能给国家安全带来灾难性影响。网络空间领域斗争激烈，没有平战之分，没有前线后方之分，网络国防是真正的全天候、全时辰、瞬息而止的国防活动。网络国防活动的这些特点对网络国防人才的政治素质提出了更高要求。作为维护国家网络安全的主力军，网络国防人才如果政治意识不强、政治敏锐性不高、政治判断力不准、政治坚定性不强，就难以满足维护国家安全的现实需要。

其次是高技术性。网络领域是一个高新技术密集的领域，前沿技术多，研究难度大，网络空间的攻防对抗是一场技术与知识的对抗。守护国家网络安全，需要大量高智力、高层次的人才。网络国防人才主要利用专业知识，建立防御屏障或与入侵者作战，需要在专业知识、思维水平及技术能力等方面满足更高要求。高技术人才在守护网络国防安全方面能够发挥杀手锏的作用。

最后是迭代性。网络技术是一种特殊的伴生技术，随着所服务主体对象的技术迭代而不断发展。网络科技的迭代发展态势对网络国防人才不断提出新的要求。随着人工智能、5G、量子通信、工业互联网、大数据、云计算、物联网等颠覆性、战略性新技术迅猛发展，网络国防人才既要不断更新网络技术知识，及时提升自身能力，也要在全面把握现有网络技术的基础上不断创新。因此，网络空间国防人才的知识结构一定是在不断适应、不断创新的动态平衡之中，在网络空间技术实践与网络信息对抗过程中不断丰富和深入发展。

（二）网络国防人才的分类

随着互联网深度融入国家的经济、政治、军事、文化、外交等各个领域，各行各业都对网络国防人才产生了强烈的需求，不同领域、不同行业、不同岗位、不同层次对网络国防人才的要求各不相同，网络国防人才日益多样化。

1. 根据职能属性分类

网络国防人才根据职能属性分为网络国防规划人才、网络国防管理人才、网络国防技术人才、网络国防保障人才及网络国防工程人才。

网络国防规划人才主要指担负网络国防总体战略规划职责的人员，他们处于网络国防人才队伍系统的最高层，负责对网络国防进行总体规划、战略分析和宏观设计。这类人才具备全面、丰富的战略规划、组织管理、技术保障等综合能力和经验，能够从网络国防顶层设计角度出发，对网络国防技术体系、管理体系和运行体系进行统一规划和设计。其战略规划的科学性、合理性将影响网络国防的战略发展。例如，美国总统行政办公室的国家网络总监作为总统网络安全相关事务的主要顾问，负责国家层面（含政府内部及政企合作）的网络安全战略与政策的协调工作；美国国土安全部设立的联合网络规划办公室和融合网络安全中心全面策划联邦政府部门和私营部门开展的防御性网络安全行动并负责组织协调行动。[1] 在这些部门中工作的承担网络国防战略规划任务的人员就属于网络国防规划人才。

网络国防管理人才处于网络国防人才队伍的中层，对上负责贯彻落实领导层的战略规划，对下连接网络国防各层级的机构和人员。他们熟悉一般网络国防设备与信息系统的工作原理，能够及时为各层级网络国防机构提供技术支持。例如，英国网络安全行动中心（UK Cyber Security Operations Centre，CSOC）负责为直接处理国家安全威胁的政府部门、私营部门和公众提供政策指导、专门技术支持和事态通报；英国国家网络安全中心（National Cyber Security Centre，NCSC）隶属于政府通信总部，其主要工作是协调政府各部门网络安全及政府与民间机构主要计算机系统的安全防御工作，通过国防与国家安全局、国家技能与培训机构及关键基础设施保护中心等机构进行安全事件响应。[2] 在这两个中心工作的承担相应管理职能的人员就属于网络国防管理人才。

网络国防技术人才肩负着网络国防科技创新和理论研究的重任，在研究过程中往往要分析大量的恶意代码和异常文件样本，研究攻击者的战术、技术和攻击过程，从而提出应对新型或高级网络攻击的有效防御手段和产品方案。网络国防技术人才可分为硬件研发人才和软件开发人才。硬件研发人才指专门从事电子硬件产品开发的人才，如研发手机、计算机、键盘、鼠标等的人才。软件开发人才主要指从事系统软件和应用软件设计、开发、测试等工作的人才。

网络国防保障人才指为确保网络国防机构和人员正常履行维护网络空间安全和国家安全的职责与使命而提供服务保障的人才。这类人才主要提供渗透测试、安全咨询、等保测评、风险评估、应急响应等服务，往往具有丰富的理论知识和实践经验，是实践技能较高的一类人才。这类人才可以分为确保信息数据安全传输、不被窃取和篡改的数据保障人才和保证软件使用安全、稳定的软件应用保障人才等。他们的目标都是确保网络国防机构正常运转、网络国防职能有效行使。例如，英国政府建立了信息保障联盟，其核心部门是政府通信总部所属的通信与电子安全组，主要成员来自不同的政府职能部门。它的主要工作是：第一，与工业界和学术界建立伙伴关系，利用国家基础设施保护中心、军情五处和六处等单位对网络空间安全威胁研判的成果，为政府信息管理系统的安全风险防范提供针

[1] 唐岚．从政策演进轨迹分析拜登政府的“网络安全观”［J］．中国信息安全，2021（2）：76.

[2] 曾杰，罗艳华，郝志超．英国网络作战力量浅析［J］．信息安全与通信保密，2021（4）：2-8.

对性思路和方案建议；第二，建立网络安全产品、服务等标准与指南，建立世界高水平信息保障和网络安全专业人才库，提高政府网络安全风险防范能力。在这些机构中工作、承担相关职能的人员就属于网络国防保障人才。

网络国防工程人才是网络国防安全保障体系的构建者，他们凭借一线工程经验为网络国防建设提出合理、可靠、安全的工程实施方案，并根据网络国防面临的新的安全风险提出优化改进建议和技术方案。

2. 根据发挥作用的方式分类

网络国防人才根据发挥作用的方式分为网络国防显性人才和网络国防隐性人才。

网络国防显性人才是指在维护网络空间国防安全中担任相应职务、受领明确任务、发挥直接作用的人才。这类人才的工作职责是网络空间防卫，岗位要求是维护网络空间安全。网络国防显性人才主要分为两类。

一是网络国防武装力量。这是最具代表性的网络国防显性人才，也就是人们常说的网络作战部队，即“网军”。作为网络空间的主要作战力量，网络作战部队既肩负着维护网络空间安全的使命，也肩负着打赢网络战争的重任。网络作战部队既要有能力破网，即进入和破坏敌方网络；也要有能力护网，即阻止外界入侵、保护己方网络安全。平时，网络作战部队全天候应对各种潜在的网络安全威胁，以慑止战；战时，网络作战部队要灵活运用各种网络武器，实施网络攻防，出奇制胜。目前，全球已经有 100 多个国家成立了超过 200 多支网络作战部队。1998 年美国国防部组建了第一支计算机防御作战部队，专门为美国海外作战部队提供网络防御支持。2018 年美军 133 支网络任务部队全部形成全面作战能力。英国 2015 年成立第 77 旅，专门负责网络作战[1]；2020 年成立国家级网络作战部队，成员来自政府通信总部、军方、英国秘密情报局、国防科技实验室等部门，职能涵盖情报、安全及作战领域。

二是公共部门的网络国防人才。他们是在政府职能部门、科研院所、高校等受领明确任务、发挥直接作用的人才。例如，美国国土安全部、英国政府通信总部、法国国家信息系统安全局都承担着维护国家网络安全的任务。俄罗斯联邦总参谋部军事情报总局第 6 指挥部拥有俄罗斯最先进的网络和信息技术，主要职责是在全世界进行网络侦察和接收信号情报；俄罗斯联邦安全局负责监督政府和军

[1] 韩春阳. 主要国家网络作战部队建设概况［EB/OL］.（2020-06-28）［2021-07-03］. https://www.fx361.com/page/2020/0628/6807442.shtml.

事通信、监管网络犯罪，确保数据传输安全，其中，第16中心是信号和网络情报机构，第18中心主要负责国外事务。❶ 在这些机构中工作、明确受领维护网络空间安全任务的人才都属于网络国防显性人才。

网络国防隐性人才是指在网络国防安全领域没有具体职务，不受领明确任务，但从事与网络安全相关的工作，对网络国防建设发挥间接作用的人才。这类人才是网络国防人才的后备力量。在地方的金融、能源、交通、电力、煤炭等各行业或企业内部散布着大量网络防御力量，平时他们针对本行业领域挖掘专业漏洞，掌握黑客技能，战时一经动员则听令转隶，立即转守为攻。由于不受编制限制，这些分散在民间的力量庞大，可谓全民预备役，甚至可以成为决胜的先锋部队。还有一些网络黑客经过国防动员也会由“黑”转“红”，承担维护国家网络国防安全的责任。

网络国防隐性人才在特定条件下可以转化为网络国防显性人才。例如，分布在民间的黑客力量与政府建立长期、固定的合作关系后，就转化为网络国防显性人才。俄罗斯组建的以联邦政府黑客组织为核心的“网军”中最具代表性的是俄罗斯政府领导的3个黑客组织APT28（“奇幻熊”）、APT29（“舒适熊”）、TURLA（“蝰蛇”）。APT28接受俄罗斯联邦总参谋部军事情报总局的领导，APT29和TURLA接受俄罗斯联邦安全局及国外情报局的双重领导。❷

（三）网络国防人才的地位与作用

网络国防人才作为国家网络空间建设发展的战略资源，是维护国家网络空间安全的主力军，是赢得国防领域网络空间博弈主动权的重要支撑，是夺取未来网络空间安全发展制高点的战略力量，在维护国家安全、主权与发展中发挥着特殊的、重要的作用。

1. 维护国家网络空间安全的主力军

网络国防人才是构成网络国防系统的第一要素。网络国防体制机制、网络国防法制、网络国防科技、网络国防产业、网络国防文化等要素都要通过网络国防人才这一要素发挥作用。没有高素质的网络国防人才，网络国防系统就无法正常

---

❶ 彭柏麟，孔光，舒海涛. 以俄格战争为例对俄罗斯网络战制胜方式的分析［J］. 舰船电子对抗，2021（6）：5－10.

❷ 同❶.

运转，更难以有效实现其功能。当今数字时代，一些国家、组织及黑客等利用网络工具恶意监听、窃取情报、攻击网络信息系统等现象愈加普遍，网络空间军事化动向越来越明显，网络恐怖主义蠢蠢欲动，对国家网络空间安全和国家安全造成严重威胁。网络国防人才是维护网络空间国防安全的主力军。他们通过构筑巩固强大的动态网络防御体系及时发现并弥补网络安全运行中的漏洞，防止国家秘密信息被窃取，防止关键信息基础设施被攻击，防止敌对势力引导网络舆情、进行“网络思想殖民”，通过发起网络攻击御敌于国门之外，在需要时适时反击，通过适度的网络攻击威慑对手，在网络作战行动中能够一招制敌、打赢战争。

2. 赢得国防领域网络空间战略博弈主动权的重要支撑

网络空间的战略博弈本质上是网络空间进攻与防守双方的对抗与竞争，战略博弈的结果取决于对抗双方网络国防实力的强弱。由于各国网络国防实力不断发展变化，战略博弈的态势随着对抗双方网络空间国防实力的对比变化而不断变化。要想在博弈中获得战略主动权，就要保持开放心态，具备国际视野，紧盯对手、紧盯强敌、紧盯世界前沿，谋划网络国防建设发展。人才资源作为战斗力生成体系中的核心要素，是影响网络国防实力的关键因素。网络空间博弈归根到底是人和人之间的对抗与竞争，是博弈双方高水平网络国防人才之间的较量。未来相当长时间内，虽然大数据和机器学习等技术可以辅助人们发现网络攻击的痕迹和线索，但判断和应对还得依靠人，需要有经验的、高水平的技术人才在网络攻击爆发时第一时间封堵、止损、溯源乃至反制。当今世界主要国家普遍高度重视加强人才建设，尤其是一些网络强国纷纷把网络国防人才建设提升到国家战略层次，不断完善网络国防人才培养体系。1999 年美国发布的《国家信息安全战略框架》提出建立网络国防教育体系，之后又先后出台了多份战略文件，详细制定了网络国防人才体系建设的措施。之后美国又提出专项教育计划，旨在培养网络国防专门人才。英、法、德、俄、日等国在 2010 年前后也将网络国防人才建设纳入国家战略，把网络国防人才储备提升到国家重点工作层面。世界网络强国尚且如此重视人才建设，其他国家如果想要在网络空间博弈中立于不败之地，则更需要大力加强网络空间国防人才队伍的建设，慢慢积累优势，以获取战略博弈主动权。

3. 夺取未来网络空间安全发展制高点的战略力量

网络国防是为适应国家网络空间安全需要而出现的防卫活动。任何一个国家想要有效维护国家网络空间安全，维护国家的主权、安全与发展，都必须拥有巩固、强大的网络国防。网络空间不同于现实空间，它是全球互联互通的，进入门槛低，易于实施攻击；网络空间武器研发、测试和扩散对环境要求低，难以有效控制；网络空间节点设备多，体系结构比较松散，信息流动频繁，防御存在先天不足。网络空间的这些特点决定了网络空间易攻难守、进攻占主导。一个国家很难做到网络空间的防御固若金汤，在防守时也难以占有优势。尤其在难以对攻击方溯源的情况下，一些国家更倾向于选择进攻而不是防守。事实上，选择攻击的一方通常在意愿和能力上占有优势。因此，国家的网络国防建设不仅要加强防御，而且要发展进攻能力和威慑能力。在网络攻防中要想出奇制胜，关键要靠技术和人才。网络空间是高新技术密集、迭代发展的空间，谁掌握了最前沿、最先进的技术，谁就拥有了制胜的砝码。网络国防人才是网络国防科技的创造者和使用者，网络国防科技的创新发展和实践应用都离不开人才，谁拥有一流的创新型人才，谁就能掌握科技创新的主导权，就能在抢占网络空间安全发展的制高点时拥有更多主动权。

二、网络国防人才建设的内容、特点及原则

网络国防人才建设作为国防人才建设活动的有机组成部分，既遵循国防人才建设的一般规律，又有自身独特的建设内容、建设特点及建设原则。研究网络国防人才建设的内容、特点及原则，是加强网络国防人才建设的基础与关键。

（一）网络国防人才建设的内容

网络国防人才具有很强的政治性、高技术性和迭代性，网络国防人才建设应该针对网络国防人才的这些特点，着重强化网络国防人才的思想观念，提升网络国防人才的能力素质，完善网络国防人才政策体系，注重网络国防人才开发利用，以提升网络国防人才建设质量，推动网络国防人才建设高质量发展。

1. 强化网络国防人才的思想观念

强化网络国防人才的思想观念是网络国防人才建设的首要任务。思想引领行为，人的思想观念可以通过他的言谈举止反映出来。网络空间的虚拟性使人的行为难以受到约束，更需要通过强化网络国防人才的思想观念加强其自我约束、自我养成。一要强化政治观念。网络国防人才的职能与任务是维护国家网络空间安全，他们是执行政治任务、为国家利益服务的人才。服务对象的特殊性决定了网

络国防人才必须具有强烈的政治意识和高度的政治敏锐性。在世界处于百年未有之大变局、网络空间意识形态斗争非常严峻复杂的形势下，只有政治意识强、政治辨别力准、政治执行力强的网络国防人才才能担当大任。二要强化战斗意识。信息化战争时代，网络空间是战斗的主战场，网络空间国防人才是网络空间战的主力军，是战争制胜的决定性因素。和其他国防人才相比，网络国防人才天天在用兵、时时在打仗，人人都是战斗员，战斗意识的培养至关重要。在网络国防人才的培养上要做的工作很多，重中之重是培养和造就眼中时刻有对手、脑中时刻有敌情、心里时刻有战场的网络空间战斗员。

2. 提升网络国防人才能力素质

能力素质是人们完成任何活动都不可或缺的条件。网络国防人才是特殊人才，更应注重对其能力素质的培养。一是学习思考能力。这是网络国防人才提升和发展的基础，在大数据和“互联网＋”时代，技术更新换代的速度越来越快，信息和知识传播的速度也越来越快，面对敌对势力的技术发展与入侵，要与其对抗，必须有强大的学习能力和思考能力。网络国防人才必须能够熟练地运用各种网络信息技术，及时了解整个网络领域的安全状况，不断更新自身的知识结构，在这个过程中提升和发展自己，更好地应对敌对势力的入侵。二是信息获取能力。这是综合分析、判断、选择、整合和利用各种信息的能力，是数字时代网络国防人才必须具备的一种能力。在网络环境下，网络国防人才要想从海量的数据、信息中及时发现、识别有用的信息，必须进行信息的筛选与甄别，及时拦截有害信息、过滤无用信息，这就需要具备很强的信息获取能力。三是网络安全维护能力。这是熟练地使用与网络国防相关的安全技术开展相关安全工作的能力，是从事网络国防安全保障工作、处理维护网络空间安全工作中的各类问题的能力。网络国防人才要能够维护网络基础通信平台等硬件设施的安全，能够维护系统的安全，进行系统的病毒防范、入侵检测与防御，具备应急事件处理技能。四是创新实践能力。这是指依托个人的网络国防专业基础知识和专业能力素质，着眼于网络国防发展的需要，把理论与实践相结合，不断产生新思想、运用新方法，推动新的网络国防技术发展的创造能力。五是要有开阔的国际视野。基于网络对抗的全球性，需要培养更多具有国际视野，了解国际规则和运作环节，敢于斗争、善于博弈的高素质网络国防人才。

3. 完善网络国防人才政策体系

完善人才政策体系，是网络国防人才建设的重要工程。网络国防人才队伍建设能否取得成效，能否为网络国防提供源源不断的人才支持，能否从根本上解决人才建设面临的困难与问题，关键看制度和政策能否创设良好的选人、用人、育人、留人的机制。网络国防人才政策是建立一支强大的网络国防人才队伍的根本保障。一是完善人才引进政策。要建立高层次人才聘用制度，建立高层次人才信息库，建立人才需求信息发布平台；联合国内外高校、科研机构、企业等单位共同建立网络国防人才培养基地，培养高水平网络国防人才；推进网络国防人才执业资格在行业之间、地区之间的互认；制定保护网络国防人才安全的政策措施。二是完善人才培养政策。要建立基于网络国防发展需求的动态人才培养调控机制，优化网络安全学科、专业建设；创新网络国防人才培养模式，提高人才培养质量；完善网络国防人才继续教育制度，支持发展专业化培训机构；建立军民一体的网络国防人才培养体系。三是完善人才激励和保障政策。要稳步推进网络国防人才工资、福利制度改革；建立国家荣誉制度，表彰在维护网络国防安全中作出杰出贡献的人才；研究制定网络国防人才补充保险办法。四是完善人才评价机制。要建立科学的网络国防职业分类体系；分类别制定网络国防人才能力素质标准，分岗位制定网络国防人才考核评价办法；建立完善的网络国防专业技术人才评价机制；规范各类网络国防技术岗位的职业准入；完善高层次网络国防技术人才执业能力评价办法。

4. 注重网络国防人才开发利用

注重对人才的开发利用是使人才持续发挥作用的重要前提。要创新人才开发与利用的机制，从根本上激发网络国防人才干事业、谋发展的活力。一是把好选人关。要在人才选拔上下功夫，把好关，确保网络国防人才队伍高质量发展。创新网络国防人才选拔机制，坚持原则性与灵活性的统一，既坚持公平公正，又注重不拘一格，大胆选拔和任用既具有爱国情怀又具有国际视野、既具有政治素养又具有专业技能的高素质人才。二是把好用人关。在人才使用上，注重激发网络国防人才的工作活力与激情。通过建立有效的人才激励机制，创设拴心留人的环境，激发人才自觉主动为网络国防建设作贡献的积极性。三是合理配置人才资源。要结合工作特点和岗位需求，合理配置人才资源。针对人才特点调整和安排工作岗位，做到人尽其才、才尽其用；积极疏通进出渠道；通过多种途径和办法，更好地吸引社会人才为网络国防建设服务。

（二）网络国防人才建设的特点

网络国防人才建设活动不同于一般的人才建设，也不同于一般的国防人才建设，是针对维护国家网络空间安全的人才群体的建设活动，具有鲜明的目的性、开放性和多样性。

1. 目的性

任何一种行为都是在一定目标前提下实施的。网络空间国防人才建设作为网络国防建设的重要内容，是一种有目的的组织行为。其目的就是在互联网迅猛发展的形势下，培养一批具备较高专业素质和丰富知识储备的专业人才，确保他们能够在复杂的网络环境下维护网络空间安全，净化网络空间环境，维护国家利益。

2. 开放性

网络国防人才建设是在与互联网时代经济社会发展及人才培养工作改革发展互动过程中构建和运行的。网络环境的开放性赋予网络国防人才培养开放性的鲜明特征，只有在开放性的环境中开展人才培养，才能不断给人才队伍注入新的力量，不断提升人才队伍素质。离开了开放性，走封闭发展的道路，网络国防人才将在自我认知的小圈子中故步自封，与时代脱轨，丧失战斗能力。

3. 多样性

网络国防建设系统庞大繁杂，并渗透到国家经济社会发展和关系国计民生的各领域、各层次、各环节及各部门；各领域的社会化分工日益精细、专业化程度越来越高，岗位类型多样多变，对网络国防人才的专业能力素质要求并不完全相同，具有鲜明的岗位特点，这就决定了网络国防人才建设具有多样性。要根据不同职业、不同层次及不同岗位的需求，分类制定人才培养方案，建立人才培养体系。美国国土安全部和人力资源办公室于 2011 年 9 月发布了《NICE 网络安全人才队伍框架（草案）》，其中把网络安全人才队伍划分为 7 大门类、31 个专业领域，并对每个工作岗位的职责及履行岗位职责需具备的知识、能力与技能等作了详细说明。[1] 2011 年，英国政府通信总部发布了《信息安全保障专业人才认证框架》，其中根据职责不同将网络安全人才分为认证人员、审计人员、机构人员、风险咨

---

[1] 李艳．美国联邦政府网络安全人才队伍建设举措及其对我国的启示［J］．网信军民融合，2021（1）：34－35.

询人员、计算机安全人员、通信安全人员和攻击渗透人员，根据专业能力和素质又将每种人才划分为三到四个不同的等级。[1]

（三）网络国防人才建设的原则

网络国防人才建设作为在新兴领域进行的一种国防建设实践活动，是为维护国家的网络空间安全，维护国家安全、主权与发展服务的，在建设过程中要遵循其建设规律，坚持政府主导、重点突破、持续优化人才结构等原则。

1. 政府主导

网络国防人才建设事关国防整体安全。在这类特殊人才的培养中，要坚持政府主导的原则，确保人才培养路线、方针的正确性，在此基础上不断提升网络国防人才建设实效。坚持政府主导是网络国防人才建设的基本要求，对于网络国防建设具有重要意义。网络国防人才建设关系国家网络安全和经济社会发展全局，任务艰巨而繁重。只有在网络国防人才建设工作中坚持和强化政府主导原则，不断加强党对网络国防人才建设工作的集中统一领导，大力提升网络人才建设工作在国家工作全局中的战略地位，才能将网络国防人才建设工作摆在重要战略位置，明确奋斗方向；只有坚持政府主导原则，注重工作能力，按工作实绩选人用人，才能研究并制定网络国防人才建设工作的一系列方针政策、法规制度，为网络国防人才建设工作提供政策依据，为激发网络国防人才的积极性、主动性、创造性营造良好环境；只有坚持政府主导原则，充分发挥政府的政治、组织优势，科学制定选人用人标准，把组织选人和群众公认有机结合起来，整合资源，形成合力，加大网络国防人才队伍培养力度，才能为维护网络空间安全提供战略支撑。

2. 重点突破

互联网核心技术是一个国家建设发展网络空间最大的“命门”，由于各国网络技术水平高低不一，核心和关键技术受制于他国成为各国建设网络强国最大的安全隐患。这就要求网络国防人才要不断提升专业技术能力，掌握、突破核心技术，为网络安全做好保障。随着网络科技的不断发展，网络国防人才的数量不断增多，但是从国际范围来看，“高精尖缺”类人才特别是在核心技术和关键领域能够取得

[1] 王永娟，袁庆军．世界网络空间安全人才培养现状、特点及启示［J］．网信军民融合，2019（5）：53-54.

突破的高端人才委实不多。我国网络安全人才的培养规模与满足网络强国建设的需求还有较大差距，网络国防领域专业型、复合型和领军型人才明显短缺。因此，网络空间国防人才培养要在“高、精、尖、缺”人才培养上取得突破，坚持重点突破原则，在关键领域、关键环节采取特殊的人才政策，发展全面、强大的网络空间国防人才队伍。

3. 持续优化人才结构

互联网技术更新升级的速度非常快，这就要求在网络国防人才建设过程中要不断优化结构、提高质量，更好地发挥网络国防人才的作用。

人才结构优化是从组织的战略目标与任务出发，根据人才群体结构的变化规律，调整组织中人才群体组合不合理、不平衡的地方，形成最佳组合，最大限度发挥人才群体的作用。在人才资源有限的情况下，通过对人才资源的整合优化，建立对人才资源在某一阶段的最佳管控模式，实现人才资源价值和组织绩效的最大化。网络国防人才分布广泛，不同领域、不同组织机构、不同行业、不同岗位对网络国防人才的数量、知识技能和专业素养等的需求都不相同，并且网络国防科技发展速度快，要求网络国防人才不断进行知识更新，这就需要网络国防人才建设在正确认识和把握网络空间国防人才建设规律的基础上坚持持续优化人才结构，不断提升人才培养质量。

三、我国网络国防人才建设的实践

与世界网络强国相比，我国网络国防人才建设起步相对较晚。在党中央的高度重视下，我国网络国防人才建设工作不断推进，取得了一些成果，积累了一些经验，但也存在一些亟须补齐的短板。

（一）我国网络国防人才建设的探索

随着“互联网+”战略和网络强国战略的实施与推进，我国的网络国防人才建设工作稳步前进，特别是在人才培养与管理方面取得了长足的进步。

1. 制定一系列政策法规，引导社会培养网络国防人才

国家非常重视网络国防人才的培养。中央军事委员会于2014年专门印发了文件，强调要扎实抓好信息安全防护力量建设。为实施国家安全战略，加快网络空间安全高层次人才培养，2015年6月国务院学位委员会发布了《关于增设网络空

间安全一级学科的通知》，2017 年 8 月教育部印发了《一流网络安全学院建设示范项目管理办法》。中共中央网络安全和信息化委员会办公室（以下简称中央网信办）等部门于 2016 年、2017 年先后发布了《关于加强网络安全学科建设和人才培养的意见》《国家网络空间安全战略》《关键信息基础设施安全保护条例（征求意见稿）》等一系列文件，强调网络空间安全人才的重要作用，提出要加快网络安全学科专业和院系建设，加快网络安全人才培养。2016 年 11 月我国颁布《网络安全法》，其中明确指出国家要加强网络安全人才建设。一系列政策、法规的颁布实施为我国网络国防人才的培养提供了政策支持和法制保障。

2. 增设网络安全学科专业，推进高层次网络国防人才培养

党的十八大以来，在以习近平同志为核心的党中央的坚强领导下，我国不断探索人才培养新思路、新机制，推动加快网络安全学科建设和人才培养，国家网络安全人才建设取得重要进展。2015 年 6 月，国务院学位委员会、教育部批准增设“网络空间安全”一级学科；同年 12 月，经国务院学位委员会办公室批准，我国 29 所高校设立网络空间安全一级学科博士学位授予点。2017 年，中央网信办、教育部印发《一流网络安全学院建设示范项目管理办法》，将西安电子科技大学、武汉大学、战略支援部队信息工程大学等 7 所高校作为首批一流网络安全学院建设示范项目高校。这些举措有助于推动网络安全专业人才的培养机制化、常态化、持续化，有利于为网络国防建设输送人才。截至 2018 年年底，我国有 241 所高校设置了网络安全相关专业 244 个，每年培养毕业生 1.5 万人左右。[1] 这些举措使我国网络国防人才培养走上了快车道。一级学科的引领和带动有助于多学科之间的交叉融合，可吸引高素质师资和优质生源，从而培养高素质网络国防人才。

3. 企业和社会加大对网络国防人才的培养力度，网络国防人才队伍不断壮大

随着网络安全形势日益严峻，企事业单位及其他社会组织对网络安全问题日益重视，不断加大相关人才的培养力度。越来越多的企业依靠自身资源，通过短期集中面授、在线职业平台学习、实践训练等方式，组织单位的信息安全从业人员参加培训，快速提升岗位技能。国内相关培训机构逐年增多，他们通过为大学毕业生、在职人员等提供继续教育服务，不仅增强了信息安全专业毕业生胜任工作岗位的能力素质，而且提高了国家信息安全人才培养的数量和质量。国内已经

---

[1] 杨蓉. 我国网络空间安全人才缺口大 [J]. 计算机与网络，2020（10）：14.

建立了多层次、综合性与专业性的信息安全认证培训体系，面向信息安全认证从业人员开展专业继续教育培训，保障了信息安全认证人才队伍的质量和数量，提高了其执业水平。中国信息安全测评中心人员资质认定业务针对网络安全人员提供资质培训，近年来每年培训的人员增长速度超过50%，为各行各业持续输送人才，已成为信息安全领域人才识别和能力评价的重要指标。

网络安全企业在人才培养上发挥着不可或缺的作用。例如，奇安信科技集团股份有限公司（以下简称奇安信）在四川绵阳建设了网络安全培训基地——虎符基地，面向即将毕业的大学生，以代训的方式进行为期半年的培养，使其成为网络安全行业的从业者。奇安信还建立了“白帽”合作组织“补天”平台，平台上已有注册“白帽”7万多人。此外，奇安信还通过举办网络安全峰会和论坛促进行业从业者能力的提升。❶

（二）我国网络国防人才建设存在的不足

作为发展中的网络大国，我国的网络国防人才建设活动起点不高，起步较晚，没有发达国家的先发优势。从整体上看，我国网络国防人才队伍在质量、数量、结构等方面与维护国家安全和发展的需要相比还有较大差距，与应对世界网络强国的挑战、打赢网络战的要求还有较大差距。

1. 国家顶层设计与统筹规划亟待加强

网络国防人才建设是一个系统工程，涉及教育、培训、选拔、任用、考评、激励等各个环节，涵盖经济、政治、军事、外交等各个领域，涉及党、政、军、企及个人等各个行为主体，需要国家统筹规划。国家网络空间的安全防卫需要全社会每个用网者具有强烈的安全意识，具备基本的防护和应对能力。网络国防人才的教育与培养应该是针对全社会各个年龄段人员的终身的实践活动，需要从国家层面统筹设计规划，明确人才培训需求、培训目标、培训主体、培训对象、培训内容、培训效果等基本问题。我国目前还没有专门的网络国防人才战略，大多是从学科、专业、基地建设出发发布的意见、通知类文件。我国还没有相对完善的网络安全人才队伍框架，没有统一规范网络国防人才的定义，对网络国防人才的岗位分类、职业能力评价标准和职业发展路径也缺乏清晰的梳理，给本就紧缺

---

❶ 苏晓. 网络安全人才紧缺，需多方合作加快人才培养 [N]. 人民邮电报，2021-1-5 (8).

的网络国防人才的流动造成了障碍，降低了人才使用效率，从长远看也会影响网络国防相关职业的吸引力。

2. 网络国防人才培养体系的科学化建设尚需推进

网络空间是新领域，网络国防人才培养是一项新的战略工程。我国的网络空间安全一级学科建成时间较短，新增网络安全相关专业的高校尚未形成相对完整、健全的学科体系，人才培养仍处于探索阶段。

高等院校的网络国防人才培养主要存在以下问题。一是师资力量不足。网络空间安全学科是新兴的交叉学科，涉及通信、电子、计算机、数学、物理、生物、管理及法律等多学科的知识和技术，没有现成的师资力量可用，现有师资主要是从信息安全、软件工程和计算机科学等相关学科转型而来。教师自身的知识结构会对人才培养产生较大影响。由于师资紧张，教师参与企业实践提升技能水平的机会较少，目前的人才培养更注重理论学习而实战培养不足。二是课程体系设置不够科学、课程内容更新不够及时。目前的课程内容多以计算机基础、信息安全和数学相关知识为主，网络攻防、数据管理、舆情分析和工程系统等内容比较陈旧，不能紧跟技术发展和网络攻防实践的变化而调整。三是实验室建设相对滞后。网络空间安全实践场景复杂，搭建成本较高，营建一个网络攻防实战环境需要大量软硬件资源，包括多媒体设备、虚拟环境的网络靶场平台等，目前国内大部分高校相关实验室建设难以满足教学的需求。四是实践基地建设普遍不足。各院校普遍存在网络安全专业实训基地资源积累不够、与企业实际需求结合不够紧密的问题。企业倾向于选择优秀的网络空间安全专业的毕业生到企业实习，但没有对应的实习实训培养体系，产、学、研三方联合培养人才的长效机制尚未建立。统计结果显示，各院校与网络安全直接相关的实践基地数量平均值小于0.5，90%以上的实训基地以计算机技术企业、通信设备商、网络技术公司为主，并不是网络安全直接相关企业，不能满足网络安全人才培养的需要。这导致培养的学生的知识结构、工程实践能力及创新能力难以满足网络国防实践工作的需要。

此外，在网络国防人才培养中，各领域、各专业、各部门自成一体，群体成规模和有规律脱颖而出的机制尚未形成，网络国防人才群体的整体素质不高，“化整为零、分散使用、流于一般”的情况比较普遍，网络国防人才群体成长的随机性和零星性比较明显。我国还没有建立网络空间安全人才发现和培养体系及认可机制，一些奇才、怪才难以通过现有的机制进入高等院校学习，他们的才能不能得到很好的利用。

3. 网络国防人才管理的制度化建设仍需加强

体制机制是人才管理配置的制度保障。目前我国的网络国防人才建设管理还没有形成科学、健全的体制机制，突出地表现在以下几方面。一是没有建立规范的网络国防人才标准，缺乏相对稳定的政策与法规框架体系，导致网络国防人才开发与配置的随意性较强。二是没有形成体系完备、相对独立的网络国防人才挖掘、培养、选拔、任用、跟踪、考核、评估、调配“一条龙”的体制机制，对于网络国防人才的识别、甄选、教育、培训及任用、考核、评价、晋升、调配全过程，尚未建立能够把握全程的跨领域、跨专业、跨部门的协同领导体制，导致网络国防人才培养和选拔工作缺乏整体性与全程性，培养、选拔与任用不一致、相互分离的现象比较普遍。三是在选拔和任用上存在着决策、执行、评估、监督等各项权力配置与运用不当等问题，严重影响人才选拔和任用工作的科学性和民主化，论资排辈等现象仍存在，导致网络国防人才流失。四是缺乏完善的、高质量的培训和认证标准。近年来，社会对网络空间安全人才的需求逐渐增多，大量人员通过社会培训的方式进入网络空间安全行业。社会培训机构虽然越来越多，但是水平参差不齐，培训和认证的标准比较模糊，还没有建立完善的、统一的、公认的全行业认证标准。通过培训实现就业的人员无法获得行业认可的证书，削弱了其在求职过程中的竞争力。企业极有可能错过一个优秀的人才，求职者也极易因此失去合适的工作机会。没有统一的标准对参加社会培训的人员进行考核和评估，也难以保证培训质量。

四、发达国家网络国防人才建设的特点

世界网络强国普遍高度重视网络国防人才建设，把人才发展作为维护网络空间安全的基础和先决条件。他们的网络国防人才建设工作起步较早，发展较快，积累了不少经验，对我国网络国防人才队伍建设具有一定的指导意义。

（一）注重战略规划

世界网络强国非常重视网络国防人才建设的战略规划。美国早在克林顿担任总统时期就开始谋划信息安全人才队伍建设，在其发布的《信息系统保护国家计

划》中专门提到信息安全人才队伍建设的问题。小布什担任总统时期，美国为了提高联邦政府工作人员的网络安全技术水平，建立了一支技术精湛的网络国防人才队伍，并专门发布总统令，对《国家网络安全综合计划》进行重新部署。奥巴马担任总统时期则出台了《国家网络安全教育计划》，扩大了美国国家网络教育计划的范围，不仅要求对联邦政府公职人员进行技能培训，而且要求对所有网络安全从业人员进行能力培训。此外，美国还加强了对在校学生和普通公众的网络安全教育。2016 年美国政府发布了《联邦网络安全人才战略》，提出了改进人才管理模式的目标和对策；2018 年发布了《国家网络战略》，从管理、薪酬、教育培训等方面对加强联邦政府网络安全人才建设作出战略部署；2019 年通过了《纳尔逊和波拉德情报授权法案》，继续加强网络安全人才建设顶层设计；2020 年 2 月发布了《2020—2022 年反情报战略》，提出要资助培养、培训和任用网络安全专家，以对抗网络攻击行动。❶

英国为确保本国在网络空间的地位不受威胁，保持优势地位，发布了多份网络空间安全战略，根据时代发展对网络国防人才培养提出了不同的要求。2013 年英国提出加强网络技能与教育。2016 年英国提出要大力培养网络空间安全人才，提升网络国防人才专业技能，紧跟全球网络安全技术发展的整体步伐。德国在 2011 年提出将网络国防人才建设作为国家发展战略的十大目标举措之一，要求各部门密切合作，加强网络安全人才培训。

俄罗斯在 2000 年制定了《国家信息安全学说》，它是俄罗斯信息安全领域建设发展的纲领性文件，其中提出要建立一个完整统一的教育培训系统。2016 年俄罗斯制定的新版《国家信息安全学说》强调了俄罗斯缺乏网络安全人才的现实，要求加强人才培养，在信息安全领域不断发挥人才的潜力。

（二）注重制度建设

世界网络强国十分重视建立健全制度机制，以确保网络国防人才队伍沿着科学化、规范化、高质量化的方向发展。

（1）通过立法保障网络国防人才建设

2017 年 5 月，特朗普签署了《加强联邦政府网络与关键基础设施网络安全》

---

❶ 张志刚，刘蕊．美国通过网络战略布局培养网络安全人才的做法及其启示［J］．中国科技人才，2021（6）：37.

行政令，其中专门就国防部的网络安全人才建设问题进行了阐述，这是美国总统第一次通过行政命令的方式专门阐述这一问题。2019 年美国颁布的《网络安全人才行政令》明确提出要通过轮换网络安全岗位、评估网络安全能力、举办网络安全竞赛等方式加强美国联邦政府各部门之间的合作，提升人才建设质量。2021 年 5 月美国政府签署并颁布了《改善国家网络安全行政令》，对美国联邦网络安全提出"现代化"要求，其中包括网络安全人才队伍的现代化建设。[1]

（2）建立通用人才框架，使网络国防人才建设规范化、标准化

网络国防安全覆盖范围广、涉及岗位多，需要多种拥有不同技术能力的网络国防人才。为便于开展人才建设工作，2011 年美国国土安全部和人力资源办公室发布《NICE 网络安全人才队伍框架（草案）》，明确规定了不同的工作岗位需履行的职责及胜任该岗位需具备的知识、技能和能力。2015 年美国对联邦政府内的网络安全工作涉及的 100 多个岗位序列进行了分析，明确了每个岗位的职责和技术能力要求，为确立网络国防人才评价标准奠定了基础。2017 年 8 月美国商务部国家标准与技术研究院发布了新版《NICE 网络安全人才队伍框架》，这一框架也被称为 NIST SP800－181 标准，为网络安全人才的标准化管理奠定了基础。

（3）建立公私部门人才交流机制，借力民间资源推动网络国防人才建设高质量发展

2010 年美国国防部启动"信息技术交流"项目，通过公私部门之间人才的短期交流促进信息技术人员分享实践经验。2014 年美国设立了"国防部长企业研究员计划"，专门派军官到地方科技企业学习和工作，以增强军官的网络实战能力。2015 年美国成立了国防数字服务处，邀请私营部门顶尖人才参与美国国防部的一些研究项目，通过这种方式借助私营部门的人力、智力与技术帮助美国国防部解决难题，推进国防部数字化服务改革。2019 年美国参议院通过了《网络安全交流法案》，该法案允许联邦政府从私营部门和科研机构招募网络安全专家，允许联邦政府机构相关岗位的工作人员到私营部门交流学习等，进一步加大了公私部门之间的人才交流力度。这不仅降低了人才培养成本，提高了人才资源利用率，而且有助于激发人才的创新意识。

[1] 张志刚，刘蕊．美国通过网络战略布局培养网络安全人才的做法及其启示［J］．中国科技人才，2021（6）：37．

（三）注重联合培养

网络发达国家普遍重视汇聚各方力量，共同培育网络国防人才。美国通过加强公私合作推动网络国防人才培养。美国政府设立了“政府服务奖学金”，鼓励学生进入政府部门、科技企业进行岗位实习。美国一些尖端科技研发中心也提供了奖学金，鼓励学生进入研发中心参与高新技术研发工作。美国部分空军和海军实验中心也向后备军官和大学生开放。美国通过多种方式加强网络国防职业宣传，汇集多方力量加强对潜在网络国防人才的开发。2019 年 4 月，美国公共服务合作组织启动了网络国防人才计划，与万事达、微软、工作日三家私营公司合作，其目的是为美国国防和情报机构输送高素质的网络安全人才。纳入该计划的大学生将在一个联邦机构实习两年，而且有可能获得全职工作机会，而三家私营公司将为其提供高达 7.5 万美元的助学贷款。同年 9 月，美国政府公布了政府效能高级研究中心的第一批资助对象名单，力图吸引民间人才，为政府解决重大问题提供方案。该中心 2019 年的第一批资助对象是三个研究团队，每个团队获得了 30 万美元的资助。[1] 美国非常注重加强军民合作推动网络国防人才培养。美国国防部通过与政府其他部门合作共建全国范围内的网络人才输送通道，为军地之间的人才交流创造条件，并创新人才招募方式以吸引网络人才。美国建立了统一的军地通用网络安全人才标准，这有助于军民融合推动网络国防人才的培养。同时，美国还注重将企业、学界等领域具有发展潜力的网络安全人才纳入联邦网络安全人才队伍，把国家预算和人事管理有机地结合起来，为网络人才在企业、政府部门、军队之间流动扫清经费预算障碍。[2]

俄罗斯组建了由大学生组成的科技连，负责俄罗斯信息基础设施的安全保障工作。日本组建的网络自卫队为在校大学生设置了实习通道，以此吸引大学生中的信息安全人才。一些发达国家的互联网公司组织了各类信息安全类竞赛，吸引在校大学生和网络安全人才参加，并从中遴选网络安全人才。

（四）注重体系建设

发达国家注重一体化设计网络国防人才培养体系，其人才培养体系覆盖面广、

---

❶ 张志刚，刘蕊．美国通过网络战略布局培养网络安全人才的做法及其启示［J］．中国科技人才，2021（6）：34.

❷ 同❶.

专业度高。美国的网络国防教育已经融入从幼儿到博士的整个教育体系中，包括社区大学和成人教育。美国公民在少儿时期就会接触到网络安全教育相关内容；部分高中开设了计算机类相关课程；在高等教育阶段，美国率先跳出以计算机理论基础为核心的网络安全课程设置，优化为融合多方向、贴近新需求的学科体系。在社会培训方面，美国政府早在1998年就开始了针对信息系统和网络基础设施安全保障的培训和认证计划，加强对地方上从事与网络国防工作相关的人员的网络安全培训和教育。

欧盟、韩国也很重视加强中小学生的网络国防教育，开设了相应的课程。欧盟在高等院校中增加了网络信息安全专业的教育内容，对相关专业学生进行网络信息安全、数据保护、网络软硬件的研发与制作等培训。针对国家公职人员，欧盟则开展了全员网络信息安全培训。韩国高丽大学的网络安全专业设置了涉及程序设计、密码学、数据结构、网络攻击、漏洞识别等多个知识领域的课程体系，使培养的网络安全人才更贴近实际需求。英国根据工作重点将网络安全人才细分为七类，并依照信息安全保障专业人员认证框架针对不同岗位的人员进行专门的培养。

俄罗斯的网络国防人才培养体系涵盖了所有教育层次，包括中等职业教育、高等教育、补充职业教育及认证，其中高等教育又包括学士、专家、硕士和高教人员培养，中等职业教育最终授予信息防护技术员或高级技术员资格，学士培养最终授予学士学位，专家培养最终授予专家资格，硕士培养最终授予硕士学位，高教人员培养最终授予教员或研究员资格。高等教育和中等职业教育由高校和职业教育机构实施。补充职业教育及认证由高级职业技能培训班实施。高级职业技能培训班主要由国内外与信息安全相关的培训中心开设境外供应商课程和非供应商课程。[1]

日本通过整合政府、企业和高校的资源联合培养网络国防人才。日本通过《网络安全基本法》为网络国防人才培养提供法律基础。日本的高等院校设置了相关专业，开设了介绍《网络安全基本法》及企业遭受网络攻击案例的课程，并将其设为必修科目。日本一些学校除了开设网络设计、网络结构技术等课程外，还开设网络安全课程，让学生学习信息安全技术，培养运用网络技术保护企业和国家网络安全的人才。此外，日本注重动员政府、企业、高校等多方面的力量对网络空间安全人才进行联合培养。

这些国家和国际组织非常重视体系化设计网络国防人才的培养，为网络国防建设储备了大量的后备人才。

---

[1] 赵亮，金华. 俄罗斯信息安全人才培养体系研究［J］. 信阳师范学院学报，2022（1）：106－107.

五、我国加强网络国防人才建设的战略举措

网络空间的竞争归根结底是人才的竞争。高素质的网络国防人才队伍不仅有助于维护网络空间安全，而且有利于推动国家经济社会发展。应当把人才建设摆在重要战略位置，加快设计我国的网络国防人才战略，设计网络国防人才队伍框架，实施网络国防人才政策措施，形成相关各方的有效联动，构建网络国防人才建设发展新格局。

（一）高度重视网络国防人才的建设，将网络国防人才建设摆在重要战略位置

网络国防人才是国家重要的战略资源，网络国防人才建设是一项战略性、基础性的工作，必须把网络国防人才资源开发放在优先位置，从战略层面设计谋划网络国防人才建设工作。

首先，加强顶层设计，做好战略规划。2021 年的中央人才工作会议上，习近平总书记明确提出加快建设世界重要人才中心和创新高地，并擘画了清晰的路线图。[1] 这是对我国人才工作的顶层设计与战略谋划，也为我们从战略层面设计与规划新时代网络国防人才建设提供了根本遵循与前进的方向。我们要坚持党对网络国防人才建设工作的全面领导，自觉贯彻中央人才工作会议精神，加速制定国家网络国防人才战略，出台网络国防人才发展规划，统筹各地区、各部门、各行业资源，加强军地合作、政企合作、校企合作，共同推进网络国防人才建设，通盘规划网络国防人才的培养、管理和任用等，加快建立网络国防人才领导体制；把握关键环节，把握网络国防人才成长规律，从中小学到高等院校学习，再到基层任职锻炼、关键岗位锻炼等教育培训、选拔任用和考核评价等各个关键环节，建立网络国防人才培养与配置的程序；加快推进网络国防人才流动配置、培养开发、考核评价和激励保障等工作机制改革，营造识才、爱才、敬才、用才的环境，为维护国家网络空间安全提供全方位的人才支撑。

其次，加快制定系统的网络国防人才队伍框架。这是网络国防人才建设工作中具有根本性和全局性的基础性工作，是网络国防人才开发与优化配置的基本依据，为人才的选、育、用、留提供明确依据。加快标准体系建设，提升标准体系

---

[1] 习近平总书记在中央人才工作会议上的讲话［EB/OL］.（2021－12－16）［2021－12－26］. https://www.sohu.com/a/508963827_121106902.

的科学性与规范性。梳理网络国防人才资源的类别与岗位，界定各类网络国防人才在网络国防建设中的责任、权力及利益，明确对网络国防人才的具体需求。对我国网络国防工作岗位分类及其通用词汇进行定义，详细描述每种岗位的职责标准，建立科学的网络国防人才素质、知识与能力标准体系。标准体系中的指标要全面、准确、具体；尽可能定量化，避免主观随意性；指标设计要紧紧围绕网络国防人才的特点，突出政治素质、思想品德、专业素质、体能心智等指标，强化政治素养和专业素养的权重占比；指标评价坚持主观与客观相统一、原则与灵活相统一、定性与定量相结合，以综合评价结果为依据评估人才的价值；评价标准要坚持德才兼备，以德为先，突出人才的全面性、创新性和复合性，要适应数字时代对网络国防人才的需求。

最后，加强网络空间法制建设，为网络国防人才建设工作提供制度保障。通过出台相关政策、制度加强网络空间国防人才建设，营造积极良好的制度环境，建立公平公正的人才选拔、任用制度和完善的人才培养、评价等制度，同时要将成熟的政策制度及时转变为国家法律法规，加大人才培养力度，以法律法规等制度形式确保网络国防人才建设工作长期有效开展。

（二）完善网络国防人才培养体系，系统培养网络国防人才

网络国防人才培养是一个长期、持续、覆盖各个年龄段的战略任务，需要分阶段、分层次、分类别，做好接续培养，为此，要构建以高校为主导、以职业培训为辅助、以后备人才培养为抓手的网络国防人才培养体系，做到学科教育与职业培训相结合、基础理论与企业实践相结合、教学科研与实训竞赛相结合、培养与评价相结合，推动网络国防人才培养可持续发展。

首先，充分发挥高校人才培养主渠道作用，加快培养高层次、综合型网络国防人才。一要全面加强师资队伍建设。对现有师资进行在职培训；探索国内外高校、企业、科研机构联合培养人才的机制；支持高校引进国外高端人才，支持骨干教师出国进修。二要科学设定人才培养目标，推进课程体系建设。根据人才需求特点分类制订培养目标、培训内容、培养方式；分类设计人才培养方案，构建多模式培养机制；编写体系化的教材。三要加强实践化教学，不断提升学生的实践技能。加强网络空间安全实验室建设，建设用于网络对抗实践的仿真演练平台。[1]

---

[1] 雷敏．网络信息安全人才教育培养探讨［J］．中国信息安全，2017（5）：95.

其次，建立网络国防人才职业培训与认证体系，加快培养技术型、实用型网络国防人才。职业培训可以迅速壮大网络国防人才队伍，提升网络国防人才的技术水平和实践能力。一要由行业协会牵头，根据各行业的岗位需求制定网络国防人才培训标准，包括培训机构资质的认定标准、培训过程的认证标准、人才资质评价与认证标准等。根据国际标准《合格评定人员认证机构通用要求》（ISO/IEC 17024：2012），建立我国网络空间安全认证机构的认证制度。要求网络国防关键岗位的人员必须持证上岗。二要建立认证机构的认证制度，推广资格认证，加快推进我国网络空间安全认证的国际化、标准化，推动人才跨行业、跨国流动。三要建立培训机构的认定授权制度，明确其资质认定标准和职能；规范对授权培训机构的审批管理和培训市场秩序，推动培训机构健康发展，提升培训质量。四要大力支持职业培训，实施讲师培训工程。出台优惠政策，鼓励社会开办培训机构，构建遍布全国的职业培训网络。对于获得认可授权或培训质量高的培训机构给予一定奖励，推广其先进培训经验和成果。加大对培训机构讲师的培训、考核、晋升等管理，培训讲师必须通过考核获得执业资格、持证上岗，通过考核获得等级晋升等。

最后，建立网络国防青少年专才发现与培养机制，培养网络国防人才后备力量。举办全国青少年网络安全竞赛，选拔人才，防止人才流失；鼓励国内知名高校和企业举办以网络安全技术培训为主题的夏令营、冬令营，为社会上的人才提供专业培训；设立网络安全方面的发展基金，专门用于青少年专才培养，为我国网络国防建设提供人才储备。

（三）调动各方面资源，形成网络国防人才培养大格局

网络国防人才建设涉及的领域多、行业宽、范围广，培养任务重、难度大，需要政、产、学、研、用多方力量参与，加强多主体的协同共建，形成多主体协同育人格局，同心同向推动人才培养工作的高质量发展。

主管领导部门要加强统筹协调，动员全社会相关企业、行业组织和院校协作配合。政府相关部门要制定网络国防人才政策、制度，营造人才培养大环境；资本提供资金，支持安全学院和安全技术研究院落地及开展相关科研工作；产业提供专业师资、专业课程、实训平台等；高校设立网络安全学科，建立安全学院；研究机构建立安全技术研究院，汇聚高端人才，孕育行业领军人才；政府机构、

企事业单位、网络安全企业共同提供实践与就业机会。[1] 为此，一要加快形成校际联合育人格局。“双一流”高校和一流网络安全学院要承担更多社会责任，发挥辐射带动作用，在网络国防建设领域构建手拉手、一对多的跨学校、跨区域的合作模式，构建人才培养综合体，把有限的教育资源盘活、用好，形成高校连片育人的格局。二要加快形成产教融合育人格局。产业在产生经济效益的同时也要培养一批人才。高校和企业要密切协作，共同发力架构做中学、战中训的新型培养模式，在实践中锤炼人才，形成产教融合育人大格局。三要加快形成公私合作育人格局。通过政策设计，引导、激励公私部门加强人才交流合作，合力推进政府部门网络安全人才队伍建设工作；优化制度体系建设，消除阻碍人才流动的体制性因素，扩充政府网络安全人才的“蓄水池”。四要加快形成军民一体育人格局。充分发挥军队、院校与地方在育人方面的优势，取长补短，构建军地人才交流平台，创新人才交流模式，建立军地联动的人才培养机制，加强军地协同，推动网络国防人才队伍建设。五要加快形成全社会育人大格局。联通各类教育站点，把学历教育、职业教育、证书教育、在职培训等多种教育形式统一起来，把孤立的、本位的资源整合起来，提升各类教育形式的综合效益，形成多维度共育人才大格局。[2] 各方通力合作，整合各方资源，形成人才培养合力，提升网络国防人才培养质量。

（四）建立科学的网络人才评价体系，开展分类、分层、分级人才评价

科学的人才评价机制对于树立正确的用人导向、引导人才发展、调动人才创新创业的积极性具有重要的现实意义。

首先，建立科学的网络国防人才分类体系。人才分类标准应普遍适用于我国党政机关、企业、社会团体等单位从事网络国防工作的相关人员。从业人员的分类可考虑模块化的构建方法，以便于工作岗位的拓展。人员分类应从覆盖信息系统生命周期的角度考虑。明确每类岗位的职责职能，从岗位人员应完成的工作任务着手，从知识和技能等方面提出具体、明确的要求。网络国防人才从事的工作按职能可分为系统网络维护、产品开发、安全服务、安全咨询及理论研究等几大类。其中，从事安全服务工作的人员包括网络安全渗透人员和网络安全测评人员。网络安全渗透人员主要利用各类软件存在的漏洞和缺陷对相关软件系统进行黑盒

---

[1] 培养网络安全人才 提升网络安全意识——国家网络安全宣传周大咖谈［J］. 中国信息安全，2020（9）：32-36.

[2] 同[1].

测试；网络安全测评人员主要对网络及系统进行风险评估、等级保护测评等。[1]

其次，建立科学的人才分级体系，明定不同级别人才的知识能力和素质要求。例如，对于渗透测试人员，只能利用某些漏洞和现成的工具进行测试的人员可定为初级渗透测试人员；能够利用漏洞链制作工具进行渗透的人员可定为中级渗透测试人员；不仅可以利用漏洞和工具，还能利用一些合法行为渗透的人员可定为高级渗透测试人员。[2]

最后，建立科学的考核评价标准与方法。制定科学的网络国防人才能力考评标准。按照不同类别的网络国防人才的成长规律，在人才的不同发展阶段设定不同的知识能力和素质要求，不要求面面俱到，不搞平均主义，不设置不符合阶段性特点的评价指标，不脱离实际过度强调某一指标。例如，对于安全测评人员来说，如果没有相对完整的安全知识体系，就不能被评定为相应级别的测评师。我们推行的网络安全等级保护制度的核心是基于主客体安全属性的访问控制，不懂BLP模型、Biba模型并且不理解它们与安全属性之间关系的人员就不能成为中级测评师，不能对三级以上的系统进行测评。要重视核心指标的权重设定。例如，对于理论研究型人才，对初级人才进行评价时，应把基础研究代表成果、团队参与情况、科研发展规划等作为核心评价指标；对中级人才进行评价时，应把基础研究成果积累、核心团队建设、科技成果转化等作为核心评价指标；对高级人才进行评价时，应把前沿基础研究成果、核心研究团队引领、高层次人才项目等作为核心评价指标；对专家进行评价时，应将其国内外前沿研究方向的影响力、顶尖基础研究成果、国家重大战略需求攻关项目、国际国内重大科学奖励等作为核心评价指标。

坚持传统的人才评价方法与分类的差别化评价方法相结合，既充分发挥科学计量法、经济分析法、人才测评、综合评价法、同行评议法等人才评价方法的作用，又兼顾各类人员的特点，分类别地进行差异化评价。基于国家发展战略和现实需求，鼓励把长期研究成果、揭榜挂帅成果、应急响应成果等作为引导性评价指标。坚持定量评价与定性评价相结合。在定量评价的硬指标框架下开展适当的定性评价是保证网络国防人才评价客观公正的有效途径。开展同类、同层、同级评价工作时，定性评价的特长和优势得以发挥。此外，要充分发挥网络安全行业协会在科技人才评价方面的积极作用，协调各方，建立一套政校企公认的人才评价标准。[3]

---

[1] 陆宝华. 建立科学的网络安全人才评价体系［J］. 信息安全研究，2018（6）：1069－1070.

[2] 同[1].

[3] 张婧华. 积极探索网络安全人才评价新机制［J］. 网信军民融合，2021（8）：36.

第九章　网络国防文化建设

网络国防文化是网络国防实践的引擎和动力。深入研究网络国防文化，积极探寻开展网络国防文化建设的有效途径，充分挖掘和释放网络国防文化对网络国防建设的巨大潜力，推动网络国防建设的持续、健康、快速发展，既是维护网络主权安全和建设网络强国的迫切需要，也是新时代提升国防文化软实力、建设文化强国的紧迫任务和时代课题。

一、网络国防文化的内涵与功能

概念是科学研究的逻辑起点，功能是认识事物尤其是系统体系的具体体现。网络国防文化建设是一个人造大系统，不仅具有特定的内涵，也具有特定的功能。在科学界定网络国防文化概念的基础上，根据网络国防建设的目的，对网络国防文化的基本功能进行设计，是网络国防文化建设的客观需要，对网络国防文化建设具有重要的指导意义。

（一）网络国防文化的内涵

网络国防文化作为网络国防建设过程中的一种精神积淀和文化提炼，通常是指根据维护国家网络空间安全和网络主权独立完整的目的与要求，对人们的生活方式、行为方式和思维方式及品德、智力等方面施以影响而形成的精神和物质方面的文明成果。正确理解网络国防文化的科学内涵，可以从狭义、广义和演进三个维度展开。

1. 网络国防领域观念形态的复杂系统

从狭义上讲，网络国防文化是指在维护国家网络安全、使国家网络避免遭受大规模网络攻击的实践中形成的网络国防实践能力、网络国防活动方式及所创造的网络国防精神成果的总和。网络国防文化包括网络国防指导思想、网络国防价值观念、网络国防思维方式、网络国防理论体系、网络国防行为习惯等内容。网络国防文化是网络国防实践的产物，反过来又对网络国防活动产生广泛而深刻的影响。就此而言，网络国防文化是网络国防领域观念形态的复杂系统。

作为网络国防实践能力、活动方式及全部精神成果的总和，网络国防文化主要反映和揭示四个基本问题。一是反映和揭示网络国防实践的属性、本质和规律，即“是什么”的问题，由此形成一系列关于网络国防实践的认识成果，构成了网络国防文化的世界观层面的内容。网络国防文化与社会的其他认识一起构成了人类庞大的认知科学体系。二是反映和揭示网络国防实践的地位、功能、作用、意义，即“为什么”的问题，由此形成一系列网络国防价值观念，构成了网络国防文化的价值观层面的内容。这些价值观念的有机统一成为社会价值观念体系的重要组成部分。三是反映和揭示用什么方法认识网络国防实践及其本质规律和价值意义的问题，即“怎么看”的问题，由此形成一系列思维方法，这些思维方法又成为社会思维方法体系的重要组成部分。这是网络国防文化方法论层面的内容。四是规范、引领和驱动网络国防实践的问题，即网络国防实践“怎么做”的问题，由此形成一系列指导思想、政策制度、行为模式等方面的思想和规范，构成了网络国防文化的实践论层面的内容。它们是人类文化整体思想与规范的重要组成部分。在认知水平、价值观念、思维方式和行为模式四者中，认知水平是基础，价值观念是核心，思维方式是关键，行为模式是根本。其中，价值观念作为网络国防文化的核心和灵魂，驱动、引领和规范着全部网络国防活动，网络国防文化的其他方面都是其直接或间接的反映、表现和结果。认知水平一方面影响着人们的价值观念、思维方式和行为模式，另一方面又深深地打上其他三个方面的烙印。认知水平与价值观念的统一在深层次上决定着人们的思维方式，认知水平、价值观念和思维方式的有机结合进一步决定了人们的行为模式，使其行进在确定的轨道上。

2. 网络国防领域实体形态的有机整体

从广义上讲，网络国防文化是指在维护国家网络安全、使国家网络避免遭受大规模网络攻击的实践中形成和创造的网络国防物质财富和精神财富的总和，主要包括网络国防精神文化、网络国防制度文化、网络国防行为文化和网络国防技术文化。其中，网络国防精神文化作为网络国防实践的意识反映和观念存在，是公民在网络国防实践中的所有精神活动及其成果，是以意识、观念、心理、理论等形态存在的网络国防文化；网络国防制度文化作为网络国防实践的统一规范和组织机制，是指在网络国防实践过程中历史地形成的各种网络国防规章制度和组织体制的总和，以及它们所承载、表达、蕴含、孕育并衍生出的网络国防实践保障机制和产物，是以法律法规、条令条例、纪律规范、体制机制等形态存在的网络国防文化；网络国防行为文化作为公民网络国防实践的行为方式和活动形态，是由广大公民在网络国防实践中约定俗成的习惯性定式构成并以行动表达出来的文化，是网络国防思想、网络国防意识、网络国防精神和网络国防规范的动态体现，是一种以作风、习惯、礼仪、风俗等形态出现的见之于动作的行为模式；网络国防技术文化作为网络国防实践的方法和手段，是在网络国防实践中历史地形成的各种网络国防技术能力和成果，以及包含、体现、孕育和发展于这些能力和成果中的网络国防价值观念、谋略思想、道德规范、行为准则等，是网络国防文化物质化、对象化的过程和产物。这四个方面既相互区别又相互联系，它们相互作用、相辅相成，缺一不可，共同构成网络国防文化的完整结构。就此而言，网络国防文化是实体形态的有机整体。

3. 人类文化新兴典型的特殊形态

从文化自身的分化发展看，文化随人类社会的诞生而诞生，随人类社会的发展而发展。迄今为止，人类社会已经分化出各种各样的职业和层次，相应地，文化也发展出各种各样的系统和形态。就此而言，网络国防文化是人类文化分化发展和自我繁荣的结果和表现。网络国防文化是人类文化的特殊形态、典型形态和崭新形态，集中体现了文化的价值特质，构成了人类文化的重要子系统。因此，网络国防文化还是新兴的典型特殊文化。对此可以从网络国防文化的特殊性、典型性和崭新性来理解。

从特殊性来看，网络国防文化的特殊性表现在两个方面。一方面，网络国防文化的研究对象和内容特殊。网络国防文化是由网络国防实践的认知水平、价值观念、思维方式、行为模式等构成的观念形态的体系。因此，它属于国防文化的范畴，是从国防文化学中独立出来的分支学科。另一方面，网络国防文化的作用和地位特殊。网络国防文化的水平和状态直接关系到网络国防谋略的实现，关系到军队战斗力的发挥，关系到国防实践的成败，关系到未来战争的胜负，关系到国家的安危和民族的存亡。因此，它属于安全文化的范畴，是安全文化学的重要组成部分和分支学科。

从典型性来看，网络国防文化作为执行特殊政治任务的武装集团在网络国防实践中形成的网络国防实践能力、网络国防活动方式及所创造的网络国防精神成果的总和，自始至终都是围绕着建设强大网络国防、维护国家网络安全这一价值追求而不断发展的。网络国防文化在本质上是追求价值的，是一种是为了国家和民族的利益而工作的价值实现活动，即网络国防文化所维护和实现的首先是国家和民族的价值和利益。就此而言，网络国防文化集中体现了人类文化的价值特质，把文化中看不见而又构成其实质内容的人文价值观念凸显出来。因此，它集中代表了人类文化的本质和特征，集中反映了文化的真谛和内涵，是一种典型的人类文化形态。

从崭新性来看，纵观历史发展，人类文化的发展已经发生了三次转向。第一次是近代的认识论转向，第二次是现代的语言学转向，第三次是当代的文化学转向。每一次文化转向都意味着时代主题的根本转变和关注焦点的重大转移。作为一种新的文化形态，网络国防文化像网络国防实践一样，事实上早就存在，并且一直发挥着作用。但是作为理论形态的网络国防文化直到目前还未完全建立，仍然处于继续探索与完善的过程中。就此而言，网络国防文化又是一种正在兴起的新的文化形态。网络国防文化的建立是人类文化转向的时代表现，是信息时代军事文化繁荣发展的内在要求和必然结果。

（二）网络国防文化建设的功能定位

1. 思想引领功能

文化优势是最持久的优势，文化导向是最根本的导向。网络国防文化作为网络国防实践的内在动力，是网络国防实践的精神源泉，从深层次上引导、支配并规定着网络国防活动的方向、进程和结果。概括地讲，其思想引领作用主要表现在决定网络国防性质方向的思想主导、加速网络国防实践进程的价值引导、推动网络国防事业发展的理论指导三个方面。首先，网络国防文化是网络国防活动赖以发起的观念先导。谋略先于战争，观念先于行动。网络国防建设作为有计划、有谋略的军事活动，是在网络国防观念的驱动和支配下进行的。离开网络国防文化的观念先导和思想引领，网络国防建设既不会受到重视，更不会有效地开展，当然也就谈不上持续健康地发展。网络国防文化作为网络国防活动的观念先导，在深层次上规定和引导着网络国防活动的方向，构成网络国防活动及时发起、自觉开展的强大思想引擎和持久精神支柱。先进、科学的网络国防文化始终是健康、有效的网络国防活动得以发起、赖以进行并富有成效的精神阀门、思想先导和活动前提。其次，网络国防文化是网络国防实践科学进行的理论指导。网络国防建设作为肩负特殊政治使命的武装集团所进行的特殊军事活动，不仅是有计划、有谋略的活动，而且是在科学理论指导下进行的高度自觉的活动。这种高度自觉的活动当然离不开网络国防文化的理论指导。网络国防文化作为系统化的网络国防理论体系，既源于网络国防实践，又高于网络国防实践，既是实践正常进行须臾不可或缺的思想引擎，又是网络国防实践健康发展、高效运行的理论指导。网络国防文化中最稳定、最核心的思想精华——网络国防观、网络国防价值论和方法论对网络国防实践有着根本性的指导意义，从深层次上决定和影响着人们对网络国防实践的态度和认识，规定和制约着网络国防建设的指导思想、根本原则、发展方向和实践方法；网络国防文化中丰富的网络国防理论，如网络国防谋略学、网络国防组织学、网络国防管理学、网络国防人才学、网络国防教育学、网络国防技术学等，对网络国防建设的战略谋划、思维创新、体制改革、科学管理、人才培养、教育训练、技术支撑等都有着直接的指导意义。最后，网络国防文化是网络国防实践持续展开的价值引导。网络国防实践自始至终都是在网络国防文化的价值引导下进行的，始终围绕着维护国家网络主权安全和新兴领域发展利益的价值目标而展开。可以说，网络国防文化始终是网络国防建设的价值引导和目标指向，网络国防文化的价值取向始终引导着网络国防实践的方向和道路。

2. 行为规范功能

网络国防文化所固有的国家利益最高的价值取向是网络国防价值评价、价值选择和价值活动的最高尺度，是全体公民共同的价值标准和行为规范，是公民在网络国防实践中必须遵循的行为准则，对于每一个公民都具有普遍的约束力和规范力。因此，网络国防文化又是公民网络国防实践行为的规范要求和内在尺度。网络国防文化作为网络国防价值观念的思想体系和网络国防行为模式的规则体系，是由一系列价值目标、价值标准、行为规则、实践原则等组成的体系，表现为系统化、标准化、程式化的规范和准则。这些规范和准则既是全体公民价值认同的思想基础，又是网络国防实践的行动指南。在网络国防实践过程中，网络国防必然具体化为各种各样的网络国防规章制度，从而构成全体公民网络国防实践的具体行为准则和规范。先进的网络国防文化既是先进的网络国防思维模式和思想方法的理论概括，又是孵化和培养公民良好的网络国防思维模式和方法的良田沃土，对公民良好网络国防思维模式的形成与固化具有润物细无声的特殊作用。网络国防文化作为一个复杂的系统，不仅包括网络国防指导思想、价值观念、思维方式，而且包括网络国防法规制度、道德规范、行为准则、心理意识、理想信念，是网络国防行为习惯养成的强大精神动力和思想基础。公民网络国防行为习惯的养成既源自网络国防文化所富含的网络国防心理、网络国防意识和网络国防思维模式，也源自对网络国防规章制度的长期遵守和落实。先进的网络国防文化是公民自觉养成网络国防行为习惯的观念源头和精神动力。由此可见，网络国防文化是规范公民网络国防实践活动的行为准则，是培养公民良好网络国防思维的孵化器，是培养公民自觉的网络国防行为习惯的精神“酵母”和驱动器。

3. 氛围熏陶功能

网络国防文化对部队建设和战斗力的影响和提高、对公民思想观念和行为方式的塑造和规范不是单一渠道、单一形式的，而是像阳光和雨露一样，渗透到部队建设和公民活动的各个层面和领域；也不是立竿见影、一蹴而就的，而是在耳濡目染、潜移默化之中启发和引导公民的思维方式、价值观念、审美情趣、行为习惯，在环境熏陶、氛围营造之中提高和影响网络国防实践的水平和进程。这是网络国防文化氛围营造功能的体现。网络国防文化能够增强广大公民的网络国防意识，营造人人重视网络国防工作、支持网络国防工作的大环境。网络国防文化能够促进网络国防工作顺利开展，形成人人自觉遵守网络国防规章制度的良好氛围。网络国防文化能够提升网络国防管理工作的科学化水平，形成党管网络国防、层级管理、归口管理的网络国防管理新机制。浓厚的网络国防文化环境无疑可以强化公民的网络国防意识，提高人们对网络国防本质及其规律的认识，改变轻视网络国防实践的错误思想和模糊认识，增强网络国防实践的主动性、自觉性和实效性，从深层次上孕育、涵养并增强公民重视网络国防工作、支持网络国防工作的观念牵引力、价值认同力、思维创造力、审美鉴赏力、精神驱动力和实践推动力。良好的网络国防文化环境和浓厚的网络国防文化氛围不仅可以增强公民的网络国防意识，而且可以形成以正压邪的良好网络国防氛围，形成人人思考网络国防、人人参与网络国防的大气候，形成人人防失密、人人堵泄密、人人反窃密、人人诛卖密的大环境。系统化、理论化的网络国防文化作为人们对网络国防实践的经验总结和规律性认识，是人们对网络国防本质、特点和规律的根本看法和观点，构成了人们网络国防实践的世界观、价值观和方法论的理论基础和实践指导，特别是网络国防文化中有关网络国防管理、网络国防体制等的理论和方法直接影响着网络国防管理的水平和方法，制约着网络国防管理体制与机制的建构和优化。

4. 谋略提升功能

网络国防谋略是一种为了维护国家网络利益和安全、获取最大战略优势而进行的积极的思维过程和成果——国防计谋和策略，目的是以最小的代价赢得最大的胜利，以达到网络国防实践既合规律性又合目的性的最高智慧。作为精神财富，文化包含三个层次：一是知识，二是智慧，三是谋略。抽象的知识只有转化为思想的智慧才有价值，过人的智慧只有转化为实用的谋略才有意义。网络国防文化作为人类文化的特殊形态和国防文化的重要组成部分，对提升网络国防谋略能力和水平具有不可替代的特殊作用。网络国防文化作为网络国防实践的意识反映、经验总结和观念指导，本身就是进行网络国防实践活动的计谋和策略，也是对网络国防活动进行谋划和运筹的观念引导和思维导向。从网络国防谋略的产生机制和精神源头看，网络国防谋略作为军事实践的行动指挥和计谋策略，其产生和发展始终离不开网络国防文化的观念孕育、思维运筹和智力谋划，它是牵引并驱动网络国防实践活动的文化观念的思维智慧和成果。由此可见，网络国防文化是网络国防谋略能力与水平的重要体现，是网络国防谋略能力形成与提高的关键和基础，是网络国防谋略产生和发展的前提和条件。

二、网络国防文化建设的价值取向

文化的核心是价值观念，文化最大的功能在于确定主体的价值取向。价值取向具有强烈的实践品格，决定、支配主体的活动目的和价值选择，对主体的实践活动具有根本性影响。网络国防文化具有国防文化的普遍性，和国防文化一样是民族文化的缩影、民族意识的聚焦和民族精神的彰显。加强网络国防文化建设，不仅要基于网络国防文化建设的丰富内涵对其基本功能进行科学定位，更要结合我国国防文化和民族文化的传统，凝练出既体现网络国防建设一般规律又符合我国文化传统的价值理念。

（一）根植于民，核心在军

网络国防文化的主体是全体军民，具有全民性，其中民是基础，军是重点。一方面，国家作为人们繁衍生息的场所，每个人都有维护其安全、促进其繁荣的责任和义务。因此，国家是全民的国家，国防是全民的国防。几乎所有国家的宪法都规定，每个公民都有维护国家领土、主权完整的责任，明确了公民的国防义务。在我国，全民国防的思想源远流长。《左传》中有“无民不战”“无众必败”。《吴子》中提到，“民者，国之本也。”进入新时代，习近平总书记深刻指出，“我们的国防是全民的国防，推进国防和军队建设改革是全党全国人民的共同事业。”2020 年，全球网民数量已冲破 30 亿大关，几乎占全球人口的一半，理论上讲，这 30 亿人都有可能成为网络空间斗争的参与者。目前，我国建成了世界上最大的网络信息系统，拥有近 10 亿网民和数以百万计的互联网企业，其中蕴含着强大的动员能力和创造能力，如果加以引导和运用，必将创造出巨大的融合效益。由此可见，数字时代的网络国防领域，攻击与防御的权利并非全部掌握在国家与军队手中，民间的力量更强大。只有调动亿万群众关心和参与网络国防事业的积极性，国家网络安全才有牢固的根基。只有把人民战争思想贯彻运用到网络国防建设上来，才能使网络国防建设获得最深厚的力量。

另一方面，国家间的武装冲突首先是双方军队的对垒。自古以来，各国都把打造一支能打胜仗的军队作为整个国防建设的重中之重，因为军队是国家安全的捍卫者和国家利益的维护者，是武器装备的操作者和使用者，是与敌对营垒直接厮杀的对象，处在全民国防的核心位置。军队的战斗力直接关系到国家主权和尊严的维护，军队的整体形象、战斗精神、军人素质是一个国家国防水平的直接体现，也是国家强大的标志。当前，世界新军事革命深入发展，网络空间成为各方战略竞争的新的制高点。面对汹涌的世界新军事革命大潮，全国人民必须始终把建设巩固国防和强大军队作为我国现代化建设的战略任务，全力以赴支持国防和军队建设。军队人员必须适应国家安全环境新变化，紧紧围绕世界军事变革的最新发展趋势，前瞻性把握网络空间技术革命、产业革命和军事革命的发展趋势及其对国家安全领域的广泛且深刻的影响，牢固树立进取意识、机遇意识、责任意识，积极掌握国际军事竞争尤其是网络空间国防的战略主动权，努力建设与国家的安全和发展利益相适应的强大军队，为捍卫国家网络国防提供强有力的战略支撑。

（二）以文为里，以武为表

以文为里、以武为表是我国长期以来国防建设历史经验的总结，也适用于网络国防文化建设这一特殊领域。其中，“文”指崇军尚武、忠诚报国的内在精神因子，是包括网络国防文化在内的所有国防文化的内核性要素，是“里”的属性；“武”指备武、行武等外在的国防实践活动，它受“文”的指导，是“文”的延伸，是国防文化的表体性因素，是“表”的属性。

以文为里，即尚武精神是国防建设发展的内因和动力。培根说：“任何国家之所以伟大，主要在于是否有尚武的人种。”尚武是一种通过加强武备捍卫国家安全的群体思想意识，贯穿于全体军民的整体价值观、信念、道德、行为准则之中，是维护国家安全的思想基础和增强民族凝聚力的强大精神因素，是无坚不摧、削铁如泥的国之利器，对增强包括网络国防在内的整个国防实力、提升国家的整体防御能力有着重要的指引和激励作用。尚武精神是国家文明的标志和国民必备的素质，国民的尚武精神不仅可以转化为支持和参与国防建设的动力，而且能够营造全社会崇军尚武的深厚氛围，还会增强国民的荣誉感和责任感，进一步激发国民平时勤奋工作、战时无私奉献的积极性和自觉性。

以武为表，指要加强国防建设等具体的武备活动。和其他国防建设一样，网络国防建设追求的直接结果是力量的增强、战争的胜利和对国家安全的维护。因此，建设网络国防文化，自然要开展网络国防实践活动。网络国防失去“武”的内容，就不能称其为国防。但是网络国防能力不是自发形成、自动增长的，它是被国家安全形势尤其是国家的网络安全形势所构筑，被人们的尚武精神所雕塑的。

总之，网络国防建设需要培育文化要素，网络国防文化的培育需要“内修文德，外治武备”。只有从思想上不断强化忧患意识，激发爱国热情，培养尚武精神，从行动上自觉支持和参与网络国防建设，努力实现强军目标，增强御敌卫国能力，才是构筑、巩固强大网络国防的正确之道。

（三）以和为守，以战为指

战争与和平的关系是事关人类社会安危的重大问题，也是网络国防要关注的基本问题。克劳塞维茨曾说：“你想和平吗？那么你就准备战争吧！”毛泽东同志也曾深刻指出，对战争这个怪物，“消灭它的方法只有一个，就是用战争反对战争”。历史告诉我们，忘战必危，好战必亡。二战时英法的绥靖政策引发了更大的战争恶果，而抗美援朝战争则为我国赢得了几十年的和平。由此可见，战争与和平是一对矛盾的两个方面，既相互对立又相互转化。越是惧怕战争，战争往往会更快来临；越是敢于应战，越能保持长久的和平。

以和为守，是指网络国防文化是坚守和平的文化。和平是人类共同的愿景，是千百年来人们孜孜以求的崇高目标。早在三四千年以前，古人就将汉字“武”解析为“止戈”，表明古代先贤把军事发展和战争的目的定位为制止战争、赢得和平。网络国防的目的是防备和抵抗网络空间的侵略，制止网络空间的武装颠覆和恐怖袭击，追求和平安宁的网络空间环境。追求和平、维护和平、坚守和平不仅是我国国防文化的基本价值，也是我国网络国防文化的基本价值。

以战为指，即网络国防文化是指向战争的文化，具有战斗性。热爱和平并不意味着不加区分地反对一切战争。在外敌入侵和分裂势力面前，从来都不应该惧怕战争和逃避战争，更不能苟且偷生。为和平而战，为反对侵略、反对分裂而战，用正义的战争反对和遏制不义之战，是我国国防文化的应有之义。马克思主义者认为，和平从来不会自动降临，只有立足于战争，才能赢得和平。毛泽东同志强调，在战争年代，要以斗争求和平；在和平年代，要以备战求和平。以战止战、以战促和是谋求和平的重要方式。抗美援朝战争打出了国威，打出了巩固的国防。正是因为对强敌的痛击和全民的积极备战，我们才遏制了战争，赢得了和平。

历史警示我们，无兵不宁，忘战必危。捍卫正义，维护和平，必须把和平的主动权掌握在自己手中。自古知兵非好战，强军备战为和平。无论是守护网络安全，还是捍卫网络主权完整，只有牢固树立居安思危、枕戈待旦的忧患意识，坚决捍卫用鲜血和生命写下的历史，时刻准备为正义和平而战，对任何侵犯我国网络空间主权和破坏我国网络空间安全的行径，人民军队都将作出坚决、正义的反击，才能够保持长期、稳定、和平的发展态势。

三、网络国防文化建设的原则

网络国防文化建设的基本原则指网络国防文化建设依据的法则和标准。当前，为适应世界新军事变革发展的要求，网络国防建设指导思想发生了战略转变，这必然给网络国防文化建设带来许多新的迫切需要研究的课题。在新的历史条件下，加强网络国防文化建设，要遵循民族性与世界性相统一、继承性与创新性相统一、共同性与特殊性相统一的原则，确保网络国防文化建设符合国家的国情和军情。

（一）坚持民族性与世界性相统一

网络国防文化是从民族文化的母体里发展起来的，因而打上了具有民族文化特质的印记。网络国防文化的民族性是指它主张弘扬中华民族的优秀国防文化传统，主张维护中华民族的利益和捍卫中华民族的尊严。我国是一个有着悠久历史的文明古国，在长期的历史实践中积淀了深厚的历史文化传统。随着时代的进步，需要对不合乎时代精神的文化传统加以改造，推陈出新。我国是主权国家，在国际交往中主张不以社会性质和意识形态划界，但一定要把维护国家的主权和中华民族的利益放在第一位，必须坚决捍卫中华民族的尊严，因此必须坚持我国文化的底蕴和特质。

网络国防文化是人类社会发展最敏感的神经，是世界形势最敏锐的风向标和传感器。网络国防文化的世界性是指它主张在平等的文明对话中汲取其他民族创造的有益文明成果，从而形成普适性的网络国防文化。当代世界，各种思想文化相互激荡，西方发达国家推行网络文化霸权主义，而我国反对网络文化霸权，主张维护世界文化的多样性，强调世界上的各种文明、不同的社会制度和发展道路应该彼此尊重、取长补短，在求同存异中共同发展。建设和谐的网络空间文化，必须以世界的眼光、以平等的姿态与其他文明展开对话，认真汲取其他民族创造的有益文明成果，在与其他民族文化的交流和融合中形成一种普适性的网络国防文化。

网络国防文化既具有民族性又具有世界性，是民族性与世界性的统一。如果说民族性是世界性的基础，世界性则是民族性得以维持和发展的营养来源。网络国防文化与世界文明成果之间不是此消彼长的对立关系，而是统一的、共生共荣的关系。

（二）坚持继承性与创新性相统一

一个民族的优秀文化凝聚了该民族世世代代的智慧，是推进文化创新发展的深厚根基。我们要在汲取传统网络国防文化的基础上，紧跟时代步伐，体现鲜明的时代精神，在继承中创新，坚持古为今用、洋为中用、民为军用，大胆探索和创新先进网络国防文化建设的内容、办法和手段，使之始终保持旺盛的生机和活力。网络国防文化创新与发展，必须处理好继承性与创新性之间的关系。新形势下的网络国防文化发展是继承与创新发展的统一。只有坚持继承，才能为创新发展打下良好的基础，而创新发展也是传统文化新的延续。在网络国防文化建设的继承性与创新性关系的处理上尽量避免两种倾向。一种是全盘继承僵化的、腐朽的思想，另一种是片面地、盲目地追求“新”，把继承与创新对立起来。正确处理网络国防文化建设的继承性与创新性的关系，必须坚持将对传统的选择性继承与创新性发展结合起来，有选择地继承在长期的实践中形成的网络国防文化建设的优良传统，摒弃那些不适应网络国防现代化建设发展的理论和方式方法，大力发扬适应网络国防现代化建设需要的网络国防文化，开辟网络国防文化的新境界，坚持民族性、开放性和时代性的统一。

（三）坚持共同性与特殊性相统一

网络国防文化的共同性是指所有社会历史阶段、所有文化形态的“最一般的统一性”。我国的网络国防文化必须贯彻社会主义文化大发展大繁荣的共性要求，推进社会主义核心价值体系建设与和合文化建设；要为建设社会主义文化强国、走中国特色社会主义文化发展道路服务；坚持为人民服务、为社会主义建设服务的方向，坚持“百花齐放、百家争鸣”的方针；要坚持贴近实际、贴近生活、贴近群众的原则，真正形成民族的、科学的、大众的网络国防文化体系。

网络国防文化的特殊性表现为不同社会历史阶段的文化形态之间的差别，不同社会形态、不同地域、不同的文化发展背景，形成不同的网络国防文化形式。一是网络国防文化有着深厚的历史渊源。自互联网产生以来，各国在保护本国利益的过程中逐渐形成了网络国防文化。由于信息技术不断发展和国家安全形势不断变化，网络国防文化始终处于不断发展和变化之中。二是网络国防文化表现为以战备为中心。战备和战争是网络国防文化发展的主线，是为了更好地处理战备和战争而形成的共同认识和理念，具有明显的对抗性和长期性。三是网络国防文化与经济建设和军队建设息息相关，经济建设和军队建设与发展影响着网络国防文化的建设和发展。反过来，网络国防文化的建设和发展也时刻影响着经济建设和军队建设。因此，相较于大众文化，网络国防文化具有自身的特殊属性。

四、网络国防文化建设的内容和重点

建设网络国防文化，不仅要从整体上进行功能设计和价值选择，还要在概念和功能设计的基础上，根据网络国防文化的外延科学建构网络国防文化建设的内容，根据网络国防文化的内涵合理选择网络国防文化建设的重点。无论对于优化网络国防建设体系，还是对于推进网络国防建设的实际效果，这都至关重要。

（一）网络国防文化建设的内容

网络国防文化作为军事组织和公民在网络国防实践中创造的全部精神成果，涉及网络国防实践的一切领域，渗透于网络国防实践的方方面面，贯穿于军事组织和公民的一切活动之中。就其基本存在形式和重要外延而言，它是网络国防物质文化、网络国防制度文化、网络国防行为文化、网络国防心理文化的有机统一，四者之间既相互区别又相互联系，共同构成网络国防文化的完整结构。紧紧围绕并抓紧抓好四大文化建设，是网络国防文化建设的主要内容。

1. 发掘网络国防物质文化

文化不仅包括语言、传统、习惯和制度，也包括具有激励作用的思想、信仰和价值，及其在物质工具和制造物中的体现。网络国防物质文化是一种器物性文化。在虚拟的网络空间中，能反映网络国防文化的物质载体并不少见，如网络国防技术成果的转化物、网络国防基础设施、网络国防产品等。我国作为网络后发型国家，与世界网络强国相比，接入互联网的历史并不长，但在短短三十多年的时间里，我国网络国防建设事业取得了不少成就，特别是在网络国防科技领域，某些技术已经处于世界领先水平。我们要重视网络国防设施设备维护，加强网络国防教育基地建设，积极发掘网络国防物质文化资源，展现国家对网络对抗中涌现的英雄人物的尊重与肯定，塑造积极向上的网络国防文化价值观念。

2. 规范网络国防制度文化

健全和规范国家的国防法律、军事法规、相关条例和条令，建立和完善我国的国防制度体系，是依法治军、从严治军的重要基础与前提，也有助于建立平等、公平、正义的国防制度文化系统。一个安全的社会需要各种不同的法律体系支撑。在互联网飞速发展的背景下，犯罪分子的犯罪过程更加隐秘，犯罪手段更加高明，这就要求我们不断制定制约犯罪分子的法律法规，健全并完善我国的网络国防法律体系，引导和教育网民正确合法地开展网络活动；明确规定什么样的网络言论是合法的、正确的，使网民正视自己的权利与义务；加强对网络运营商的管理，对违法乱纪行为进行及时有效的打击与处置，以减少犯罪事件的发生。

3. 引导网络国防行为文化

思想是行动的先导。要使热爱网络国防事业、履行网络国防责任和义务成为公民社会生活的一种常态和习惯，建设具有引导功能的网络国防行为文化是必然的选择。在当前加快军民深度融合发展的过程中，要创设以积极参加网络国防建设为导向的网络国防文化环境，强化中国梦、强军梦与个人的理想、信仰、价值之间的内在联系，紧紧围绕强军目标的实现，积极鼓励适龄公民尤其是大学生投身网络国防建设事业，加强网络国防后备力量建设，大力提升网络国防人力资源的素质与能力；不断拓宽、创新军民融合之路，倡导军地合作、军地互动、科技拥军、技术强军等新的模式。在国家层面，通过各种措施引导建设积极向上的网络国防行为文化，并使之对全社会产生巨大的影响，从而塑造全民网络国防意识、网络空间安全意识。

4. 塑造网络国防心理文化

从狭义上理解，网络国防心理即在网络空间作战中军民所表现出的战斗心理，包括对敌人的认知、对士气的调节及纪律、攻击等战斗相关因素。从广义上讲，网络国防心理还包括和平时期军民对网络攻击、网络监听等行为正义性的是非判断、对国家是否会卷入网络作战的心理预期，以及在假设的战争情境中可能表现出来的各种反应。毛泽东同志曾说："真正的铜墙铁壁是什么？是群众，是千百万真心实意地拥护革命的群众。这是真正的铜墙铁壁，什么力量也打不破的，完全打不破的。"[1] 人民群众的爱国热情与卫国斗志的激发不可能依靠临阵磨枪式的动员，而必须依赖于具有深厚文化底蕴的国防心理培育机制。网络国防心理文化的塑造尤其要重视对非物质的网络国防文化心理遗产的继承与弘扬。例如，中华人民共和国成立后，国家以法律的形式规定《义勇军进行曲》为国歌就是为了让全体中国人在内心深处永远留下抗日战争中中华民族在生死存亡的关键时刻集体觉醒、奋起抗争的心理记忆，使广大民众即使长期身处和平的环境中，也能时时、处处通过国歌唤起内在的国防意识，从而更好地反思历史、正视现实、展望未来。网络国防心理文化建设应注重在日常的网络攻防对抗中挖掘、总结非物质的网络国防文化心理遗产，并发挥其作用。

（二）网络国防文化建设的重点

建设网络国防文化，必须立足我国实际，顺应网络国防实践发展的要求，着眼于网络国防事业的科学发展，紧紧围绕影响、制约网络国防文化发展的关键问题，进行深入探索和系统研究，真正提出解决问题的办法，力争在网络国防文化创新发展的关键环节有所突破。具体来说，要紧紧抓住以下三个方面进行重点建设。

---

[1] 李良. 深刻领悟"人民就是江山"的执政规律［EB/OL］.（2021-07-21）［2021-08-26］. http://dangshi.people.com.cn/n1/2021/0721/c436975-32164719.html.

1. 提高网络国防的政治警惕性

网络虚拟、无界、互联，使得网络空间的斗争隐蔽、无形、无声，平战模糊，兵不血刃，很容易滋生国防意识淡薄、对网络渗透颠覆认识不清、斗争意志消退的问题，这是推进网络国防建设首先要解决的问题。一是警惕网络国防观念淡薄。网络有主权，网络有边疆，守边固防，匹夫有责。要深化、创新网络时代国防教育、国防动员的形式和内容，多手段、多渠道固化网络国防意识。二是警惕意识形态阵地的失守。随着网络技术的发展和广泛应用，网络空间成了政治、经济、文化渗透颠覆的新平台，不法分子借自由民主人权之名兴风作浪，抹黑政府，扰乱思想。因此，不仅传统价值体系面临危机，而且政府治理能力面临巨大挑战。要对网络和平演变的图谋保持足够的警惕，让社会主义核心价值观占领网络阵地。三是警惕斗争意志的丧失。热点事件、街头政治、颜色革命，均有网络空间幕后推手的身影。和平时期，战线隐蔽，战场无形，很容易丧失警惕和斗争意志。面对对我国网络国防的滋扰，我们必须时刻保持运筹帷幄、决胜千里的谋战之势，时刻保持箭在弦上、引而待发的备战之态。

2. 打造网络国防文化建设的强大主力军

文化的大繁荣大发展离不开人才引领和支撑。从世界范围来看，目前全球已有美国、英国、日本、韩国、俄罗斯、印度和以色列等 46 个国家组建了网络作战部队或军方介入网络安全领域，网络扩军备战势不可当，网络战争呈“山雨欲来风满楼”之势。我国的网络国防文化建设离不开大量政治立场坚定、专业技术过硬的优秀人才。由于政治、经济、军事、文化的网络边疆面临全面侵扰，我国迫切需要布局国家网络力量，加快建设与网络大国的主权、安全利益相适应的网络国防力量。军民深度融合，寓军于民，仍然是网络空间力量布局的法宝。诚然，近 10 亿网民完全可以成为网络国防的预备力量，活跃在各行各业的广大民营企业可以成为网络国防的骨干力量，政府机构和国有企业一定是网络国防的主要力量，而一支攻防兼备、制衡威慑兼有的网络作战部队必定是网络国防的核心力量。这是网络大国和平崛起的内在需要，也是推进强国战略的力量保障。当下，我国完全可以理直气壮地发展网络空间作战力量，倾心打造一支有实力、有战斗力的网络国防主力军。越是对手反对的，我们越是要优先、重点发展。历史昭示我们，战争没有规则，网络战争更不会有规则，战争拼的是能力，打的是实力。

3. 强化打造网络国防强力杀手锏的网络国防科技文化

科学技术是第一生产力，也是核心战斗力。数字时代，网络信息技术的迅猛发展及其广泛应用大大改变了人们的生产和生活方式，也不断刷新着人们对战争形态和作战方式的认知。人们如何认识和看待网络科技，在很大程度上决定着如何开发和应用网络科技。如同冷战时期的核武器一样，网络空间防御需要常规武器，也需要能够威慑、制衡对手的杀手锏武器。据报道，美军正大力开发各种绝密网络作战武器，其中一个名为“尾声”的项目正在开发一种可以从杀毒软件、防火墙的漏洞中侵入互联网设备的程序，这样的侵入病毒史无前例，其破坏力将无法估量。另外，美国及一些西方大国网络和信息化水平高，关系国计民生的金融、交通、能源、通信等关键基础设施的网络依存度高，有可能成为网络战争中的薄弱点。我们必须着力打造相应的攻击、致瘫、摧毁利器，形成战略威慑。在网络空间斗争中，我们总体上处于相对劣势地位，如何避免与对手争夺全面优势和整体短长，形成网络国防特色装备体系？如何利用网络空间作战非对称性的特点，针对敌之要害和“命门”着力发展我们的杀手锏武器？这些都需要树立正确的网络国防科技观，并基于此形成对网络国防科技发展的前瞻性把握、合理开发和有效利用。从与网络国防建设密切相关的网络国防科技文化和网络国防科技发展的关系来看，网络国防技术文化是更深层、更持久、也更具先导性的力量，不仅直接决定着网络国防科技的开发和利用，也事关网络国防建设的质量和效益。

五、我国网络国防文化建设的策略选择

网络国防文化涉及网络国防建设的各个领域，渗透到网络国防建设的各个环节，对网络国防建设整体具有广泛且深刻的影响，因此网络国防文化建设是涉及网络国防各领域、各部分、各环节的系统工程。网络国防文化的形成需要从国家到地方、从机关到企业、从社会到个人，围绕网络安全建立一个完整的社会工程体系，在国家的引导下，鼓励各个单位、各位网民积极互动，将包括社会主义核心价值观、民族优秀传统文化在内的民族一般文化与包括国防文化、安全文化和网络文化在内的全人类智力成果有机结合起来，创造出极具时代气息和中国气派的网络国防文化。

（一）转变观念，牢固树立并自觉强化科学的网络国防意识

强化思想引领，树立科学理念，是成功实践的前提和先导。在我国，网络国

防文化在对不同时期的网络国防建设实践产生重要影响和促进作用的同时，还存在网络国防文化活动有宣传化倾向、全民国防教育有随机化倾向等问题。在网络空间这个战略博弈和军事角力的新领域，网络国防建设最迫切需要解决的是观念更新问题。无论军队还是地方，无论军人还是百姓，都要克服传统观念的偏见，摒弃重视实体战场而不重视虚拟战场的传统观念，军民一体、军地融合，形成合力，推进网络国防文化建设。要建设社会主义国防文化，必须立足于全民族国防价值观念的整体提升，在有效借鉴西方发达国家网络相关方面积极因素的基础上，针对我国网络国防文化建设实践中的突出问题采取对策，推动我国国防文化的创新发展。为此，要牢固树立并不断强化以下四个基本理念：一是牢固树立并不断强化网络国防文化是军事谋略的理念。网络国防文化作为军事组织和公民特殊的存在方式，既是生存之道、胜利之道，又是安全之道、发展之道。二是牢固树立并不断强化网络国防文化建设是战争制胜基础工程的理念。网络国防文化作为引领和支撑网络国防实践的思想先导和精神基础，是战争制胜的基本前提和重要基础，是一项浩大的基础工程，既是一个要素众多的复杂系统，又是一个历史传承、现实创造和未来发展的动态过程。三是牢固树立并不断强化网络国防文化是战斗力的理念。网络国防文化是一种战斗力，而且是特殊形式且具有关键性质的战斗力。四是牢固树立并不断强化网络国防文化与网络国防工作无小事的理念。网络国防文化和网络国防工作从来只有满分与零分，没有高分与低分，具有“一着不慎，满盘皆输”的性质。

（二）提高认识，切实加强网络国防文化建设的组织领导

坚强有力的组织领导是网络国防文化建设的关键。加强组织领导，坚持党委主抓、领导负责，既是我军国防建设实践的成功经验，也是新时代网络国防文化建设的迫切需要。我国互联网发展起步较晚，和西方发达国家相比，无论网络信息化还是网络国防与网络安全，都存在一定差距。我国网络国防组织体系还不健全，还存在着“九龙治水”的现象。为此，一要始终坚持和加强党对网络国防文化建设的统一领导。坚持党的领导是树立正确的网络安全观的根本保证，也是确保我国网络国防事业沿着正确方向建设的根本。无论推进网络国防文化建设，还是促进网络强国文化对网络国防事业推动作用的发挥，都要坚持和加强党对网络国防文化建设的集中统一领导，以习近平总书记关于网络信息化、网络安全与网络国防等重大战略思想为指导，全国各族人民同心协力、同向同行，坚持党对网

信工作的全面领导，做好网络正面宣传，做好网络意识形态工作，形成建设网络国防、保障网络安全的磅礴力量。二要加速完善网络国防文化建设领导体系，负责网络国防文化建设的指挥领导、协调控制和检查落实，做好网络国防文化建设的顶层设计与科学决策，为网络国防文化建设提供坚强有力的组织保证。三要加强网络国防文化建设的科学管理，明确管理职责，严格网络国防行政执法，充分调动和发挥基层网络国防干部和骨干网络国防人员的积极性、创造性和责任感，依法保障网络国防文化建设有序进行、有效开展。四要提高领导干部的网络国防信息素养。各级领导干部必须把学网、懂网和用网作为开展工作的必备素质，这样才能正确引导网络舆论，驾驭信息化发展，确保网络在法治轨道上健康运行。

（三）与时俱进，加速推动网络国防技术文化创新发展

创新对一个国家、一个民族的发展有重要意义。网络信息技术是最活跃的技术创新领域，具有典型的人造可控的技术属性，态势瞬息万变，机会稍纵即逝。网络空间伴随着信息技术、网络技术、空间技术等的飞速发展，窃密与反窃密技术水涨船高，斗争激烈。这不仅使网络国防技术发展进入一个前所未有的高增长时期，也孕育并催生了多种形态的网络国防技术文化。可以说，网络国防技术与网络国防技术文化相互作用、连环互动、表里转化，已成为现代网络国防的一个显著特点。与其说现代诸多网络国防技术中蕴含和渗透着网络国防技术文化，不如说现代网络国防文化理念引领着网络国防技术的创新发展。

在当前全球经济一体化、专业分工国际化的大环境下，我国网络空间的安全态势极其严峻，核心问题是始终没有建立起有效协同的国家防御体系，突出问题是一直未能发挥国家武装力量的主导作用，根本问题是在相当长的时期内我国还较难改变信息技术和产业后进国家的基本态势，从技术标准到“游戏规则”的主导权基本掌控在西方网络强国手中，我国的“核心自主，逐步替代”的自主可控发展战略面临着前所未有的挑战。这种情况下，紧盯当代网络国防技术发展前沿，率先创新网络国防技术文化，并用新的网络国防文化理念引领新的网络国防技术实践，成为网络国防实践的时代课题，成为网络国防实践争取主动、赢得先机的制高点。为此，要从文化层面入手，在把握网络领域技术决定战术、技术支撑战略的内在规律的基础上，提出科学有效、引领实践的技术文化新理念、新思想，并用这些新理念、新思想引领我国网络国防技术创新发展，创造性、超前性地解决我国网络国防实践中的关键性、基础性和战略性技术难题。

（四）立足现实，不断拓宽网络国防文化建设实践路径

马克思曾指出："哲学家们只是用不同的方式解释世界，而问题在于改变世界。"尽管网络国防文化是网络国防实践在观念层面的体现，但是网络国防文化建设是具有明确目的的实践活动。加强网络国防文化建设，根本在于根据网络国防建设的实际，系统性建构起符合客观实际、能够有效引领未来实践发展的网络国防文化，为网络国防事业发展提供精神动力和智力支持。我国作为新兴的网络大国，无论体制机制、政策法律还是技术手段等，多个方面与网络强国相比都存在比较大的差距，特别是在网络主权保障力量构成、机构协作共治、资源协调共享等方面问题更加突出。因此，立足我国国情、军情，着眼时代发展，不断创新网络国防文化建设方式方法，拓宽网络国防文化建设实践路径，是加速网络国防文化建设的时代要求和迫切任务。大力加强网络国防文化建设，要坚持实践导向，立足我国网络国防建设的实际，积极探索网络国防文化建设新路径。为此，一要不断开拓网络国防文化建设新领域。网络国防文化是网络国防的重要内容，和网络国防教育、网络国防法制等要素一起构成了网络国防建设的基本内容，因此要与网络国防建设的其他要素相匹配。加强网络国防文化建设，要适应整个网络国防建设的形势发展，不断开辟网络国防文化建设新领域，形成与包括网络国防教育、网络国防人才培养及网络国防思想政治工作、军事训练工作、技术保障工作及安全管理工作在内的整个网络国防实践相匹配的动态适应机制。二要科学创新网络国防文化建设方法、手段，积极利用实践证明有效的传统方法，大胆运用西方成功的经验和方法，充分利用现代科学技术手段，综合运用自然科学、社会科学和人文学科的知识建设网络国防文化。三要坚持理论和实际结合。在面向实践需要开展理论和技术研究的同时，重视将理论研究成果及时转化为国家立法、条令条例和法规、军队命令、国防和军队建设指导方针及军队发展相关指导文件，通过国家和军队法规制度凝聚意志、统一思想，明确任务、职责和权限及相互间的关系。四要以我国网络国防建设、我军信息化转型深化研究为契机，探索加速提升基于信息系统作战能力的有效手段，遵循持续创新、实事求是的原则，实现多方面、多角度、多层次突破，推动我国网络国防建设加速发展。

参考文献

[1] 刘彬，胡建伟，康绯．美国网络空间军民一体化组织运行体制及启示［J］．网信军民融合，2019（2）：56－58.

[2] 郎平．大变局下网络空间治理的大国博弈［J］．全球传媒学刊，2020，7（1）：70－85.

[3] 马金平，张洪波．国防工业的特殊性及其对改革的启示［J］．北京理工大学学报（社会科学版），2006（4）：21－24.

[4] 刘权，王闯，蒋丽．国内外网络安全产业比较研究［J］．工业经济论坛，2015（4）：64.

[5] 陈兴跃．中国网络安全产业发展阶段研究［EB/OL］．（2020－06－03）［2021－12－10］．https://www.secrss.com/articles/19985.

[6] 曲双石，李鹏飞．多措并举，促进我国网络安全产业健康发展［J］．中国信息安全，2020（3）：58－60.

[7] 刘钊，蒋昕昊．网络安全产业国家队构建问题分析［J］．无线互联科技，2016（7）：33－34.

[8] 桂畅旎．美国“分层网络威慑”战略的主要内容及影响分析［J］．中国信息安全，2020（5）：82－86.

[9] 倪光南．核心科技乃国之重器　网信产业发展离不开自主可控［J］．信息安全与通信保密，2018（1）：16－23.

[10] 安界．新时期网络安全产业发展新常态［EB/OL］．（2020－07－14）［2022－01－16］．https://netsecurity.51cto.com/article/620946.html.

[11] 杨蕾．我国网络安全产业发展态势及路径研究［J］．信息技术与信息化，2021（12）：172－173.

[12] 中华人民共和国工业和信息化部．网络安全产业高质量发展三年行动计划（2021—2023年）［EB/OL］．（2021－07－12）［2021－12－21］．https://www.miit.gov.cn/gzcy/yjzj/art/2021/art_34f89fff961b4862bf0c393532e2bf63.html.

[13] 韩春清，夏丹，曹燕宁．促进网络安全发展路径初探——深化产业集聚、企业协同和资源共享［J］．产业经济评论，2020（10）：110－120.

[14] 王超．国际网络安全产业发展现状及经验启示［J］．网信军民融合，2021（6）：10－11.

[15] 李宁．从美国网络安全厂商火眼（FireEye）看网安产业的政企合作与军民融合［J］．信

息安全与通信保密，2018（1）：96 - 99.
［16］张锦平，陈月华，杨绍亮．践行网络强国思想　发展网络安全产业［J］．中国信息安全，2020（3）：61 - 63.
［17］360 安全大脑重磅发布：2020 全球高级持续性威胁 APT 研究报告［R/OL］．（2021 - 02 - 16）［2021 - 03 - 08］．https：//www. 360. cn/n/11878. html.
［18］陈微．2020 年中国 IP 地址数量、域名数量及国际出口带宽数量统计［EB/OL］．（2021 - 02 - 19）［2021 - 03 - 05］．https：//www. huaon. com/channel/trend/688715. html.
［19］2020 全球高级持续性威胁 APT 研究报告［R/OL］．（2021 - 02 - 17）［2021 - 03 - 05］．https：//www. sohu. com/a/449213257_653604/.
［20］全民视角下的全民国防［EB/OL］．（2021 - 01 - 01）［2021 - 03 - 09］．http：//www. 81. cn/gfbmap/content/2021 - 01/04/content_279677. htm.
［21］闫晓丽，周千荷．美国网络威慑能力建设情况分析及借鉴［J］．网络空间安全，2020（5）：80 - 84.
［22］张光胜，熊蔚，邓劲生，等．智慧国防——开启国防信息化的新时代［J］．国防科技，2013（6）：53 - 57.
［23］刘继贤．现代国防的特征与主要内容［J］．国防，1992（3）：3 - 5.
［24］王文伯．浅谈网络空间国防的特点［J］．中国信息安全，2016（9）：30 - 31.
［25］远方．网络空间的战争脆弱性［J］．中国信息安全，2014（5）：114 - 115.
［26］鲁传颖．网络空间安全困境及治理机制构建［J］．现代国际关系，2018（11）：50.
［27］鲁传颖．新形势下如何进一步在联合国框架下加强国际网络安全治理［J］．中国信息安全，2018（2）：36.
［28］周宏仁．网络空间的崛起与战略稳定［J］．国际展望，2019（3）：22 - 26.
［29］何柿泽．把党管人才原则落到实处［EB/OL］．（2021 - 04 - 09）［2021 - 06 - 05］．https：//difang. gmw. cn/2021 - 04/09/content_34753625. htm.
［30］刘跃进．国家安全学［M］．北京：中国政法大学出版社，2004.
［31］网络主权：理论与实践（2.0 版）［EB/OL］．（2020 - 11 - 25）［2021 - 05 - 07］．http：//www. cac. gov. cn/2020 - 11/25/c_1607869924931855. htm.
［32］吴世忠．用总体国家安全观统领和指导网络空间的发展［EB/OL］．（2014 - 07 - 22）［2021 - 05 - 07］．http：//theory. people. com. cn/n/2014/0722/c386965 - 25317949. html.
［33］张黎．对推进中国特色网络空间军民融合战略的思考［J］．中国信息安全，2016（3）：30 - 32.
［34］唐岚．从网络空间军事行动新态势看网络安全的重要性［J］．学术前沿，2021（5）：94 - 95.
［35］国家网络空间安全战略［R/OL］．（2016 - 12 - 27）［2021 - 05 - 07］．http：//www. cac.

gov. cn/2016 - 12/27/c_1120195926. htm.

[36] 谢永江. 正确的“网络安全观”包涵的五大要义 [EB/OL]. (2016 - 04 - 25) [2021 - 05 - 07]. http://theory. people. com. cn/n1/2016/0425/c148980 - 28302023. html.

[37] 韩春阳. 主要国家网络作战部队建设概况 [EB/OL]. (2020 - 06 - 28) [2021 - 07 - 03]. https://www. fx361. com/page/2020/0628/6807442. shtml.

[38] 彭柏麟，孔光，舒海涛. 以俄格战争为例对俄罗斯网络战制胜方式的分析 [J]. 舰船电子对抗，2021 (6)：5 - 10.

[39] 张婧华. 积极探索网络安全人才评价新机制 [J]. 网信军民融合，2021 (8)：36.

[40] 曾杰，罗艳华，郝志超. 英国网络作战力量浅析 [J]. 信息安全与通信保密，2021 (4)：2 - 8.

[41] 怎样建设网络强国？习近平给出了答案 [EB/OL]. (2019 - 04 - 20) [2021 - 06 - 22]. http://www. cac. gov. cn/2019 - 04/20/c_1124392374. htm.

[42] 杨伯峻. 论语译注 [M]. 北京：中华书局，2013：76.

[43] 王通讯. 人才学通论 [M]. 天津：天津人民出版社，1987：1.

[44] 国家中长期人才发展规划纲要（2010—2020 年）发布 [EB/OL]. (2010 - 06 - 06) [2021 - 06 - 22]. http://www. gov. cn/jrzg/2010 - 06/06/content_1621777. htm.

[45] 李艳. 美国联邦政府网络安全人才队伍建设举措及其对我国的启示 [J]. 网信军民融合，2021 (1)：34 - 35.

[46] 王永娟，袁庆军. 世界网络空间安全人才培养现状、特点及启示 [J]. 网信军民融合，2019 (5)：53 - 54.

[47] 常利伟，李春雪，等. 网络空间安全人才培养体系现状分析与建设途径 [J]. 信息安全研究，2018 (4)：1085.

[48] 教育部关于增设网络空间安全一级学科的通知 [EB/OL]. (2015 - 11 - 27) [2021 - 08 - 09]. http://www. moe. gov. cn/jyb _ xxgk/moe _ 1777/moe _ 1778/201511/t20151127 _ 221423. html.

[49] 关于开展增列网络空间安全一级学科博士学位授权点工作的通知 [EB/OL]. (2015 - 11 - 27) [2021 - 08 - 09]. http://www. moe. gov. cn/jyb_xxgk/moe_1777/moe_1778/201511/t20151127_221424. html.

[50] 陈小洪，陈金桥，王育民. 中国互联网安全产业发展研究：战略和基本问题讨论 [M]. 北京：电子工业出版社，2015：40 - 66.

[51] 张宏莉，于海宁，翟健宏，等. 网络空间安全人才培养的规划建议 [J]. 网络与信息安全学报，2016 (3)：6 - 9.

[52] 王胜俊. 全国人民代表大会常务委员会执法检查组关于检查《中华人民共和国网络安全

法》《全国人民代表大会常务委员会关于加强网络信息保护的决定》实施情况的报告［EB/OL］．（2017-12-15）［2021-10-09］．http://npc.people.com.cn/n1/2017/1225/c14576-29726949.html.
［53］王超．关键信息基础设施安全保护条例简析［N］．中国信息化周报，2021-09-06（23）．
［54］刘京娟．美、日、韩关键信息基础设施保护立法研究［J］．保密科学技术，2016（7）：16-20.
［55］陈华平．"十四五"时期网络安全建设解读与践行［J］．中国信息安全，2021（4）：42-46.
［56］高原，吕欣，李阳，等．国家关键信息基础设施系统安全防护研究综述［J］．信息安全研究，2020（1）14-24.
［57］黄道丽，方婷．日本关键信息基础设施保护制度及对我国的启示［J］．中国信息安全，2016（7）：75-79.
［58］任飞，曹虎．国外关键信息基础设施安全防护战略分析和启示［J］．网络安全技术与应用，2019（4）：6-8.
［59］常又天．美国网络空间安全战略研究［D］．上海：上海外国语大学，2017.
［60］云晓春．新形势下关键信息基础设施的安全保护［J］．信息安全与通信保密，2018（11）：27-32.
［61］丰诗朵．欧美关键信息基础设施网络演习对我国的借鉴与启示［J］．信息通信技术与政策，2020（2）：61-64.
［62］宋海龙．网络强国快车道——基础设施铺路［M］．北京：知识产权出版社，2018：66-89.
［63］夏冰．网络空间安全与关键信息基础设施安全［M］．北京：电子工业出版社，2020：39-77.
［64］中华人民共和国国民经济和社会发展第十四个五年规划和2035年远景目标纲要［N］．人民日报，2021-03-13（2）．
［65］习近平总书记在网络安全和信息化工作座谈会上的讲话［EB/OL］．（2016-04-19）［2021-02-01］．http://www.cac.gov.cn/2016-04/25/c_1118731366.htm.
［66］卞华珍，张茹，潘荷新．计算机基础应用与实践［M］．苏州：苏州大学出版社，2009：39-49.
［67］王会燃，薛纪文．大学计算机基础教程（含实验）［M］．北京：科学出版社，2008：28-66.
［68］张问银．大学信息技术［M］．济南：山东人民出版社，2012：17-66.
［69］汪晓风．网络空间攻与防［M］．上海：复旦大学出版社，2018：12-39.
［70］赵丕，樊高月．冷战后外国新军事思想研究［M］．北京：军事科学出版社，2011：11-45.
［71］翟贤军，杨燕南，李大光．网络空间安全战略问题研究［M］．北京：人民出版社，2018：29-66.

[72] 郭璇，肖治庭. 现代网络战 [M]. 北京：国防大学出版社，2016：26-78.
[73] 赵志云，等. 全球网络空间安全战略与政策研究 2019 [M]. 北京：人民邮电出版社，2020：15.
[74] 赵子鹏，李伟，徐欣. 美国网络空间训练研究 [M]. 北京：国防大学出版社，2020：95-106.
[75] 寇雅楠，杨仁农，楚雄，等. 网络技术及其军事应用 [M]. 北京：国防工业出版社，2014：36-69.
[76] 房俊民，陈明奇，徐婧. 全球网络空间发展格局 [M]. 北京：科学出版社，2020：23-55.
[77] 夏冰. 网络空间安全与关键基础设施安全 [M]. 北京：电子工业出版社，2020：20-78.
[78] 黄锋. 世界主要国家网络空间发展年度报告 2016 [M]. 北京：国防工业出版社，2017：16-58.
[79] 余洋. 世界主要国家网络空间发展年度报告 2014 [M]. 北京：国防工业出版社，2015：79-99.
[80] 叶征，宝献. "网络国防"脆弱　后果不堪设想 [J]. 党政干部参考，2012 (2)：40-42.
[81] 张卫东. 国内学术界习近平创新思想研究综述 [J]. 社会科学动态，2022 (1)：70-81.
[82] 丁任重，徐志向. 习近平关于科技创新重要论述的战略内涵与实践指向 [J]. 河北经贸大学学报，2021，42 (6)：1-7.
[83] 方兴东，钟祥铭，彭筱军. 全球互联网 50 年：发展阶段与演进逻辑 [J]. 新闻记者，2019 (7)：4-25.
[84] 李腾，孙国强. 加快数字产业化与产业数字化协同发展 [EB/OL]. (2022-01-12) [2022-01-15]. http://ex.cssn.cn/zx/bwyc/202201/t20220112_5387931.shtml.
[85] 陈云云，刘三满，梁达鹏. 基于实战化的网络安全人才培养模式探究 [J]. 网络安全技术与应用，2021 (11)：110-112.
[86] 田鹏颖，谭言. 中国共产党百年政治建设的历史成就与基本经验 [J]. 河南师范大学学报（哲学社会科学版），2021，48 (6)：8-14.
[87] 王惠莅，王秉政，杨杰. 网络安全人才标准化研究 [J]. 信息安全研究，2021，7 (6)：520-526.
[88] 杜人淮. 国防工业自主创新与产业结构的优化升级 [J]. 南京政治学院学报，2006 (4)：34-38.
[89] 刘烈宏. 发挥国家队作用，构建可检测、可防控、可替代的网络安全和信息化产业体系 [J]. 中国信息安全，2014 (3)：40-41.
[90] 中国信息通信研究院. 中国网络安全产业白皮书（2020 年）[EB/OL]. (2020-06-17) [2021-12-05]. http://www.caict.ac.cn/kxyj/qwfb/bps/202009/P020200916482039993423.pdf.press-

releases/2020 - 06 - 17 - gartner - forecasts - worldwide - security - and - risk - managem.

[91] 吴江. 面向数字转型的人才发展新定义[J]. 中国科技人才，2021(4)：3.

[92] 杨晓燕. 网络信息安全与国防安全 [J]. 网络安全技术与应用，2021 (1)：153 - 154.

[93] “十四五”信息化和工业化深度融合发展规划（工信部规〔2021〕182 号）[EB/OL]. (2021 - 12 - 01) [2021 - 12 - 25]. http://ww. gov. cn/zhengce/zhengceku/2021 - 12/01/5655208/files/c09d992d37384268a73a201ef284909e. pdf.

[94] 陈兴跃. “十四五”时期网络安全产业发展规划思考 [J]. 中国信息安全，2021 (4)：47 - 49.

[95] 曹方. 从“网络大国”到“网络强国”[J]. 上海信息化，2014 (4)：10 - 14.

[96] 魏亮，赵爽，周杨. 中国网络安全产业发展现状与趋势 [J]. 新经济导刊，2019 (4)：52 - 56.

[97] 张向宏，卢坦，耿贵宁. 日本信息安全产业发展及对我国的启示 [J]. 保密科学技术，2013 (2)：39 - 44.

[98] 许玉娜，杨建军，于江. 我国网络安全产业现状、问题与发展 [J]. 中国信息安全，2020 (3)：54 - 57.

[99] 赵爽，孟楠，廖璇. 国外网络与信息安全产业发展趋势及启示 [J]. 电信网技术，2016 (2)：42 - 44.

[100] 潘柱廷. 以网络安全产业视角解读“十四五”规划结构 [J]. 中国信息安全，2021 (4)：50 - 53.

[101] 郭轶舟. 中国互联网产业安全问题研究 [D]. 北京：北京交通大学，2020.

[102] 安晖. 加强网络安全建设　促进产业数字化转型 [J]. 中国信息安全，2020 (11)：32 - 34.

[103] 李阳春，王海龙，李欲晓，等. 国外工业互联网安全产业布局情况及对我国的启示 [J]. 中国工程科学，2021，23 (2)：112 - 121.

[104] 王秋华，吴国华，魏东晓，等. 工业互联网安全产业发展态势及路径研究 [J]. 中国工程科学，2021，23 (2)：46 - 55.